经济学基础

主　编　王少林

副主编　王　翔　　王亚妮　　王永莲

参　编　张　艳　　孙　晶　　穆阿娟

　　　　韩二伟　　李　鹏　　南崇波

北京理工大学出版社
BEIJING INSTITUTE OF TECHNOLOGY PRESS

图书在版编目（CIP）数据

经济学基础／王少林主编．—北京：北京理工大学出版社，2011.6
ISBN 978-7-5640-4701-6

Ⅰ.①经… Ⅱ.①王… Ⅲ.①经济学-高等学校-教材 Ⅳ.①F0

中国版本图书馆 CIP 数据核字（2011）第 117387 号

出版发行／北京理工大学出版社
社　　址／北京市海淀区中关村南大街 5 号
邮　　编／100081
电　　话／(010)68914775(办公室)　　68944990(批销中心)　　68911084(读者服务部)
网　　址／http：//www.bitpress.com.cn
经　　销／全国各地新华书店
印　　刷／北京泽宇印刷有限公司
开　　本／787 毫米×1092 毫米　1/16
印　　张／14.5
字　　数／334 千字
版　　次／2011 年 6 月第 1 版　2011 年 6 月第 1 次印刷
印　　数／1～1500 册　　　　　　　　　　　　　　　　　　责任校对／周瑞红
定　　价／35.00 元　　　　　　　　　　　　　　　　　　　责任印制／吴皓云

图书出现印装质量问题，本社负责调换

前　言

经济学经过近百年的发展，已形成完整的理论体系和丰富的思想内容。对初学者来说，首先要学习和掌握其中最基本、最重要的原理和方法，为以后深入学习其他经济理论打下坚实的基础。

本书主要针对培养经济管理类应用型专业人才编写。按照"理论够用为度，知识注重实用"的原则，理论与案例紧密结合，比较全面地介绍了西方经济学理论。全书共分十章，由微观经济学和宏观经济学两部分组成。微观经济学部分主要介绍均衡价格理论、消费者行为理论、生产者行为理论、市场理论、收入分配理论；宏观经济学部分主要介绍国民收入核算理论、失业与通货膨胀理论、经济周期与经济增长理论、经济政策理论。

本书在遵循完整的经济学基本体系的基础上，强调思想性和应用性。在每章章首提出学习目标，介绍一位著名的经济学家，进行案例导入；在每章章中加入案例分析；在每章章末设计与现实紧密结合的"补充阅读"材料、本章小结，并附有练习题，以帮助读者检验自己的学习效果。为保证理论体系的完整性，本教材保留了部分难度较大的知识点，可根据学生的实际情况进行有选择的讲解。

本书理论体系完善，内容简明扼要，尽量采用丰富的案例进行说明，较为通俗易懂，适用于高等院校经济管理类专业作为公共课教程，也可作为经济学爱好者的入门读物。

本书由王少林教授任主编，王翔、王亚妮、王永莲任副主编。具体编写分工情况：王少林教授进行本书的框架设计，完成全书的终审工作。张艳助教主笔第一、第四章；王少林教授、王永莲讲师主笔第二章；孙晶讲师主笔第三章；王亚妮讲师主笔第五章；王翔讲师、王永莲讲师主笔第六、第七章；穆阿娟助教主笔第八章；韩二伟讲师主笔第九章；李鹏讲师主笔第十章，南崇波也参与了部分编写。

在本书的编写过程中，参考了大量专家学者的著作和研究成果，也通过网络搜集和采用了大量的资料，不能一一指出其出处与采用的观点，在此对原作者一并致谢！

经济学基础是一门基础课，对提高学生的整体素质和以后各专业课程的学习，都是极为重要的。同时，经济学基础也是一门不断发展和完善的科学，必须接受现实生活的检验。在理论发展的过程中，也存在很多颇具争议与值得探讨的观点。编者仅仅希望以经济学知识的普及作为起点，建立起读者对经济学的兴趣，引导读者进入经济学的殿堂。若能抛砖引玉，引起争议或共鸣，则实为编者之快事。由于编者水平有限，书中难免存在不当或疏漏之处，恳请读者批评指正！

编　者

目 录

第一章

绪　论

* 了解经济学的研究对象，理解资源稀缺性的概念。
* 理解经济学的基本问题和资源配置的基本方式。
* 初步掌握微观经济学和宏观经济学的内容。

经济学家：卡尔·马克思（Karl Marx，德，1818.5.5—1883.3.14）

简介： 全世界无产阶级的伟大导师、科学共产主义的创始人。伟大的政治家、哲学家、经济学家、革命理论家。主要著作有《资本论》《共产党宣言》等。

核心观点： 资本家唯一关心的就是如何用最低成本养活劳工来帮他劳动生产，劳工的待遇不是资本家所关心的事。资本主义最大的缺陷在于资本家为了获得最大的生产力与利润，势必投资更多的金钱与资源在科技的研发上，而劳工的利益也将因为科技的进步而降低。

导入案例

理性成就快乐——像经济学家那样思考

在日常生活中，每个人其实都在自觉不自觉地运用着经济学知识。比如，在自由市场里买东西，我们喜欢与小商小贩讨价还价；到银行存钱，我们要想好是存定期还是活期。经济学对日常生活到底有多大作用，有一则关于经济学家和数学家的故事可以说明。

故事说的是三个经济学家和三个数学家一起乘火车去旅行。数学家讥笑经济学家没有真才实学，弄出的学问还摆了一堆诸如"人都是理性的"之类的假设条件；而经济学家则笑话数学家们过于迂腐，脑子不会拐弯，缺乏理性选择。最后经济学家和数学家打赌看谁完成旅行花的钱最少。于是三个数学家每个人买了一张票上车，而三个经济学家却只买了一张火车票。列车员来查票时，三个经济学家就躲到了厕所里，列车员敲厕所门查票时，经济学家们从门缝里递出一张票说，买了票了，就这样蒙混过关了。三个数学家一看经济学家们这样就省了两张票钱，很不服气，于是在回程时也如法炮制，只买了一张票，可三个经济学家一张票也没有买就跟着上了车。数学家们心想，一张票也没买，看你们怎么混过去。等到列车员开始查票的时候，三个数学家也像经济学家们上次一样，躲到厕所里去了，而经济学家们却坐在座位上没动。过了一会儿，厕所门外响起了敲门声，并传来了查票的声音。数学家们乖乖地递出车票，却不见查票员把票递回来。原来是经济学家们冒充查票员，把数学家们的票骗走，躲到另外一个厕所去了。数学家们最后还是被列车员查到了，乖乖地补了三张票，而经济学家们却只掏了一张票的钱，就完成了这次往返旅行。

这个故事经常被经济学教授们当做笑话讲给刚入门的大学生听，以此来激发学生们学习经济学的兴趣。但在包括经济学初学者在内的大多数人看来，经济学既枯燥又乏味，充满了统计数字和专业术语，远没有这则故事生动有趣；而且经济学总是与货币有割舍不断的联系，因此，人们普遍以为，经济学的主题内容是货币。其实，这是一种误解。经济学真正的主题内容是理性，其隐而不彰的深刻内涵就是人们理性地采取行动的事实。经济学关于理性的假设是针对个人而不是团体。经济学是理解人们行为的方法，它源自这样的假设：每个人不仅有自己的目标，而且会主动地选择正确的方式来实现这些目标。这样的假设虽然未必总是正确，但很实用。在这样的假设下发展出来的经济学，不仅有实用价值，能够指导我们的日常生活，而且这样的学问本身也由于充满了理性而足以娱人心智，令人乐而忘返。尽管我们在日常生活中时常有意无意地运用了一些经济学知识，但如果对经济学知识缺乏基本的了解，就容易在处理日常事务时理性不足，给自己的生活平添许多不必要的烦扰。比如，刚刚买回车子，没过两天，这款车子却降价了，大部分人遇到这种情况的时候都会垂头丧气，心里郁闷得很；倘若前不久刚刚买了房子，该小区的房价却上涨了，兴高采烈是一般购房者的正常反应。这些反应虽然符合人之常情，但跌价带来的郁闷感觉却是错误的。

经济学认为，正确的反映应该是：无论是跌价，还是涨价，都应该感觉更好。经济学认为，对消费者而言，最重要的是你消费的是什么——房价、车价是多少以及其他商品的价格是多少。在价格变动以前，你所选择的商品组合（房子、车子加上用收入余款购买的其他商品）对你来说就是最好的东西。如果价格没有改变，你会继续这样的消费组合。在价格变化以后，你仍然可以选择消费同样的商品，因为房子、车子已经属于你了，所以，你不可能因为价格变化而感觉更糟糕。但是，由于房子、车子与其他商品的最佳组合取决于房价、车价，所以，过去的商品组合仍然为最佳是不可能的。这就意味着现在还有一些更加吸引人的选择，因此，你的感觉应该更好。新的选择虽然存在，但你却更钟情于原来的最佳选择（原来的商品组合）。

在日常生活中，我们还常常烦恼于别人为什么挣得比我多，总是觉得自己得到的比应得的少，而经济学却告诉我们这样的感觉是庸人自扰，也是错误的。经济学认为，别人比自己挣得多是正常的，自己得到的就是应得的，如果自己不能理性地坦然面对，只会给自己的生活带来不必要的烦扰和忧愁。

我们之所以在日常生活中遇到这样那样的烦恼，主要还是因为对经济学有一些误解，这可能是经济学说起来比较简单的缘故。"供给与需求""价格""效率""竞争"等都是大家耳熟能详的经济学词汇，而且这些词汇的意思也是显而易见的，因此，很多时候，似乎人人都是经济学家。人们不敢随便在一个物理学家或数学家面前班门弄斧，但在一个经济学家面前，谁都可以就车价跌了该高兴还是该郁闷等实际问题随意发表自己的见解。其实，经济学中有许多并非显而易见的内容，并且不是每个人想象的那么简单。在经济学领域，要想从"我听说过"进入到"我懂得"的境界并不是件轻而易举的事情。

因此，掌握正确的经济学知识，将经济学思考问题的方法运用到日常生活中来，使我们能够更加理性地面对生活中的各种琐事，小到油盐酱醋，大到谈婚论嫁，就会减少生活中的诸多郁闷和不快，多一些开心，多一些欢笑。

第一节 经济学的研究对象

我们提起"经济"（Economy）一词，一般都会想起在出行时，有经济舱、经济客位、经济线路等，从这些联想就会感觉到，经济包含节约的意思。当然，这是对经济非常狭义的理解。"经济"一词在现代汉语中主要有两个方面的含义：一个含义是指节省、有效率，以较少的人力、物力、时间等耗费获得较大的成果；另一个含义是指用来统称人类社会生产、消费、分配、交换等活动，及组织这些活动的制度、系统，如计划经济、市场经济等。经济这个词来源于希腊语，其含义为"管理一个家庭的人"。

斯蒂格利茨认为经济学研究的是：我们社会中的个人、厂商、政府和其他组织是如何进行选择的，这些选择又怎样决定社会资源如何被利用。稀缺是经济学的一个显著的现象，因为资源稀缺所以选择是必要的。

萨缪尔森和诺德豪斯对经济学作了这样的定义：经济学研究社会如何将稀缺资源用于生产有价值的商品以及在不同群体中进行分配。

不同的经济学家给经济学下的定义尽管有差异，但实质都是一样的，即经济学就是研究如何有效配置稀缺资源的问题。由于资源稀缺，社会资源的管理就十分重要了。稀缺性是指社会资源的有限性。正如没有稀缺就不需要"管理一个家庭的人"一样，没有稀缺就不需要经济学。

那么，到底什么是经济学？我们通过本节的学习，可以总结出经济学的定义。

一、资源及资源的稀缺性

在讲稀缺性之前，我们先来看什么是资源。

1. 资源概述

人类物质资料生产活动所需要的各种生产要素称为资源。总的来说，我们把资源分为两大类：一类是"自由取用物"，它是自然界客观存在的，人类不需要付出任何代价就可以自由取用的物品，如空气、阳光、雨水等，它的数量是无限的，但是它在人类需要中所占的比重很小；另一类是"经济物品"，它是经过人类加工，必须付出代价才能得到的物品，即必须消耗一定的资源，借助生产工具通过人类劳动才能生产出来的物品，它在人类生活中占有十分重要的地位。

在经济学中，更常用的分类是把资源分成了四种：劳动力、资本、土地和企业家才能。劳动力（L）是包含在劳动者体内的无形资产，包括脑力劳动和体力劳动两种。资本（K）包括厂房、设备等。土地（N）是一切自然资源的总称，包括由大自然提供的一切，诸如土地本身、空间场所、矿产、森林、水域等，是原始的、不可再生的资源。企业家才能（E）是用来组织和管理企业的能力，在西方经济学里面认为企业家才能是一种很重要的资源。

2. 资源的稀缺性

稀缺性是西方经济学关于经济学研究对象的基础性概念。稀缺性是指经济生活中存在的这样一个基本事实："社会拥有的资源是有限的，因而不能生产人们希望拥有的所有物品和劳务。"稀缺性是相对于人类无限的欲望而言的。人的欲望具有无限增长的趋势，而为了满足这种需要，就要生产更多的物品和劳务，从而需要更多的资源。但在一定时期内，可用于生产物品和提供劳务的资源与人们的欲望相比总是远远不够的，这就是稀缺性。

稀缺性的定义：资源是有限的，而人类的欲望是无限的，有限的资源总是难以满足无限产生和膨胀的人类欲望，无限的人类欲望和有限资源之间的矛盾就是经济学中通常所说的稀缺性。

可以看出，稀缺性总是指经济物品的稀缺性，自由取用物不存在稀缺性，有害物也无须谈什么稀缺性。如果生产消费品的所有生产要素都是取之不尽、用之不竭的自由物品，那么，消费品也不存在稀缺性，而自然会成为自由物品。所以，稀缺性一般指的是经济物品。

相对稀缺是相对于人的欲望来说的，人的欲望是无限的，一种欲望一得到满足，另一种又会很快产生。1943 年，美国著名的心理学家马斯洛提出了五个层次的需求理论。马斯洛认为，动机是由许多不同层次与性质的需求所组成的，而各种需求之间有高低层次和顺序之分，每个层次的需求与满足程度，将决定个体的人格发展境界。马斯洛需求层次理论将人的需求划分为五个层次，由低到高分别为：生理需要、安全需要、归属与爱的需要、尊重的需要和自我实现需要。生理需要是最基本的需要，如食物、水、空气、衣服等，是人类生存必需的条件，比如，当一个人极需要食物时，会不择手段地抢食物；安全需要同样属于低级别的需要，如人身安全、财产安全等；归属与爱的需要也称社交的需要，属于较高层次的需要，如人们对于亲情、友情、爱情的渴望；尊重需要也属于较高层次的需要，如成就、名声、地位、晋升机会等；自我实现需要包括对成就或者自我价值的个人感觉，也包括他人对自己的认可与尊重。

稀缺性是人类社会面临的永恒问题，即稀缺性的存在是绝对的，它存在于一切社会和人类历史的各个时期。从现实看，无论是富可敌国的豪族，还是一贫如洗的难民，都要面对资源的稀缺性，只是稀缺的内容有所不同。所以，只要有人类社会，就会有稀缺性存在于人类社会的任何时期、任何国家。不管是在贫穷的非洲还是在富裕的欧洲，资源的稀缺性同样存在着。稀缺性是经济学研究的根本主题，如果没有稀缺性，也就不需要研究经济学。

二、资源配置

（一）资源的选择

资源的稀缺性决定了每一个社会和个人都必须作出选择，选择的过程就是资源配置。选择就是用有限的资源去满足不同欲望的决策，或者说如何使用有限资源的决策。所谓选择就是研究如何利用现有的资源去生产"经济物品"来更有效地满足人类的欲望，它一般包括：①如何利用现有的经济资源；②如何利用有限的时间；③如何选择满足欲望的方式；④在必要时如何牺牲某些欲望来满足另一些欲望。如土地可以生产粮食，又可以作为建筑用地，还可以作为交通用地和绿地。由于资源的稀缺性，生产某一种物品多了，生产其他物品的资源就会相应减少。因为稀缺，人们不能得到所有想要的东西，不得不在有限的资源下作出选择。这是稀缺的结果。

我们考虑一个学生必须决定如何配置他最宝贵的资源——时间。他可以把所有的时间用于学习经济学；他可以把所有的时间用于学习心理学；他也可以把时间分配在这两个学科上。他把某一个小时用于学习一门课时，他就必须放弃本来可以学习另一门课的一小时。而且，对于他用于学习一门课的每一个小时，他都要放弃本来可用于睡眠、骑车、看电视或打工赚点零花钱的时间。

还可以考虑父母决定如何使用自己的家庭收入。他们可以购买食物、衣服或全家度假。或者他们也可以为退休或孩子的大学教育储蓄一部分收入。当他们选择把额外的一元钱用于上述物品中的一种时，他们在某种其他物品上就要少花一元钱。

（二）生产可能性曲线

1. 生产可能性曲线的概念及图形

由于资源稀缺性的存在，人们就必须作出各种选择，如用有限的货币收入去决定购买商品 A 还是 B；用有限的资源去生产产品 X 还是 Y。一个生产者运用他所有可用的资源进行生产时，假设资源的用途有两种，可用于生产产品 X（如面包）和产品 Y（如衣物）中的一种，那么如果将资源用于生产 X，便失去了生产 Y 的机会。

生产可能性曲线指能生产出来的产品与劳务的组合与不能生产出来的产品与劳务的组合之间的曲线，或是可以达到的产量与不能达到的产量之间的曲线。生产可能性曲线，见图 1－1。

2. 生产可能性曲线的假设

我们用一个简化的经济模型来说明生产可能性曲线，在该模型中有以下三个假设：首先，现有资源仅用于生产两种产品，如衣服和面包，分别用 X 和 Y 表示。在现实生产中生产无数的产品与劳务，也可以通过组合或抽象为两类产品，这里是为了便于分析。其次，资源是固定的而且是被充分利用的，即在现有生产过程中可供使用的各种生产要素的数量是固定不变的，所有的生产要素均得到了充分的使用，不存在资源的闲置。最后，生产技术即由投入转化为产出的能力，在一定时间内是固定不变的。

3. 生产可能性曲线的经济含义

生产可能性曲线是一条凹向原点的曲线，其经济含义有以下几个方面，如图 1－1 所示。

（1）生产可能性曲线是稀缺性的具体化。任何经济不可能无限量地生产，使用一定资源所能生产出来的衣物和面包也有一个最大限量，这个最大量就是生产可能性曲线内和线上任何一点，如 f 点和 A 点，衣物和面包的组合都可实现，但是在 A 点资源没有实现充分利用；在线外的任何一点如 B 点，就是在现有条件下无法实现的。

（2）生产可能性曲线表明任何一个经济都必须作选择。由于稀缺性的存在，人们在生产这两种产品时受最大限量的限制，因此必须选择多生产衣物少生产面包，或少生产衣物多生产面包。在图 1－1 中就表现为在生产可能性曲线上选择某一点时的组合，然后根据这种选择来进行资源配置。而选择生产可能性曲线上的哪一点取决于人们的偏好，如果注重饮食，则会选 c 点；如更注重穿着，则会选择 h 点或 i 点。

（3）生产可能性曲线还说明选择的具体内容。当选择了在

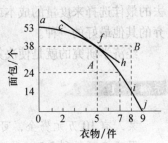

图 1－1 生产可能性曲线

生产可能性曲线上哪一点进行生产时，就解决了生产什么及生产多少的问题。如选择图中的 c 点，则决定了既生产衣物又生产面包，同时决定了衣物的数量为 2 件，面包的数量为 50 个。当从资源使用的效率出发来决定选择生产可能性曲线上的某点时，也就是选择了如何进行生产，如选择 c 点时，资源利用的效率高过其他点，而过多生产衣物，会由于资源的不适用而使同样的努力得不到同样增加的产量。生产可能性曲线上的某一点表示了人们的某种偏好，而对某点的选择也就解决了为谁生产的问题，如果生产更多的面包则表示偏重于为注重饮食的人生产，而生产更多的衣物则表示偏重于为注重穿着的人生产。

对生产可能性曲线的经济含义的理解还需要注意的是，当关于生产可能性曲线的假设条件发生变化时，生产可能性曲线就会发生平移。如资源的数量增加、技术水平的提高等，就会使生产可能性曲线向右平移，则代表着正的经济增长；如资源的数量减少、技术水平的降低等，就会使生产可能性曲线向左平移，则代表着负的经济增长。

在资源稀缺性存在的情况下，人们必须作出究竟该生产多少衣服和多少面包的决策。经济学家把选择概括为以下三个方面，也是资源配置要解决的三大基本经济问题。

第一，生产什么与生产多少。这个问题实质上包括了生产什么品种、生产多少、什么时间生产以及在什么地点生产四个方面的问题。资源的有限性决定了不能生产人们所需要的所有产品，而必须有所取舍。用衣服与面包的例子来说，就是生产衣服还是生产面包；或者生产多少衣服、多少面包，即在衣服与面包的各种可能性组合中选择哪一种。

第二，如何生产。一个经济系统必须决定采用什么样的生产方法或资源配置方式来生产预期的产品，如何生产包括这样几个方面的问题：由谁来生产；用什么资源生产；用什么技术生产；用什么样的组织形式生产以及怎样生产。如何生产实际就是如何对各种生产要素进行组合，是多用资本，少用劳动，用资本密集型方法来生产；还是少用资本，多用劳动，用劳动密集型方法来生产，不同的方法尽管可以达到相同的产量，但经济效益是不相同的。

第三，为谁生产。这个问题是指生产出来的产品和财富如何在社会成员之间进行分配。如衣服与面包按什么原则分配给社会各阶层与各个成员。资源的稀缺性是人类社会各个时期和各个社会所面临的永恒问题。

所以，"生产什么""如何生产"和"为谁生产"这三个问题是人类社会所必须解决的基本问题。经济学正是为了解决这三个基本问题而产生的。正是从这个意义上，我们一般认为，经济学就是研究稀缺资源在各种可供选择的用途中进行合理配置的科学。

（三）机会成本

从某种意义上说，经济学就是一门关于如何在给定的约束条件下作出最佳选择的学问。任何选择都是有代价的。一旦某一选择已定，便会产生机会成本。因此，机会成本是用所失去的最佳选择来度量的成本或收益。机会成本是指在资源既定的情况下，为了一种选择所放弃的其他最好的一种。

经济学研究的就是使决策者在现有信息的情况下，如何使机会成本更小一些。

示例 1-1

某人有 10 万元资金，可供选择的用途及收入是：

开商店可获利 2 万元；

开饭店可获利 3 万元；

炒股票可获利 3.5 万元；

进行期货投资可获利 4 万元。

如果此人把 10 万元用于期货投资，则放弃的可供选择的其他用途包括开商店、开饭店和炒股票。在所放弃的用途中，最好的用途是炒股票（可获利 3.5 万元）。因此，在选择进行期货投资时，机会成本就是放弃的炒股票，或者说选择期货投资获利 4 万元的机会成本是放弃的炒股票的获利 3.5 万元。

分析： 上大学的机会成本

上大学是要花钱的，这就是上大学的成本。从目前来看，每位大学生四年的学费、书费等各种支出约为 4 万元人民币。这种钱是要实实在在支出的，称为会计成本。但上大学的代价决不仅是这种会计成本，为了上大学，要放弃工作的机会，放弃工作所不得不放弃的工资收入就是上大学的机会成本。例如，如果一个人不上大学而去工作，每年可得到 1 万元人民币，这四年的机会成本就是 4 万元人民币。上大学的总成本＝会计成本＋机会成本，共计 8 万元人民币。

对一般人来说，上大学能提高工作能力，有更好的机会，以后会收入更多。例如，如果一个没上过大学的人，一生中每年收入 1 万元人民币，从 18 岁开始工作到 60 岁退休，42 年共计收入 42 万元人民币。一个上过大学的人，一生中每年收入为 1.5 万元人民币，从 22 岁开始工作到 60 岁退休，38 年共计收入 57 万元人民币。上大学的人一生总收入比没上过大学的人高出 15 万元人民币。上大学的会计成本与机会成本之和为 8 万元人民币。15 万元人民币减去 8 万元人民币为 7 万元人民币，这就是上大学的经济利润。所以，上大学是合适的，这就是每个人都想上大学的原因。

但是对一些特殊的人，情况就不是这样了。大家知道，姚明并没有上大学，他为什么不上大学呢？以姚明的智商，考上大学一点问题也没有。但是，他不上大学是明智的选择，因为他有到 NBA 打球的机会。姚明同休斯顿火箭队签了三年 2 000 万美元的工作合同，加上他做广告的收入，每年的实际收入都在 1 000 万美元以上。可以想象，如果姚明选择上大学，放弃到 NBA 打球的机会，他一年就少收入至少 1 000 万美元。所以姚明是聪明的，他没有让机会白白溜走，他抓住了机遇。有些具备模特气质与条件的女孩，放弃上大学也是因为当模特时收入高，上大学的机会成本太高。当你了解了机会成本后就会知道有些年轻人不上大学的原因了。可见，机会成本这个概念在我们日常生活的决策中也是十分重要的。

（四）资源配置方式

在现实世界中，一个国家或者地区在解决经济学中的三个基本问题时主要采用三种资源配置方式。

1. 完全自由市场经济配置方式

这种方式即政府不对经济施加任何影响，资源配置完全由市场机制自由配置，这是资源配置的一种极端情况。在完全自由市场经济配置情况下，资源配置、产品分配以及生产组织方式的选择完全由市场价格来调节。

市场经济体制下，三个经济问题是如何解决的？厂商生产什么产品，取决于消费者的货币"选票"，也就是取决于消费者的需求。如何生产，取决于不同生产者之间的竞争。在市场竞争中，生产成本低、效率高的生产方法必然取代成本高的生产方法。为谁生产是分配问题，市场经济中，分配的原则是按要素分配（与按劳分配不同）。市场经济不是万能的，市场机制也存在着缺陷，也存在"市场失灵"的现象。

2. 完全指令计划经济配置方式

这种方式即通过政府权力对所有资源进行配置，又称计划经济方式，这是资源配置的又一极端形式。在这种资源配置的体制下，所有经济问题的解决完全依赖于各级政府的指令，国家和各级政府拥有全部资源，控制着所有资源的价格。在计划经济体制下，生产什么，生产多少，如何生产，为谁生产完全是由政府当局所决定的。

在生产力不发达的情况下，计划经济有其必然性和优越性，可以集中有限的资源实现既定的经济发展目标。但在生产力越来越发达以后，管理就会出现困难，漏洞也越来越多，计划经济就无法有效地进行资源配置了。

3. 混合经济配置方式

纯粹的计划经济和市场经济都各有利弊，事实上，世界上没有哪一个国家的资源配置属于这两种极端体制中的一种，都是计划经济和市场经济的有机结合。经济问题的解决既依赖于市场价格机制，又有政府的调控和管制。在这种经济体制下，解决经济中的三个基本问题就要靠市场机制和政府宏观调控共同作用。对于大众化商品的资源配置主要靠市场来调整，大众化商品的价格和交易数量也主要靠市场供求关系来决定，同时政府要通过法律、财政、货币等政策手段对资源配置的状况来实施监督和调节。对于关系到国计民生的特殊资源的配置和商品的分配，则主要依靠政府的指令方式来调节，并在一定范围内有限地引入市场竞争机制。

三、资源利用

资源利用就是人类社会如何更好地利用现有的稀缺资源，使之生产出更多的物品。世上的事情总是很难两全齐美的。其实，政府也是一样，也会陷入两难的困境。政府都希望实现效率和公平，但是，要同时实现公平和效率几乎是不可能的。要提高效率就难免不平等；要平等就要以牺牲效率为代价。所以，在公平和效率的问题上，必须作出选择。

在我国经济欠发达时期，政府的政策是效率优先，兼顾公平；但当经济发展到一定水平时，需要解决的问题就是公平问题。我们衡量公平有一个指标，就是基尼系数，基尼系数在 $0 \sim 1$，基尼系数越大，越不公平。

总的来说，研究资源利用即要解决以下四个相关问题：

第一，充分就业问题。即如何使稀缺资源得到充分利用，经济生活中既不存在资源的闲置，也无资源的浪费，并且使社会既定资源所能实现的产量达到最大，使得社会实现充分就业。

第二，经济增长问题。资源的充分利用不仅是一个时点的要求，它还是一个时期的要求。研究资源的充分利用就是要考虑如何用既定资源生产出更多的物品，即实现经济的持续稳定增长。

第三，物价稳定问题。现代社会是一个以货币为交换媒介的商品社会，物价的变动对资源配置与利用所引起的各种问题的解决都影响很大。物价水平普遍地、持续地、大幅度地降低会导致资源利用不足，失业增加，这就是通货紧缩问题；物价水平普遍地、持续地、大幅度地上升可能导致资源利用过度，造成通货膨胀问题。因此，经济学研究资源的充分利用，就必须涉及货币购买力的变动，即如何实现物价稳定的问题。

第四，国际收支平衡。国际收支平衡指一国国际收支净额即净出口与净资本流出的差额为零。在现实生活中，各个国家的国际收支总是存在顺差或者逆差，对经济会产生一定的影响。顺差指一国在一定时期内（通常为一年）对外经济往来的收入总额大于支出总额的差额。国际收支的巨额顺差会产生不利的经济影响，主要表现在：外汇储备过多会造成资金的闲置浪费，不利于本国经济发展；国内总需求与总供给的平衡被打破；储备货币汇率下跌时，外汇储备会遭受损失；一国的外汇储备增加，本币发行也必然相应增加，从而产生潜在的通货膨胀压力；本币若是可兑换的货币，顺差将使外汇市场上对本国货币求大于供，易受抢购冲击；本国货币被迫升值，使出口处于不利的国际竞争地位。逆差指在对外贸易中，一定时期内（一般是一年）一国的进口额大于出口额。贸易逆差不利于经济发展。国际收支平衡是指一国在特定年度内对外贸易进出口总额基本上趋于平衡。一般来说，一国政府在对外贸易中应设法保持进出口基本平衡，这样才能有利于国民经济健康发展。

综上所述，正是因为资源存在着稀缺性，才产生了经济学。因此，如何将稀缺的资源在商品和劳务的生产以及商品和劳务的消费中进行最有效的配置，就成为经济学研究的不变课题。因此，经济学可以定义为：经济学是一门研究稀缺资源如何在多种用途之间进行合理配置和有效利用的学科。

第二节 经济学分类

一、国民经济循环流向图

经济现象是错综复杂的，它是由成千上万的变量构成的。我们可以通过简单的经济循环来进一步了解经济现象。这个循环流向图是一个简单的经济模型。一个复杂的、更为现实的循环流向模型应该包括政府和国际贸易的作用，但这些细节对于经济如何组织的基本了解并不是至关重要的，所以，可以简单的经济循环流向图为例来说明经济现象，如图1-2所示。

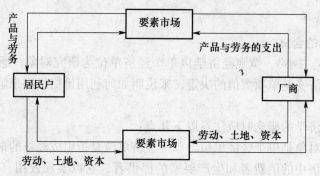

图1-2 市场构成与运行循环图

所谓国民经济循环流向图是指国民经济活动中商品、劳务与货币的持续循环活动。简单的国民经济循环流向图有如下几种假设：

（1）整个经济只有两个部门，即居民和厂商；

（2）居民的全部收入用于消费，没有储蓄；

（3）政府不干预经济活动；

（4）社会经济是封闭的，不与外界进行贸易活动；

（5）物价在一定范围内是不变的；

（6）整个经济协调发展，商品的交换没有任何障碍。

市场经济由经济主体与市场两部分组成。经济主体包括居民户、厂商。居民户是产品的需求者和生产要素的供给者，厂商则是产品的供给者和生产要素的需求者。市场则分为产品市场和要素市场。产品市场是产品和劳务买卖的市场，要素市场是各种生产要素买卖的市场，居民户与厂商的活动就是通过这两个市场联系起来的。

如图1-2所示的居民户和厂商，居民户的经济行为表现为首先在生产要素市场上提供生产要素，如劳动、土地等，以获得收入；然后用所得收入在产品市场上购买所需的商品，如粮食、衣物等，以获得效用满足。而厂商首先在生产要素市场上购买生产所需的生产要素，如工人的劳动力、厂房；然后进行生产，将生产出来的产品投入产品市场进行出售。可见，居民户和厂商都具有供给者和需求者的双重身份。

再看图1-2所示的两个市场。产品市场中，厂商提供产品，而居民户则在这里购买产品，如图产品与劳务通过产品市场从厂商流向居民户；生产要素市场中，居民户提供生产要素，而厂商则在这里购买生产要素，如图劳动、土地、资本等生产要素通过要素市场从居民户流向厂商，同时厂商向居民户支付工资、租金、利息和利润。这就是说，居民户与厂商在供需产品市场和要素市场相遇。在供需中，居民户要决定供给多少劳动、土地和资本，以换取作为要素收入的工资、租金、利息和利润，还要决定在产品市场上购买多少产品与劳务。厂商要决定在要素市场上购买多少劳动、土地和资本，以及产品与劳务。居民户与厂商都具有经济人的性质，即以最小的投入追求自身经济利益最大化，在完全竞争条件下，产品市场与要素市场中的每一种产品和每一种生产要素都会通过价格和数量的不断调节实现市场的均衡状态。

二、微观经济学和宏观经济学

经济学按其研究的对象来分，可以分为微观经济学和宏观经济学。

（一）微观经济学

1. 微观经济学的含义

"微观"原意是"小"。微观经济学以单个经济单位为研究对象，通过研究单个经济行为及其对相应的经济变量单项数值的决定，来说明如何利用价格机制来解决社会的资源配置问题。

在理解微观经济学的概念时应注意以下几点：

第一，研究的对象是单个经济单位。单个经济单位是指组成经济的最基本的单位是家庭与厂商。家庭是经济中的消费者和生产要素的提供者，它以实现效用（即满足程度）最大化为目标。厂商是经济中的生产者和生产要素的需求者，它以实现利润最大化为目标。

第二，中心理论是价格理论。在市场经济中，家庭和厂商的行为要受价格的支配，生产什么、如何生产和为谁生产都由价格决定。价格像一只看不见的手，调节着整个社会的经济活动，从而使社会资源的配置实现最优化。因此，价格理论是微观经济学的中心理论，其他内容则围绕这一中心理论展开。

第三，解决的问题是资源配置。资源配置即生产什么、如何生产和为谁生产的问题。解决资源配置问题就是要使资源配置达到最优化，即在这种资源配置下能给社会带来最大的经济福利。微观经济学从研究单个经济单位的最大化行为入手，来解决社会资源的最优配置问题。

第四，研究方法是个量分析法。个量分析法是对单个经济单位和单个经济变量的单项数值及其相互关系所作的分析。例如，某种商品的价格、某种产品的产量就属于价格和产量这类经济变量的单项数值。微观经济学就是分析这类个量的决定、变动及其相互关系。

2. 微观经济学的基本假设

为了研究方便，又不影响问题结论的得出，因此，在研究过程中，微观经济学有以下三个基本假设。

（1）市场出清。市场出清指在价格可以自由调节的情况下，产品既无过剩，又非不足。意味着产量等于销量。出清本意是指商品可以交换出去使之发挥效用。由于没有时间和价格上的限制，所以，只要是可以保存的商品，如黄金，早晚都会被"出清"的，不论价高价低，不在此价位出清则在另一个价位出清。现实的情况就是，因为没有"出清"而被扔掉的产品占总量的比例是微乎其微的，自古以来人类所生产产品的绝大多数都被人类使用了而不是被扔掉了。

（2）理性人。即消费者和厂商都是理性经济人，其行为动力是自己的利益，行为目标是最大化。在这一假设下；价格调节资源的配置最优化才是可能的。消费者在收入既定的条件下，追求效用最大化；生产者在成本既定的情况下，追求产量的最大化，从而实现利润的最大化。

在经济分析中假定人们的行为总是受个人利益或利己心的动机所驱使，即假定个人行为的基本动力是追求个人利益，但这并不意味着理性的行为都是自私自利的。例如，一个人捐献给慈善机构一笔钱，或不计报酬地帮助别人，都是合乎理性的。因为他相信自己做了一件好事，从中获得了心理上的满足。一个舍身报国、为国捐躯的人是理性的，因为他认为国家利益高于自己的生命，牺牲个人生命是最大的满足。正因为如此，理性人假定还可理解为，人在其经济行为中不会做于己不利的事。

理性人假定并不意味着它完全符合实际情况，也不意味着它一定是好的或合理的。在现实生活中，人们的经济决策并非总是深思熟虑的，按习惯办事、感情用事和上当受骗也是难免的。人们的经济行为也不单是受经济利益驱动，还受到社会、政治、道德等方面的影响和制约。经济分析之所以要作出这样的假定，无非是要在影响人们经济行为的众多复杂因素中，抽出主要的、基本的因素，在此前提和基础上，可以提出一些重要的结论，并据此对人们有关的经济行为作出预测，提供行动方针和政策决策的理论基础。要是没有这种假定，如果人们对生活的好坏完全抱无所谓的态度，那么，经济学就很难提出任何有用的理论。

（3）完全信息。这一假设条件的主要含义是指市场上每一个从事经济活动的个体（即买者和卖者）都对有关的经济状况具有完全的信息。可以免费获得所有的信息，而实际上很多的信息都是不透明的。如应聘、二手车市场的交易等。中国有句俗话："南京到北京，买的不如卖的精。"即指由于卖者往往掌握着更多的信息而对掌握信息较少的买者进行欺诈的现象。

示例 1-2

在求职过程中，招聘人员和应聘人员对于应聘人员的真实情况了解到的信息是不一致的。

以上这三个假设条件是微观经济学中的基本假设条件。西方经济学者承认，上述三个假设条件未必完全合乎事实，它们是为了理论分析的方便而设立的。

示例 1-3 　　　　　　　　　关于占座现象的经济学分析

"占座"这一现象在生活中时有发生，在大学校园里更是司空见惯。无论是三九严冬，还是烈日酷暑，总有一帮"占座族"手持书本忠实地守候在教学楼或者图书馆门前，大门一开，争先恐后地奔入，瞄准座位，急急忙忙地将书本等物置于桌上，方才松了一口气，不无得意地守候着自己的"领地"。后来之人，只能望座兴叹。

问题：

（1）大家为什么要提前这么多的时间占座？结合经济学的基本假设分析，并以此分析经济学的基本假设是否合理和必要。

（2）分析占座是不是符合经济效率，如果不是，如何改进？

3. 微观经济学的基本内容

微观经济学包括的内容相当广泛，其中主要有：价格理论、消费者行为理论、生产者行为理论（包括生产理论、成本理论和市场均衡理论）、分配理论、一般均衡理论与福利经济学、市场失灵与微观经济政策。

价格理论是研究商品的价格决定，以及价格如何调节整个经济的运行；消费者行为理论研究消费者如何把有限的收入分配于各种物品的消费上，以实现效用最大化；生产理论即生产者行为理论，研究生产者如何把有限的资源用于各种物品的生产上而实现利润最大化；分配理论研究产品按什么原则分配给社会各阶层与个人，即工资、利息、地租和利润如何决定；一般均衡理论与福利经济学研究社会资源配置最优化的实现，以及社会经济福利的实现等问题；市场失灵与微观经济政策。按微观经济学的理论，市场机制能使社会资源得到有效配置。但实际上，市场机制的作用并不是万能的。其原因主要有三点：首先，市场机制发挥作用的前提是完全竞争，但实际上不同程度垄断的存在是一种极为普遍的现象。这样，市场机制往往不能正常发挥作用。其次，市场机制对经济的调节是自发的，其结果不一定符合社会的要求。最后，市场机制不能解决经济中的某些问题。例如，不能提供公共物品，无法解决个体经济活动对社会的不利影响。正因为如此，就需要相应的微观经济政策。

现代微观经济学还包括了更为广泛的内容。诸如，产权经济学，成本—收益分析，时间经济学，家庭经济学，人力资本理论等，这些都是在微观经济学基本理论的基础上发展起来的。

（二）宏观经济学

1. 宏观经济学的含义

"宏观"原意是"大"。宏观经济学以整个国民经济为研究对象，通过研究经济中各有关总量的决定及其变化，来说明资源如何才能得到充分利用。这一定义包括以下几方面内容。

（1）研究的对象是整个经济。宏观经济学所研究的不是经济中的各个单位，而是由这些单位所组成的整体。这样，宏观经济学就要研究整个经济的运行方式与规律，从总体上分析经济问题。

（2）中心理论是国民收入决定理论。宏观经济学把国民收入作为最基本的总量，以国民收入的决定为中心来研究资源利用问题，分析整个国民经济的运行。其他理论都围绕着这一理论展开。

（3）解决的问题是资源利用。宏观经济学把资源利用作为既定前提，研究现有资源未能得到充分利用的原因，达到充分利用的途径，以及如何增长等问题。

（4）研究方法是总量分析。总量是指能反映整个经济运行情况的经济变量。这种总量有两类：一类是个量的总和，例如国民收入是组成整个经济的各个单位的收入的总和，总投资是各个厂商的投资之和，总消费是各个居民户消费的总和；另一类是平均量，例如价格水平是各种商品与劳务的平均价格。总量分析就是研究这些总量的决定、变动及其相互关系，从而说明整体经济的状况。因此，宏观经济学也被称为总量经济学。

2. 宏观经济学的基本假设

宏观经济学为了研究方便，同样提出两个基本假设：

（1）市场失灵，即市场机制是不完善的。市场机制配置资源的缺陷具体表现在以下方面：

第一，收入与财富分配不公。这是因为市场机制遵循的是资本与效率的原则。资本与效率的原则又存在着"马太效应"。从市场机制自身作用看，这是属于正常的经济现象，拥有资本越多在竞争中越有利，效率提高的可能性也越大，收入与财富也越集中。这种拉大又会由于影响到消费水平而使市场相对缩小，进而影响到生产，制约社会经济资源的充分利用，使社会经济资源不能实现最大效用。

第二，外部负效应问题。外部负效应是指某一主体在生产和消费活动的过程中，对其他主体造成的损害。如化工厂，它的内在动因是赚钱，为了赚钱工厂排出的废水不加处理而进入下水道、河流、江湖等，这样就可减少治污成本，增加企业利润。但是对环境保护、其他企业的生产和居民的生活带来危害。社会若要治理，就会增加负担。

第三，失业问题。失业是市场机制作用的主要后果，一方面从微观看，当资本为追求规模经营，提高生产效率时，劳动力被机器排斥；另一方面从宏观看，市场经济运行的周期变化，对劳动力需求的不稳定性，也需要有产业后备军的存在，以满足生产高涨时对新增劳动力的需要。劳动者的失业从宏观与微观两个方面满足了市场机制运行的需要，但失业的存在不仅对社会与经济的稳定不利，而且也不符合资本追求日益扩张的市场与消费的需要。

第四，区域经济不协调问题。市场机制的作用只会扩大地区之间的不平衡现象，一些经济条件优越、发展起点较高的地区，发展也越有利。随着这些地区经济的发展，劳动力素质、管理水平等也会相对提高，可以支付给被利用的资源要素的价格也高，也就越能吸引各种优质的资源，以发展当地经济。那些落后地区也会因经济发展所必需的优质要素资源的流失而越发落后，区域经济差距会拉大。还有因为不同地区有不同的利益，在不同地区使用自然资源的过程中也会出现相互损害的问题，可以称之为区域经济发展中的负外部效应：江河上游地区林木的过量开采，可能影响下游地区居民的安全和经济的发展。这种现象造成了区域间经济发展的不协调。

（2）政府有能力调节经济，纠正市场机制的缺点。人类不仅要顺从市场经济的作用，而且要能在遵从基本规律的前提下，对经济进行调节和干预。实现这种调节的是政府，政府可以通过观察和研究，认识和掌握经济运行规律，并采用适当的手段和措施进行干预。整个宏观经济学正是建立在对政府调节经济的能力信任的基础上的。政府应该调节经济，政府有能力调节经济，这是宏观经济学的前提。

3. 宏观经济学的基本内容

宏观经济学的内容相当广泛，包括宏观经济理论、宏观经济政策以及宏观经济计量模型。其中主要有：

第一，国民收入决定理论。国民收入是衡量一国经济资源利用情况和整个国民经济状况的基本指标。国民收入决定理论就是从总供给和总需求的角度出发，分析国民收入及其变动规律，介绍国民收入的核算方式等内容。国民收入决定理论是宏观经济学的中心理论。

第二，失业与通货膨胀理论。失业和通货膨胀是目前各个国家经济中最主要的问题。宏观经济学把失业与通货膨胀和国民收入联系起来，分析原因及其相互关系，以便找出解决这两个问题的途径。

第三，经济周期与经济增长理论。从国民经济短期和长期的角度出发，经济周期是国民经济短期的表现，经济增长是从长期来看国民收入的表现。这一理论分析国民收入短期波动的原因、长期增长的源泉以及经济增长方式等，以期实现经济长期、稳定的发展。

第四，宏观经济政策。宏观经济学是为国家调节经济服务的，宏观经济学主要为这种调节提供理论依据，而宏观经济政策则是为这种调节提供具体措施。宏观经济政策包括政策目标，即通过宏观经济政策达到什么样的目的，宏观经济政策的目标是：充分就业、物价稳定、经济增长和国际收支平衡；政策工具，即用什么具体方法来达到目的；政策效应，即宏观经济政策对经济的影响。

（三）微观经济学与宏观经济学的关系

从微观经济学与宏观经济学的含义及其理解可以看到，微观经济学和宏观经济学在研究的对象、解决的问题、中心理论和分析方法上都有所不同，可以用表1-1进行比较。

表1-1　微观经济学与宏观经济学比较

项目	微观经济学	宏观经济学
研究对象	单个经济单位	整个国民经济
中心理论	价格理论	国民收入决定理论
解决的问题	资源配置	资源利用
分析方法	个量分析	总量分析

尽管微观经济学和宏观经济学存在着差别，但作为经济学的不同组成部分，它们之间又有着密切的联系，主要表现在以下两方面：

第一，微观经济学是宏观经济学的基础。单个经济单位之和构成整体经济，宏观经济学分析的经济总量就是由经济个量加总而成的，对宏观经济行为和经济总量的分析是以一定的微观经济学分析为基础的。例如，失业理论和通货膨胀理论作为宏观经济学的重要组成部分，总要涉及劳动供求和工资决定理论以及商品价格如何决定的理论，而充分就业的宏观经济模型，正是建立在以完全竞争为假定前提的价格理论和工资理论基础之上的。

第二，微观经济学与宏观经济学的研究方法都是实证分析。微观经济学与宏观经济学都把社会经济体制作为既定的前提，不分析社会经济体制变动对经济的影响。也就是说，它们都是把市场经济体制作为一个既定的存在，分析这一经济体制下的资源配置与利用问题。这种不涉及体制问题，只分析具体问题的方法就是实证分析。从这种意义上看，微观经济学与宏观经济学都属于实证经济学的范畴。

三、实证经济学和规范经济学

经济学根据其研究方法来分，可以分为实证经济学和规范经济学。

1. 实证经济学

所谓实证经济学，是用实证的方法来研究经济，即根据现实中的经济现象来研究经济现象本身的规律，并根据这些规律，分析和预测人们经济行为的效果。回答"是什么"的问题，而不对事物的好坏进行评价。微观经济学和宏观经济学均属于实证经济学。如某年的财政预算会使通货膨胀率下降 1%；最低工资引起失业。

实证分析要运用一系列的分析工具，诸如个量分析与总量分析、均衡分析与非均衡分析、静态分析与动态分析、定性分析与定量分析、逻辑演绎与经验归纳、经济模型以及理性人的假定等。

2. 规范经济学

规范经济学是用规范的方法研究经济，即通过社会伦理价值判断提出某种标准，并依据这种标准来分析处理经济问题，它回答"应该是什么"的问题。价值判断具有一定的主观性，对同一经济现象，具有不同价值观念的人会有不同的判断结果。

规范经济学研究和回答的经济问题是：①经济活动"应该是什么"的经济问题应该怎样解决；②什么方案是好的，什么方案是不好的；方案是否应该，是否合理；为什么要作出这样的选择。

规范经济学涉及经济行为和经济政策对人们福利的影响和评价问题，涉及是非善恶、合理与否的问题，与伦理学、道德学相似，具有根据某种原则规范人们行为的性质。由于人们的立场、观点、伦理和道德观念不同，对同一经济事物、经济政策、经济问题会有迥然不同的意见和价值判断。对于应该做什么，应该怎么办的问题，不同的经济学家可能会有完全不同的结论。

3. 实证经济学与规范经济学的关系

实证经济学与规范经济学有联系也有区别。规范经济学指导实证经济学的研究，实证后面都有规范问题，都有道德标准的问题，实证研究离不开规范。实证研究又给规范问题的研究提供了有力的支持，实证分析的结果使规范研究具有说服力。实证经济学与规范经济学的区别则表现在以下方面：

（1）表现在是否存在"价值判断"。所谓价值判断是指对经济事物所具有的社会价值的判断，即对某一经济事物是好还是坏的判断。实证经济学着重考虑经济效果；规范经济学主要着眼于社会规范、道德等方面。

（2）实证经济学只研究经济本身的内在规律，因此它要回答"是什么"的问题。而规范经济学则以一定的价值判断为基础，是以某些标准作为分析处理经济问题的标准，因此要回答的是"应该是什么"的问题。

（3）实证经济学的内容具有客观性，即不以人们的意志为转移，所得的结论可以根据事实来进行检验。规范经济学则没有客观性，它所得的结论要受到不同价值观的影响，处于不同阶层地位，具有不同价值判断标准的人，对同一事物的好坏会作出截然相反的评价，谁是谁非没有什么绝对标准，从而也就无法进行检验。

四、学习经济学的意义

经济学作为一门社会经济理论科学，在整个人类社会经济发展实践中，具有十分重要的地位和作用。因此，学习经济学理论，对于每一个社会成员和经济工作者都具有十分重要的意义。

（1）学习经济学，为学习其他经济学科和管理学科打好基础。因为，经济学是其他经济学科和管理学科的理论基础，为它们提供理论指导。同时，学好经济学，有助于更好地学习和掌握其他经济学科的理论，懂得科学技术发展和运用的特点，达到讲求经济效率，实现现代化的科学管理，按经济规律办事的目的。

（2）学习经济学，有助于人们了解我们生活的世界是如何运行的。有许多经济问题会激起你的好奇心。比如，一段时间内为什么房地产市场价格出现不断上涨的状况？石油价格上涨，但为什么航空公司的机票价格有时可以打三折、五折？为什么在北京、上海找房子如此困难，找工作也这么困难？为什么如果旅客停留周六一个晚上，航空公司对往返票的收费就低？物价不断上涨的时候，政府为什么要不断调整银行的存贷款利率？这些问题恰恰是经济学课程可以帮助你回答的一些问题。

（3）学习经济学，有助于你正确地作出个人决策。在你的一生中，你需要作出许多经济决策。比如，当你大学毕业的时候，你需要决定是继续深造，还是去工作？在工作以后，你要决定如何使用你的收入，多少用于现在的消费，多少用于储蓄？把你的储蓄用于投资，是买股票还是存银行？有一天你若成为一个企业的老板或经理，你要作出更多的经济决策，你要为你的产品制定价格策略。为什么要作出各种决策？因为你的资源是有限的。比如，你的时间有限，收入有限。如果你参加工作，就不能继续上学；如果你把钱用于买房子，你就不能再用于买汽车……所以你必须在各种需求之间分配你有限的资源。学习经济学本身不会使你富有，但它给你可以致富的工具、方法，使你变得聪明起来。

（4）学习经济学，有助于理解政府的政策。学习了经济学，你会明白我们为什么需要政府，什么是政府应该做的，什么是政府不应该做的。我们需要政府，是因为单靠市场不能使所有的资源都得到有效配置。比如，如果没有政府的干预，追求利润最大化的企业可能会使你呼吸受污染的空气；我们可能无法拥有良好的社会治安，无法保证个人财产和人身安全；市场交易也没有人们必须遵循的规则和秩序；对于不断上涨的房价，工薪阶层或普通老百姓只能望而却步。但政府对市场干预过多也会导致产品供给不足、价格扭曲、资源浪费、垄断横行。政府的政策选择正确与否，不仅影响整个社会的资源配置效率，而且也影响包括你在内的每个公民的经济利益。所以当你决定支持哪一种政策时，当你希望政府制定某种政策的时候，你必须谨慎考虑这种政策可能产生的不利后果，经济学常识有助于你思考这样的问题。

第三节 经济学发展简史

经济学作为一门独立学科，是在资本主义产生和发展的过程中形成的。在资本主义社会出现以前，对当时的一些经济现象和经济问题形成了某种经济思想，但是并没有形成系统。

虽然早在古代，许多思想家就研究了经济问题，但这些对经济问题的论述与哲学、政治学、伦理学等混杂在一起，经济学本身在当时并没有成为一门独立的科学。经济学从产生到现在，经历了重商主义、古典经济学、新古典经济学和当代经济学四个重要发展阶段。

一、重商主义——经济学的萌芽时期

重商主义产生于 15 世纪，终止于 17 世纪中期。这是资本主义生产方式的形成与确立时期。重商主义原指国家为获取货币财富而采取的政策。16 世纪末以后，在英、法两国出现了不少宣扬重商主义思想的著作。

重商主义的主要代表人物有英国经济学家威廉·配第、约翰·海尔斯、威廉·斯塔福德、托马斯·曼，法国经济学家安·德·孟克莱田等人。主要的代表作是威廉·配第的《赋税论》和托马斯·曼的《英国得自对外贸易的财富》。孟克莱田在 1615 年发表了《献给国王和王后的政治经济学概论》，最早使用了政治经济学这一概念。重商主义者并没有什么系统的理论，其基本观点是：金银形态的货币是财富的唯一形态，一国的财富来自对外贸易，增加财富的唯一方法就是扩大出口、限制进口，这样就必须实行国家对经济的干预，即用国家的力量来扩大出口、限制进口。

重商主义的这些观点，反映了原始积累时期资本主义经济发展的要求。但重商主义仅限于对流通领域的研究，其内容也只是一些政策主张，并没有形成一个完整的经济学体系，只能说是经济学的萌芽阶段。真正的经济科学只有在从流通领域进入到生产领域中才算形成。

二、古典经济学——经济学的形成时期

古典经济学从 17 世纪中期开始，到 19 世纪 70 年代前为止，主要代表人物有英国经济学家亚当·斯密、大卫·李嘉图、马尔萨斯，法国经济学家让·巴蒂斯特·萨伊、布阿吉尔贝尔、西斯蒙第等。最重要、最杰出的代表人物是亚当·斯密，其代表作是 1776 年出版的《国民财富的性质和原因的研究》（简称《国富论》）。

《国富论》的发表被视为经济学史上的第一次革命，即对重商主义的革命。以亚当·斯密为代表的古典经济学家的贡献，是建立以自由放任为中心的经济学体系。古典经济学家研究的中心是国民财富如何增长。他们强调财富是物质产品，增加国民财富的途径是通过增加资本积累和分工来发展生产。围绕这一点，他们研究了经济增长、价值、价格、收入分配等经济问题。亚当·斯密从人是利己的经济人这一假设出发，论述了由价格这只看不见的手来调节经济运行的问题。因此，由价格调节经济就是一种正常的自然秩序，由此得出了自由放任的政策结论。

古典经济学的政策主张是自由放任，主张通过价格这只"看不见的手"来调节经济的运行，使人们在追逐自己利益的过程中实现社会资源合理而有效的配置。古典经济学自由放任的思想反映了自由竞争时期经济发展的要求。古典经济学家把经济研究从流通领域转到生产领域，使经济学成为一门真正独立的学科。

三、新古典经济学——微观经济学的形成与发展时期

新古典经济学从 19 世纪 70 年代的"边际革命"开始，到 20 世纪 30 年代结束。这一时期经济学的中心仍然是自由放任，它是古典经济学的延伸。但由于它用新的方法论述了自由

放任思想，并建立了说明价格如何调节经济的微观经济学体系，因而被称为新古典经济学。

19世纪70年代初，奥地利经济学家门格尔、英国经济学家杰文斯、瑞士经济学家瓦尔拉斯几乎同时但又各自独立地提出了边际效用价值论，揭开了"边际革命"的序幕。边际效用价值论者认为：效用是价值的源泉，而边际效用是衡量价值的尺度，物品的价值量则是由该物品合理使用时产生的最小效用所决定。这里采用了一种新的分析方法，即边际分析法。正是这种分析方法使经济学进入了一个新的时期，标志着新古典经济学的开始。其后，1890年，英国经济学家阿弗里德·马歇尔综合了当时的各种经济理论，出版了《经济学原理》一书。继承19世纪以来英国庸俗经济学的传统，兼收并蓄，以折中主义手法把供求论、生产费用论、边际效用论、边际生产力论等融合在一起，建立了一个以完全竞争为前提、以"均衡价格论"为核心的相当完整的经济学体系，这是继密尔之后对庸俗经济学观点的第二次大调和、大综合，奠定了现代微观经济学的理论基础。因此该书被称为新古典经济学理论的代表作，马歇尔则被认为是新古典经济学理论的主要代表和创始人。

虽然新古典经济学的政策主张仍然是自由放任，但他们明确地把资源配置作为经济学研究的中心，论述了价格如何使社会资源配置达到最优化，从而在理论上证明了市场机制的完善性。他们把需求分析与供给分析结合在一起，建立了现代微观经济学的框架体系。边际效用价值论认为，商品的价值取决于人们对商品效用的主观评价。这种边际效用价值论采用边际分析法。

新古典经济学家已不像古典经济学家那样只重视对生产的研究，而是转向了消费和需求，他们把消费和需求分析与生产和供给分析结合在一起，建立了现代微观经济学体系及其基本内容。由于该体系是以完全竞争为前提的，所以在20世纪初出现垄断后，英国经济学家罗宾逊和美国经济学家张伯伦，在20世纪30年代提出了垄断竞争或不完全竞争条件下的资源配置问题，这是对微观经济学体系的重要发展。

四、当代经济学——宏观经济学的形成与发展时期

当代经济学是以20世纪30年代凯恩斯主义的出现为标志的。这一时期的中心是宏观经济学的形成与发展。可以将这一阶段分为三个小时期。

（1）凯恩斯革命时期。这一时期从20世纪30年代到50年代之前。1929—1933年，资本主义国家爆发的空前的经济大危机，使得新古典经济学论述的市场调节的完善性的神话被打破。传统的经济理论与经济现实发生了尖锐的冲突，经济学面临着有史以来的第一次危机。在此形势下，1936年，英国经济学家凯恩斯出版了《就业、利息和货币通论》（简称《通论》）一书。这本书从总需求的角度分析国民收入，并用有效需求不足来解释失业存在的原因。在政策上则提出了国家干预经济的主张，并提出了一整套国家干预经济进行需求管理的办法。凯恩斯的这些观点被绝大部分西方经济学家所接受，他的政策主张也被西方发达国家的政府采纳，史称"凯恩斯革命"。这次"革命"所产生的以国民收入决定理论为中心，以国家干预为基调的理论和政策主张，形成了当代宏观经济学体系。因此，凯恩斯被称为当之无愧的宏观经济学之父。

（2）凯恩斯主义发展时期。这一时期从20世纪50年代到60年代末。第二次世界大战后，西方各国都加强了对经济生活的全面干预，凯恩斯主义得到了广泛的传播与发展。美国经济学家萨缪尔森等人把凯恩斯主义的宏观经济学与新古典经济学的微观经济学结合起来，

建立了一个适合于当代资本主义需要的、既有微观经济理论又有宏观经济理论的新体系，形成了新古典综合派。

（3）自由放任思想复兴时期。这一时期始于20世纪70年代。凯恩斯主义的经济理论和政策在西方各国推行之后，引起了许多问题，出现了经济停滞与失业和通货膨胀并存的"滞胀"局面，导致资本主义经济恶化。凯恩斯主义陷入困境，而以美国经济学家弗里德曼为首的货币主义所主张的自由放任思想却得以复兴。他们从不同的角度论述了市场机制的完善性，提出了减少国家干预，充分发挥市场机制作用的主张。20世纪80年代中期以后，新经济自由主义的理论和政策又受到人们的普遍怀疑和非难，国家干预主义重新抬头。美国一些有主见的中青年学者——新一代凯恩斯主义者，如哈佛大学的曼昆、萨墨斯等，他们在继承凯恩斯主义传统和基本学说的基础上，从理论上和分析技术上改进原凯恩斯主义，对宏观经济学的微观基础进行了重新构建，提出了许多新的研究成果和实证结论，形成了标明"新凯恩斯主义经济学"的一个新学派，在西方经济学界崭露头角并迅速成为影响最大的学派之一。

从经济学发展的历史脉络中，我们可以清楚地看出，经济学是为现实服务的，经济学的形成、确立与发展是与资本主义市场经济的建立与发展相适应的。

本章知识小结

经济学的定义可以表述为，它是研究各种稀缺资源在多种选择的用途中进行有效配置和利用的科学。在经济学中，如果一项资源可以用于多项用途，则机会成本可以看做是生产者为此而放弃的最佳用途的代价来衡量或表达，即一种资源被用于一种产品生产时的机会成本，是指这一资源在其他用途上可以获得的最高价值。

经济学运用一定的方法来研究资源配置与利用问题，对这些问题既可以用实证的方法进行分析，也可以用规范的方法进行分析。用实证方法来分析经济问题称为实证经济学；用规范方法来分析经济问题称为规范经济学。实证分析是在给出假定的前提下，研究经济现象之间的关系，分析经济活动的运行过程，预测经济活动的结果。实证分析拒绝价值判断，即不对产生结果的好与坏作出主观判断，实证分析只回答"是什么"的问题；规范分析研究"应该是什么"的问题，或者说规范分析研究的是人类社会面临的实际经济问题应该如何解决的问题。如果说实证分析所作的是"事实判断"，那么规范分析所作的主要是"价值判断"，即对经济现象好与坏、善与恶的判断。

西方经济学的产生，最早可以追溯到17世纪重商主义的创立，其发展经历了重商主义、古典政治经济学、新古典经济学、凯恩斯主义经济学和新自由主义经济学等阶段。在对待西方经济学的态度上，存在着要么全盘否定，要么全盘接受的两种极端倾向。归根结底，这两种极端倾向都是错误的。我们要正确地对待西方经济学，实事求是地评价西方经济学。

习 题

一、名词解释
经济学 稀缺性 实证经济学 规范经济学

二、选择题
1. 经济学可定义为（ ）。

A. 研究政府如何对市场机制进行干预的科学

B. 消费者如何获取收入并进行消费的学说

C. 研究如何最合理地配置稀缺资源于诸多竞争性用途的科学

D. 企业取得利润的活动

2. 经济学研究的基本问题包括（　　　）。

A. 怎样生产

B. 生产什么，生产多少

C. 为谁生产

D. 以上都包括

3. 下列不属于微观经济学基本假设的是（　　　）。

A. 市场出清　　　　B. 完全信息　　　　C. 市场失灵　　　　D. 理性人

4. 下列命题中不是实证经济学命题的是（　　　）。

A. 1982 年 8 月联储把贴现率降到 10%

B. 1981 年失业率超过 9%

C. 联邦所得税对中等收入家庭应是不公平的

D. 社会保险税的课税依据现已超过 30 000 美元

5. 下列问题中不属于宏观经济学研究的是（　　　）。

A. 橘子汁价格下降的原因

B. 物价水平下降的原因

C. 政府预算赤字对通货膨胀的影响

D. 国民生产总值的决定

6. 宏观经济学的中心理论是（　　　）。

A. 失业与通货膨胀理论

B. 经济周期与经济增长理论

C. 价格理论

D. 国民收入决定理论

7. 以下问题中不是微观经济学所考察的问题是（　　　）。

A. 一个厂商的产出水平

B. 社会失业率的上升或下降

C. 联邦货物税的高税率对货物销售的影响

D. 某一行业中雇用工人的数量

8. 研究个别居民与厂商决策的经济学称为（　　　）。

A. 微观经济学　　　B. 宏观经济学　　　C. 实证经济学　　　D. 规范经济学

9. 微观经济学解决的问题是（　　　）。

A. 资源配置

B. 资源利用

C. 单个经济单位的经济行为

D. 价格理论

10. 西方学者认为现代美国经济是一种（　　　）。

A. 完全的自由放任经济制度

B. 严格的计划经济制度

C. 混合资本主义经济制度

D. 自给自足制度

三、判断题

1. 如果社会不存在资源的稀缺性，也就不会产生经济学。　　　　　　　　（　　）

2. 稀缺性仅仅是市场经济中存在的问题。　　　　　　　　　　　　　　（　　）

3. 微观经济学的中心理论是价格理论，宏观经济学的中心理论是国民收入决定理论。

（　　）

4. 规范经济学的结论以研究者的阶层地位和社会伦理观为基础，不同的研究者对同样

的事物会得出不同的结论。 （　　）

5. 宏观经济学的基本假设是市场失灵和市场出清。 （　　）

四、思考题

1. 什么是稀缺性？如何理解稀缺性的相对性和绝对性？
2. 西方经济学的理论体系由哪两部分组成？它们之间的关系如何？
3. 实证经济学与规范经济学的区别是什么？

阅读资料 \\\\\

人生离不开选择

关于作出决策的第一课可以归纳为一句谚语："天下没有免费的午餐。"为了得到我们喜爱的一件东西，通常就不得不放弃另一件我们喜爱的东西。作出决策要求我们在一个目标与另一个目标之间有所取舍。

当人们组成社会时，他们面临各种不同的交替关系。典型的交替关系是"大炮与黄油"之间的交替。我们把更多的钱用于国防以保卫我们的领土免受外国人侵（大炮）时，我们能用于提高国内生活水平的个人物品的消费（黄油）就少了。在现代社会里，同样重要的是清洁的环境和高收入水平之间的交替关系。要求企业减少污染的法律增加了生产物品与劳务的成本。由于成本高，结果这些企业赚的利润少了，支付的工资低了，收取的价格高了，或者是这三种结果的某种结合。因此，尽管污染管制给予我们的好处是更清洁的环境，以及由此引起的健康水平的提高，但其代价是企业所有者、工人和消费者的收入减少。

社会面临的另一种交替关系是效率与平等之间的交替。效率是指社会能从其稀缺资源中得到最多东西。平等是指这些资源的成果公平地分配给社会成员。换句话说，效率是指经济蛋糕的大小，而平等是指如何分割这块蛋糕。在制定政府政策的时候，这两个目标往往是不一致的。

政府会制定实现更平等地分配经济福利的政策。例如，福利制度或失业保障，是要帮助那些最需要帮助的社会成员。另一些政策，例如，个人所得税，是要求经济上成功的人士对政府的支持比其他人更多。虽然这些政策对实现更大平等有好处，但它以降低效率为代价。当政府把富人的收入再分配给穷人时，就减少了对辛勤工作的奖励；结果，人们工作少了，生产的物品与劳务也少了。换句话说，当政府要把"经济蛋糕"切成更均等的小块时，这块蛋糕也就变小了。

认识到人们面临交替关系本身并没有告诉我们，人们将会或应该作出什么决策。一个学生不应该仅仅由于要增加用于学习经济学的时间而放弃心理学的学习。社会不应该仅仅由于环境控制降低了我们的物质生活水平而不再保护环境。也不应该仅仅由于帮助穷人扭曲了工作激励而忽视了他们。然而，认识到生活中的交替关系是重要的，因为人们只有了解他们可以得到的选择，才能作出合理的决策。

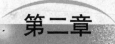

第二章

均衡价格理论

* 理解和掌握需求和供给的含义、需求和供给的影响因素、需求定理和供给定理。
* 理解和掌握均衡价格的决定和变动以及均衡价格理论的应用。
* 理解和掌握需求价格弹性及其计算、需求弹性与总收益的关系、影响需求弹性的因素。
* 了解支持价格和限制价格。

经济学家：亚当·斯密（Adam Smith，苏格兰，1723.6.16—1790.7.17）

　　简介：英国资产阶级古典政治经济学体系的创立者。他于 1759 年出版《道德情操论》，获得学术界极高的评价。1768 年开始着手著述《国家财富的性质和原因的研究》（简称《国富论》）。1773 年《国富论》基本完成，经过 3 年时间润饰，1776 年 3 月正式出版。出版后引起大众广泛的讨论，影响所及除了英国本地，连欧洲大陆和美洲也为之疯狂，因此世人尊称亚当·斯密为"现代经济学之父"和"自由企业的守护神"。亚当·斯密并不是经济学说的最早开拓者，他最著名的思想中有许多也并非新颖独特，但是他首次全面系统地论述了政治经济学的主要内容，为该领域的发展打下了良好的基础。因此完全可以说《国富论》是现代政治经济学研究的起点。

　　核心观点：劳动是财富的源泉和价值的尺度；分工促进劳动生产力；资本累积是进行分工必备的另一要素，分工的扩张、生产效率的提高与资本的总额成正比；货币具有储藏功能、支付功能、价值尺度及流通功能；工资、利润、地租决定劳动、资本及土地的资源流向；提出四大赋税原则，即公平、确定、便利、经济。

为什么铁路成为春运的矛盾焦点？

　　春运期间买火车票难、坐火车难，铁路部门更是叫苦连天，一年又一年好像成了中国人春节回家无法躲避的宿命。对于大学生来说，无论是外出旅游，还是寒假回家或是开学返校，坐火车都非常困难。

1993 年春运期间，铁道部率先对乘火车进出广东省和广东省内的乘客实行浮动加价。2002—2006 年在全国范围内实行硬座票价上浮 15%，其他席别上浮 20%，以此缓解春运期间的供求矛盾。2006 年春运结束后，据铁道部春运办统计，当年春运铁路共运送旅客 1.49 亿人次，再创历史新高。铁道部希望涨价能缓解铁路春运客流高峰压力的愿望并未实现。铁道部决定，2007 年铁路春运各类旅客列车票价一律不上浮，以后春运也将不再实行票价上浮制度。

在日常生活中，人们往往都有这样的经历：比如你看中了一款运动服，如果它的价格上涨 20% 的话，你可能就会不买，而转向购买其他品牌的运动服。一般说来，价格上涨会引起消费的下降。那么，春运期间火车票价上涨，为什么乘坐火车的人数没有降低反而增加了呢？

人们为什么不像购买运动服那样，不坐火车而转向乘坐既快又安全、舒适的飞机呢？铁路部门在春运期间都加开临时旅客列车，为什么不能再多增加火车运力呢？如果春运期间火车票价上涨 300%，作为消费者的你还愿意乘坐火车出去旅游或回家吗？作为生产企业的铁路部门是否希望春运期间火车票价上涨 300%？

无论是以物易物的商品交易，还是以钱换钱的货币交易，或是以货币作媒介的一般流通模式，都必须有价格，价格是商品价值的货币表现，没有价格就不存在市场交易，也就没有市场经济。价格是市场经济的核心范畴。由于市场经济条件下供求关系是价格决定的主要因素，所以价格分析要从需求与供给开始。

第一节　需求理论

一、需求的含义

需求（Demand）是指消费者在某一特定的时期内，在一定市场上，在不同价格水平上愿意并且能够购买的某种商品的数量，它反映了商品不同价格与其相应的需求量之间的对应关系。

理解该概念应该注意以下三点：首先，需求的产生必须具备两个条件，即购买欲望和购买能力，二者缺一不可。其次，需求与需求量的区别。需求量是指消费者在一定时期内，在某一特定价格水平上愿意并且能够购买的某种商品的数量。这里的需求量是指他愿意或者打算购买的数量，而不是指他实际购买的数量。最后，需求分为个人需求与市场需求。个人需求是指单个消费者对某种商品的需求，市场需求是指消费者全体对某一商品的需求。市场需求是所有个人需求的总和。

`示例 2—1`

刚刚大学毕业的王佳很想拥有一套属于自己的住房，无奈手中无钱，只好望房兴叹。王佳的同学李江一毕业就从富有的家里得到一笔钱，但他不愿买房，投资办企业了。可见王佳和李江对房屋均未形成有效需求。

二、需求的表达式

（一）需求表

需求表是描述在某一特定时间内，在其他条件不变的情况下，消费者对某商品在不同价格水平下所形成的需求数量的一个表列，既可反映个人需求也可反映市场需求。需求表实际上是用算术表格的形式来表述需求这个概念，它可以直观地表明价格与需求量之间的一一对应关系。例如（以个人需求为例），假定在一定时期内，当1千克苹果的价格为10元时，某消费者对苹果的需求量为1千克；价格降为1千克8元时，需求量为2千克。价格继续下降，对苹果的需求量会继续增加。如果把某消费者在不同价格下对苹果的需求量排列起来，就可以得到对苹果的需求表，如表2-1所示。需求表就是消费者对一种商品的需求量和该种商品的价格之间的函数关系的表列。

表 2-1 苹果的需求

价格 P/(元·千克$^{-1}$)	需求量 Q_D/千克
10	1
8	2
6	3
4	4
2	5
0	6

这里需要注意的是，在经济学中，需求是一个表列概念，代表的是价格和相对应的需求数量之间的关系，而需求量是需求表当中的确定价格下对应的一个数字，如当价格为6元/千克时，其需求量为3千克。从表中还可以看出商品的价格与需求量之间的依存关系，即价格降低，需求量增加，价格提高，需求量减少。商品的价格与需求量的变化是反方向的。

（二）需求曲线

用图示法把需求表中需求量与商品价格之间的关系表示出来，就可以得到一条曲线，这就是需求曲线。需求曲线就是在假设除了价格之外所有的因素都不发生变化的情况下，表示价格与其需求量之间的关系的图形。如图2-1所示，纵轴为价格 P（price），横轴为需求量 Q_D（Quantity of Demand），把需求表的数据描绘在平面坐标图上，就形成需求曲线。需求曲线表示需求时，需求量则是需求曲线上的点。需要注意的是，经济学中常把自变量当做纵坐标，因变量当做横坐标，跟数学中的表示方法正好相反。需求曲线是用几何图形来表示某种商品价格与需求量关系的曲线，向右下方倾斜，即它的斜率为负值，表明需求随价格下降而增加。

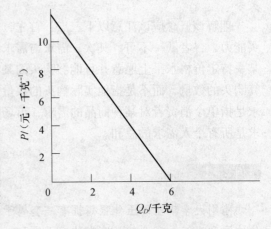

图 2-1 苹果的需求曲线

(三) 需求函数

如果把影响需求量的各种因素作为自变量，把需求量作为因变量，则可以用函数关系来表示"影响需求的因素与需求量之间的关系"，这种函数称为"需求函数"，用公式表示为：

$$D = f(a, b, c, \cdots, n) \qquad (2-1)$$

在影响需求量的各种因素当中，关键因素是价格，如果假定其他影响需求的因素不变，只分析商品本身的价格与该商品需求量的关系，并以 P 来代表商品自身的价格，需求函数可简化为：

$$D = f(P) \qquad (2-2)$$

本书所讲的需求函数都是指简化的需求函数，即表示的是商品在其他因素不变的情况下其价格和需求量之间的函数关系，指商品的需求量取决于商品的价格，此时，因变量为需求量而非需求（需求指在每一价格水平下），本函数式可准确地表达为：

$$Q_D = f(P) \qquad (2-3)$$

需求表、需求曲线和需求函数都是需求的不同表现形式，都是表示的需求量与价格之间的关系。

三、影响需求的因素

一种商品的需求数量是由许多因素影响和共同决定的，其中最主要的因素有以下几种。

(一) 商品自身的价格

一般说来，在其他条件不变时，商品的价格越高，人们对该商品的购买数量越少；价格越低，人们购买的数量越多。在简单需求函数中，当其他因素不变的情况下，价格作为需求函数的自变量，其变动只会影响需求量的大小，对整个需求不产生影响。

(二) 相关商品的价格

各种商品之间存在着不同的关系，因此，其他商品价格的变动也会影响某种商品的需求。商品之间的关系有两种：一种是互补关系；另一种是替代关系。

互补关系是指两种商品共同满足一种欲望，它们之间是相互补充的。例如，汽车和汽油的关系，当其他因素不变时，汽油价格上升，则汽车的需求会减少；反之，当一种商品价格下降时，另一种的需求会上升。两种互补商品之间的价格与需求呈反向变动关系。

替代关系是指两种商品可以互相替代来满足同一种欲望。例如，猪肉和牛肉就是这种关系，当其他条件不变时，一种商品（猪肉）价格上升时，对另一种商品（牛肉）的需求就会增加，因为猪肉价格上升，消费者会购买更多的牛肉来代替对猪肉的消费，导致即使牛肉价格不变，需求量也会增加，牛肉的需求曲线向右移动；反之，当一种商品的价格下降时，另一种商品的需求会减少。两种替代商品之间的价格与需求呈同方向变动。

示例 2 - 2

替代品如可口可乐和百事可乐，当可口可乐价格上涨后，就会有更多的人去选择百事可乐，百事可乐的需求量会增加。互补品如汽车和汽油，当汽油价格上涨时，汽车的使用成本增加，汽车的需求量会减少。

（三）收入水平

通常情况下随着收入水平的增加，消费者对大多数商品的需求都会增加，反之，收入下降，消费者对多数商品的需求会减少。至于什么样的商品的需求会随着收入的增加而增加，又会有哪些商品的需求会随着收入增加反而减少，我们会在弹性理论一节中进一步讨论。

（四）消费者的偏好

社会消费习惯的变化，将促使消费者在商品价格未发生任何变化的情况下增加或减少对某商品的需求。而消费者偏好的变化受许多因素的影响，其中广告宣传可以在一定程度上影响偏好的形成，这就是为什么许多厂商不惜资金大做广告宣传的原因。成功的案例也有许多：如脑白金、海飞丝等都是通过影响消费者的偏好，迅速占领市场的。

（五）人口的数量与结构

人口数量的增加会使需求增加，人口数量减少会使商品需求减少。例如，世界各大汽车公司纷纷按中国政府的要求和本土企业合作成立合资公司生产汽车，除了看中中国低廉的劳动力之外还看中了中国所蕴藏的巨大市场。另外，人口结构的变动也会影响对某些商品的需求。例如，人口老龄化会导致对碳酸饮料、儿童用品的需求减少，同时导致保健用品、药品等的需求增加。

示例 2-3

某国对外发动战争，青年男子皆出外作战，国内烟酒、汽车销量锐减。3 年后，战败而归，国内烟酒、汽车销量顿增。

（六）政府的经济政策

政府采取不同的经济政策会强烈影响商品的需求。当经济发展过速，通货膨胀较高时，政府往往会采取从紧的财政政策和货币政策，即提高利率、压缩政府开支、增加税收等，这些政策会让大部分商品的需求减少，从而达到抑制经济过速发展的作用。反之，当经济发展处于低潮期时，政府往往会采取宽松的财政和货币政策，即降低利率、增加政府开支、减少税收等，这些政策会刺激消费，导致大部分商品的需求增加，从而达到促进经济发展的作用。

（七）消费者对未来的预期

消费者对自己的收入水平、商品价格水平的预期直接影响其消费欲望。当人们预期未来自己的收入水平会上升，就会增加消费，导致需求增加；反之，会减少消费，导致需求减少。当人们预期某商品的价格今后会上涨时，则会增加对它现时的购买量，而预期价格下跌时，就会减少对它的现时购买量。消费者对未来的预期对需求的影响很难计量，但却对需求的影响非常大。

四、需求量和需求的变动规律

在经济分析中要求严格区别需求量的变动和需求的变动。

（一）需求量的变动

需求量的变动是由于价格的变动而引起的变动，此时，假定除商品自身价格 P 以外的因素（相关商品价格、消费者偏好、政府的政策、消费者预期、收入水平、人口数量与结构）保持不变。从需求函数上来看，需求量变动，函数不变，仅仅是随着自变量的变动所引起的因变量的变动；从需求表上来看，需求量的变动表现为随着价格的变动，同一需求表中"价格—需求量"组合的移动；从需求曲线上看，需求量的变动表现为同一条需求曲线上的点的移动。如图 2-2 所示，当价格为 P_2 时，需求量为 Q_{D1}；当价格下降到 P_1 时，需求量增加到 Q_{D2}；价格与需求量的变化在需求曲线上则是从 A 点移动到 B 点。

（二）需求的变动

需求的变动是指在商品本身价格不变的情况下，由于其他非价格因素的变化所引起的需求量的变动。从需求表看，需求的变动不是同一需求表中价格—需求量组合的移动，而是整个需求表的对应关系的变动，是在同一价格水平下由于其他因素导致所对应的需求量发生改变；从需求曲线看，需求的变动表现为整条需求曲线的平行移动，需求减少导致需求曲线向左平行移动，需求增加导致需求曲线向右平行移动。如图 2-3 所示，价格 P_0 并未发生变化，但由于收入、偏好、预期等一系列因素的变化，引起需求曲线向左或向右的移动。例如，奶粉质量不合格事件导致消费者对牛奶的偏好发生变化，可以肯定在任何一种既定的价格 P_0 时，买者现在想买的牛奶数量在减少，从而使需求减少，这样就使牛奶的需求曲线向左平移。相反，国家如果大力宣传牛奶的好处会影响人们的偏好，使在既定价格下，牛奶的需求数量增加，使得牛奶的需求曲线向右平移。

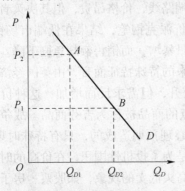

图 2-2 需求量的变动

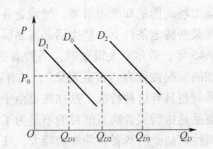

图 2-3 需求的变动

对于需求与需求量之间的关系，可以从含义、与价格的关系、变动状态以及影响因素方面来对比，如表 2-2 所示。

表 2-2 需求与需求量概念对比表

名称	英文	含义	与价格的关系	变动	影响因素
需求（D）	Demand	整条曲线	每一价格水平下……	线移动	非商品本身价格因素
需求量（Q_D）	Quantity of demand	曲线中的某一点	特定价格水平下……	点移动	商品本身的价格

注意：

需求量的变动与需求的变动仅一字之差，但含义明显不同。归纳起来，两者的根本区别在于：一是前提条件不同；二是变化的形态不同。

五、需求定理

从需求表、需求曲线和需求函数可以看出，商品的价格越低，市场对该商品的需求量越多；反之需求量越少。即商品的需求量与其价格是反方向变动的。这是一种普遍存在的现象。

需求定理是说明商品本身的价格与需求量之间的关系的理论。其基本内容是：在其他条件不变时，某商品的需求量与价格之间呈反方向的变动，需求量随着商品本身价格的上升而减少，随着商品本身价格的下降而增加。

> **注意：**
> 需求定理是在假定价格以外的因素不变的前提下，商品本身价格与需求量之间的关系。

在理解这一定理时需要注意以下两点：

第一，其他条件不变是指影响需求的其他因素不变。这也就是说，需求定理是在假定影响需求的其他因素不变的前提下，研究商品本身的价格与需求量之间的关系。离开了这一前提，需求定理就无法成立。例如，价格上升的同时收入大幅度提高，商品的需求量就有可能反而增加。

第二，需求定理是指一般商品的规律。但这一定理也有例外，比较重要的例外商品有三种：炫耀性商品、吉芬商品和投机性商品。炫耀性商品是指用来显示人们社会地位的商品，如豪华轿车就是炫耀性商品，这种商品只有在价高时才能显示出人们的社会地位。因此，价格下降反而会使需求减少。派克钢笔原本走的是高端路线，价格昂贵，但其决策者认为低端市场广阔，应该向低端市场进军，因此大量生产低价派克钢笔，结果在低端市场销量大增，但是高端市场的销量却严重滑坡，导致企业销售数量暴增，而销售额却急剧下降。吉芬商品是针对在某些特定条件下一些生活必需品所表现出来的特殊特征而言，由英国经济学家吉芬发现。1845 年，爱尔兰大饥荒时，马铃薯的价格上升，但需求反而增加，这种价格上升而需求增加的情况被称为"吉芬现象"，具有这种特点的商品被称为吉芬商品。战争时期的粮食、药品等也具有这种特征，这往往是由于人们的心理预期造成的，只有特殊时期才存在。投机性商品是指购买者购买的目的不是为了消费而是为了投机性囤积，在价高的时候进行销售，投机性商品受消费者预期影响较大，往往存在高买低卖的现象，如股票、房子等，这里要注意的是，只有消费者进行投机性消费时，商品才存在这样的特征，当消费者购买住房是为了居住，则住房满足需求定理。

阅读材料 2–1　　　　　　　　需求定理的特例

需求定理同人们的日常经验是吻合的，但需求定理是对一般商品而言的，对一些特殊商品，需求定理并不适用，这就是需求定理的例外。1845 年在爱尔兰大饥荒时期，出现了一件奇怪的事情：土豆价格在上升，但需求量也在增加。英国经济学家吉芬观察到了这种与需求定理不一致的现象，这种现象也被经济学界称为"吉芬之谜"，而具有这种特点的商品被称为"吉芬商品"。"吉芬之谜"其后已经被经济学家解开，原来需求定理后面还掩盖着消费者对商品需求的差异。对于所有商品来说，替代效应都是与价格呈反方向变动的，而且在大多数情况下收入效应的作用小于替代效应的作用，需求定理一直有效。但是，在少数特定情况下，某些低档商品收入效应的作用要大于替代效应的作用，因此，经济学中将商品分为正常商品和低档商品两大类。正常商品的需求量与消费者的收入水平呈同方向变动；而低档商品则反之。这在现实生活中也不难理解。譬如，爱尔兰 1845 年的大饥荒使得大量的家庭因此陷入贫困，土豆这样的仅能维持生存的低档商品，无疑会在大多数贫困家庭的消费支出中占较大比重，土豆价格的上升就会导致贫困家庭实际收入水平的大幅度下降。在这种情况下，变得更穷的人们为了生存下来，就不得不大量地增加对低档商品的购买，而放弃购买正常商品。相比起土豆这种低档商品来说，已经没有比这更便宜的替代品了，这样发生在土豆需求上的收入效应的作用大于替代效应的作用，从而，造成土豆的需求量随着土豆价格的上升而增加的特殊现象。一种商品只有同时具备低档商品和收入效应大于替代效应这两个条件时才可以被称为"吉芬商品"。

另外，心理因素也会导致某种商品的需求量与价格的变化方向出现"反常"。例如，一些消费者为了炫耀其身份，愿意购买价格昂贵的首饰、古玩、字画等。但是这类商品价格下降到不足以炫耀身份时，购买就会减少。从而出现价格下降反而需求减少的情况。著名的经济学家凡勃仑把这类具有"炫耀性消费"特征的商品称为"炫耀商品"。

第二节　供给理论

一、供给的含义

供给（Supply）是指生产者在某一时期内，在不同的价格水平上愿意并且能够提供出售的该种商品的数量。它反映了商品不同价格与其相应的供给量之间的对应关系。

理解该概念应该注意三点：首先，供给也是供给欲望与供给能力的统一。若生产者对某种商品只有提供出售的愿望，而没有提供出售的能力，则不能形成有效供给。供给能力中包括新生产的产品与过去的存货。其次，供给不同于供给量。供给量是指在某一特定价格水平时，厂商愿意或计划供给的商品量，即每个供给量都是和特定的价格水平相对应的。最后，供给也分为个别供给与市场供给。个别供给是指单个厂商对某种商品的供给，市场供给是指厂商全体对某一商品的供给。市场供给是所有个别供给的总和。

二、供给的表达式

（一）供给表

在其他条件不变的情况下，商品的供给量与商品本身的价格之间存在一一对应的关系，这种对应关系可以用表格的方式进行直观的表达。

供给表是用数字和图表表示某种商品的价格和供给量之间的关系。它提供了价格—数量的各种组合，说明了在各种价格下可能有的供给量。

假定在一定时期内（可以是一天、一月、一季或一年），当每千克核桃的价格为 20 元时，某生产者愿意提供的核桃的数量为 10 千克；价格降为 16 元时，供给量减少至 8 千克；价格降至 12 元时，供给量减少至 6 千克。价格继续下降，核桃的供给量会继续减少。如果把该生产者在不同价格下愿意提供核桃的供给量排列起来，就可以得到在一定时期内，核桃的供给表，如表 2-3 所示。

表 2 – 3　核桃的供给

价格 P/(元·千克$^{-1}$)	供给量 Q/千克
20	10
16	8
12	6
8	4
4	2

（二）供给曲线

用图示法把供给表中供给量与商品价格之间的关系表示出来，就可以得到一条曲线，这就是供给曲线。如果把供给表中每一组供给量和价格对应的值作为点的坐标，在直角坐标系中描点作图，就可以得到如图 2 – 4 所示的供给曲线。供给曲线是表示某种商品价格与供给量关系的曲线。由于对大部分商品而言，供给量随着价格上升而增加，所以，供给曲线是一条向右上方倾斜的曲线。

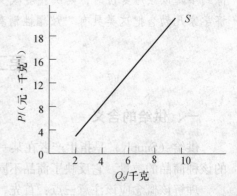

图 2 – 4　供给曲线

（三）供给函数

供给函数是用来表示供给量的变动和影响供给量的各个因素之间相互依存关系的函数。如果把影响供给的各种因素作为自变量，把供给作为因变量，则可以用函数关系来表示"影响供给的因素与供给之间的关系"，即供给函数，用公式表示为：

$$S = f(a, b, c, \cdots, n) \tag{2 – 4}$$

式中 S 为供给；a，b，c，$\cdots$，n 分别表示影响供给的因素（商品本身的价格、相关商品价格、技术水平等）。

这些影响因素当中，最重要的影响因素是商品本身的价格，因此狭义的供给函数是假定其他因素不变时，只考虑商品本身的价格与该商品的供给量之间的相互关系，则供给函数简化为：

$$S = f(P) \tag{2 – 5}$$

此时，由于仅受商品交易价格的影响，S 可以表达为在每一个特定价格水平下厂商愿意并且能够提供的商品数量，即 Q_s，上式准确的表达为：

$$Q_S = f(P) \tag{2 – 6}$$

供给表、供给曲线和供给函数都是供给的不同表现形式，都是表示的供给量与价格之间的关系。

三、影响供给的因素

在一种商品市场上，影响厂商对商品供给的因素有很多，有经济因素也有非经济因素。

概括起来主要有以下几种。

（一）商品自身的价格

一般说来，在其他条件不变时，商品的价格越高，生产者愿意提供该种商品的数量越多，反之则越少。即在影响某种商品供求的其他因素既定不变的条件下，供给量与商品本身的价格水平呈同方向变化，即价格上升供给增加，价格下降供给减少。商品的市场交易价格影响的是生产者的供给量，而对整个供求函数不产生影响。

（二）相关商品的价格

两种互补商品之间，一种商品的价格上升，对另一种商品的需求减少，从而这种商品的供给减少；反之，一种商品的价格下降，对另一种商品的需求增加，从而这种商品的供给增加。两种替代商品之间，一种商品的价格上升，使另一种商品的需求增加，从而这种商品的供给增加；反之，一种商品的价格下降，使另一种商品的需求减少，从而这种商品的供给减少。另外，对于两种依赖于同一资源的商品，如一块地既可以种小麦也可以种棉花，当小麦的价格不变而棉花的价格提高时，生产者将减少小麦的种植而扩大棉花的种植，这表明棉花价格的提高会引起小麦供给的减少，反之亦然。

（三）生产技术水平

技术进步可以大大提高生产效率，使企业有可能在给定资源条件下更便宜地生产商品，或者说同样的资源生产出更多的商品。如杂交水稻的出现大大提高了水稻的产量，因此生产技术水平的提高可以增加供给。

（四）生产要素的价格

生产要素价格的下降，将会降低生产商品的成本，从而使厂商在任一价格水平都增加供给；反之，厂商就会减少供给。

（五）政府政策

政府采取鼓励投资或生产的政策，如降低利率、减少税收、对某些行业进行补贴等，都可以降低生产者的成本，刺激生产者增加供给；反之，政府如果采取限制投资政策，如提高利率与税收，对某些行业征收投资方向调节税等，会增加生产者的成本，使得生产者减少供给。

（六）厂商对未来的预期

乐观的预期会使厂商扩大生产，使未来供给增加；反之，厂商对投资前景持悲观态度，则会尽力在当前清货，压缩生产，使未来供给减少。

四、供给与供给量的变动

在经济分析中要求严格区分供给量的变动和供给的变动。

（一）供给量的变动

供给量的变动体现为在同一条供给曲线上，由于商品价格发生改变（其他条件不变），而发生的供给量在曲线上的位移，如图 2-5 所示，当商品的价格从 P_1 下降到 P_2 时，供给量从 Q_{S1} 下降到 Q_{S2}，但整条曲线并未发生位移，函数关系并未发生改变。

（二）供给的变动

供给的变动则表现在同样的价格情况下，由于非价格因素导致供给量发生改变，因此在图形中将表现为供给曲线的整体位移，如图 2 - 6 所示。如核桃价格从 20 元降为 12 元时，供给量从 10 千克下降为 6 千克，体现为图 2 - 5；而如果核桃的价格保持 12 元不变，但由于种植核桃技术的改变使产量上升，或使单位产量成本下降，将体现出核桃供应量增多，使供给量从 Q_{S0} 增长到 Q_{S1}，曲线向右平移，反之，若受到其他替代产品如花生价格下降的影响，会使核桃在现行价格下不利于销售从而导致供给量下降，则会使供给量从 Q_{S0} 减少到 Q_{S2}，曲线向左平移，如图 2 - 6 所示。

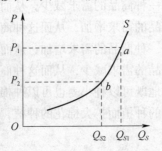

图 2 - 5　供给量的变动

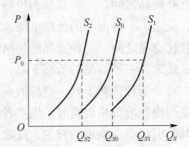

图 2 - 6　供给的变动

供给与供给量之间的关系，同样可以从含义、与价格的关系、变动状态以及影响因素几个方面来进行对比，如表 2 - 4 所示。

表 2 - 4　供给与供给量概念对比表

名称	英文	含义	与价格的关系	变动	影响因素
供给（S）	Supply	整条曲线	每一价格水平下……	线移动	非商品本身价格因素
供给量（Q_S）	Quantity of supply	曲线中的某一点	特定价格水平下……	点移动	商品本身的价格

注意：
供给变动与供给量变动仅一字之差，但含义明显不同。归纳起来，两者的根本区别在于：一是前提条件不同；二是变化的形态不同。

五、供给定理

供给定理是表示商品本身的价格与其供给量之间的关系的理论。从供给表和供给曲线中可以看出，某商品的供给量与其价格是呈同方向变动的。其内容是：在其他条件一定的情况下，商品的供给量与其价格之间呈同方向变动，即供给量随商品本身价格的上升而增加，随商品本身价格的下降而减少。

注意：
供给定理是假定价格以外的因素不变的前提下，商品本身价格与供给量之间的关系。

商品的供给量与价格同方向变动的主要原因：一是因为某种商品价格上升后，现有的厂商愿意生产和出售更多的这种商品；二是这种商品价格上升后，会吸引新的厂商进入该商品的生产行列，这样必然使商品的供给增加。

在理解这一定理时需要注意以下两点：

第一，其他条件一定指的是除价格外影响供给的其他条件，如技术水平等。与需求定理相同，离开了这一假设条件，供给定理无法成立。

第二，供给定理指的是一般商品规律，它也有例外。如劳动，在工资较低时，劳动满足供给定理，会随着工资的提高，供给增加，但工资高到一定程度后，工资再继续上升，劳动的供给反而会降低，这将在分配理论中再进一步讨论；另外，古董、古画、古玩、已故画家的作品等则因为供给量一定，不随价格变动而变动；土地、证券等投机性商品其供给曲线则可能呈现不规则的变化。

阅读材料 2 –2　　　　　　　　　**为什么辣椒的价格似股票？**

河北鸡泽县生产的羊角椒，以皮薄肉厚、色红味香而闻名。1982 年，因价格较高，种植羊角椒使全县人均收入有了大幅度提高。县政府决定推广种植，全县 1/4 的土地都种上了辣椒。1983，羊角椒丰收，辣椒的价格却突然下跌。最后，甚至价格再低都无人问津了，鸡泽县经济损失惨重。1984 年，全县辣椒种植面积大大压缩。令人意想不到的是，该年很多辣椒产区大幅度减产，辣椒价格扶摇直上，却仍旧供不应求。对此，鸡泽县的农民追悔莫及。

第三节　均衡价格

一、均衡价格的决定

（一）供求均衡的含义

均衡（Equilibrium）是各种力量处于平衡的状态。供求均衡是指一种商品的需求和供给相等时的状态。供求均衡时，需求价格等于供给价格，需求数量等于供给数量。如图 2 – 7 所示，横轴 Q 表示数量（需求量和供给量），纵轴 P 表示价格（需求价格与供给价格），D 为需求曲线，S 为供给曲线。D 与 S 相交于均衡点 E，由 E 点决定的价格 P_0 就是均衡价格，对应的数量 Q_0 是均衡数量。

对供求均衡的理解应该注意以下几点：

第一，供求均衡的含义是由于需求与供给这两种相反力量的作用处于一种相对静止的状态，这时的价格和数量是暂时确定的，即均衡价格和均衡数量。当影响需求和供给的因素发生变动时，可能会导致需求或供给曲线的移动，则这种相对静止的状态被打破，新的均衡会形成。由此可见，均衡价格是由于需求与供给两种力量的作用使得价格处于相对静止的状态。

第二，决定供求均衡的力量是需求和供给。在完全竞争市场中，需求和供给对供求均衡的决定作用不分主次，是同等重要的。因此，需求或供给的变动都会影响均衡价格和均衡数量的变动。

第三，市场上各种商品的均衡价格是最后的结果。但是要注意的是，均衡价格不等同于市场价格，它只是市场价格运行的趋势。

（二）供求均衡的形成

供求均衡是在市场上供求双方的竞争过程中自发形成的。在市场上，需求和供给对市场
价格变化做出的反应是相反的。由于均衡是暂时的、相对
的，而不均衡是经常的，所以供不应求或供过于求经常发
生。如图 2－7 所示，当价格为 P_2 时出现供不应求，市场价
格会上升，从而导致供给量增加而需求量减少；当价格为
P_1 时出现供过于求，市场价格下降，从而导致供给量减少
而需求量增加。供给与需求相互作用最终会使商品的需求量
和供给量在价格为 P_0 时正好相等。这时既没有过剩（供过
于求），也没有短缺（供不应求），供求正好均衡。这时的
价格就是供求双方都可以接受的均衡价格。

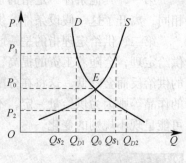

图 2－7 均衡的形成

二、供求定理

供求均衡是由供给和需求共同决定的，因此供给和需求的变动都会引起均衡点发生
改变。

在供给曲线一定的条件下，需求增加使需求曲线右移，会使均衡价格提高，均衡数量增
加；而需求减少使需求曲线左移，会使均衡价格下降，均衡数量减少。如图 2－8 所示，供
给曲线为 S，当需求曲线为 D_0 时，均衡价格为 P_0，均衡数量为 Q_0。如果由于消费者收入的
增加使需求曲线右移到 D_1，这时均衡价格上升到 P_1，均衡数量增加到 Q_1；相反，如果由于
消费者的收入减少导致需求减少使需求曲线左移到 D_2，这时均衡价格下降到 P_2，均衡数量
减少到 Q_2。

在需求曲线一定的情况下，供给增加导致供给曲线右移，会使均衡价格下降，使均衡数
量增加；而供给减少导致供给曲线左移，会使均衡价格上升，使均衡数量减少。如图 2－9
所示，需求曲线为 D，当供给曲线为 S_0 时，均衡价格为 P_0，均衡数量为 Q_0。如果由于生产
要素的价格下降导致供给增加使得供给曲线右移到 S_1，这时均衡价格下降为 P_1，而均衡数
量则增加到 Q_1；相反，如果由于生产要素价格上升导致供给减少使供给曲线左移到 S_2，这
时均衡价格上升到 P_2，而均衡数量则减少到 Q_2。

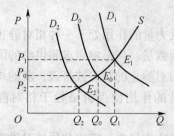

图 2－8 需求变动对均衡的影响

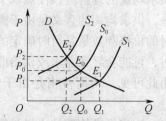

图 2－9 供给变动对均衡的影响

从以上关于需求与供给变动对供求均衡影响的分析中可以得出以下结论，也称供求
定理：

当供给不变时，需求的增加引起均衡价格上升，均衡数量增加；需求的减少引起均衡价

格下降，均衡数量减少。当需求不变时，供给的增加引起均衡价格下降，均衡数量增加；供给的减少引起均衡价格上升，均衡数量减少。或者说，需求的变动引起均衡价格和均衡数量同方向变动；供给的变动引起均衡价格反方向变动，引起均衡数量同方向变动。

至于当供给和需求同时发生变动时，均衡数量和均衡价格该如何变动，则留给读者们自己去分析了。

三、价格理论的应用

根据价格理论，市场价格应该是供求平衡时的均衡价格，它是完全自由市场上的供求关系自发调节形成的。由于市场调节具有一定程度的盲目性，所以，在现实中，由价格机制进行调节得出的结果并不一定符合整个社会的长远利益。

基于以上认识，国家制定一些价格政策来适当地控制市场价格就成为必要。价格政策的形式有很多，我们主要介绍两种：支持价格和限制价格。

（一）支持价格

支持价格也称最低限价，它是政府为了扶持某一行业而规定的该行业产品的最低价格。最低价格总是高于市场的均衡价格的。

如图 2-10 所示，开始时，该商品市场均衡的价格为 P_E，均衡数量为 Q_E。若政府实行支持价格的政策，规定该商品的最低价格为 P_1，由图可见 $P_1 > P_E$，且在最低价格 P_1 的水平，市场供给量 Q_S 大于需求量 Q_D，市场会出现产品过剩的情况。政府实行支持价格的政策的目的往往是为了扶持某些行业的发展。

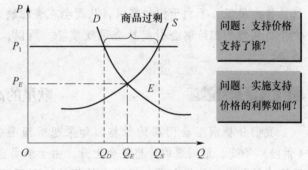

图 2-10　支持价格引起的商品过剩

农产品的支持价格就是一些西方国家普遍采取的政策，在实行这一政策时，政府通常收购市场上的过剩农产品。

支持价格的作用。支持价格的运用对经济持续、稳定发展有积极的意义。以对农产品实行的支持价格为例，从长远来看，支持价格确实有利于农业的发展。这是因为：首先，稳定了农业生产，减缓了经济危机对农业的冲击；其次，通过对不同农产品的不同支持价格，可以调整农业结构，使之适应市场需求的变动；最后，扩大农业投资，促进了农业现代化的发展和农业劳动生产率的提高。

但是，支持价格也有副作用，主要会使财政支出增加，让政府背上沉重的包袱。

（二）限制价格

限制价格也称最高限价，它是政府为了限制某些生活必需品的价格上涨而规定的这些产品的最高价格。最高价格总是低于市场的均衡价格的。

图 2-11 表示政府对某商品实行限

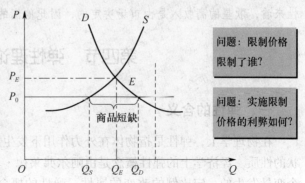

图 2-11　限制价格引起的商品短缺

制价格的政策的情形。开始时，该商品市场的均衡价格为 P_E，均衡数量为 Q_E。若政府实行限制价格的政策，规定该商品的最高价格为 P_0，由图可见 $P_0 < P_E$，且在最高价格 P_0 的水平，市场需求量 Q_D 大于供给量 Q_S，市场会出现供不应求的情况。政府实行限制价格的政策的目的往往是为了抑制某种产品的价格上涨，尤其是为了对付通货膨胀。但政府实行限制价格的政策也会带来不良影响，如排队抢购和黑市交易盛行。

限制价格政策一般是在战争或自然灾害等特殊时期使用。但也有许多国家对某些生活必需品或劳务，长期实行限制价格政策。

示例 2 - 4

法国在第二次世界大战后对关系国计民生的煤炭、电力、煤气交通与邮电服务业等，都实行了限制价格政策；在英国、瑞典、澳大利亚等国，则对房租实行限制价格政策；还有一些国家，对粮食等生活必需品实行限制价格政策。

限制价格的利弊。限制价格有利于社会平等的实现，有利于社会稳定。但这种政策会引起不利的后果。主要有：①价格水平低，不利于刺激生产，从而使产品长期存在短缺现象；②价格水平低，不利于抑制需求，从而会在资源缺乏的同时又造成严重的浪费；③限制价格之下所实行的配给制会引起社会风气败坏。所以，经济学家一般都反对长期采用限制价格政策。

阅读材料 2 - 3   **歌星的高收入合理吗?**

我们分析演唱会门票的价格，如果想听演唱会的人（需求）增加了，而歌手的数量（供给）不变，则门票的价格就会上升。由于演唱会举办方与歌手都能从高价格的门票中得到更多的收益，他们会增加演唱会的场次；同理可以推出，如果没有那么多歌迷，需求减少，门票的价格必然下降，他们会减少演唱会的场次。如果歌手增加，门票的价格也会下降，演唱会的场次增加；同理亦可以推出，歌手减少，门票的价格也会上升，演唱会的场次会减少。这就是经济学分析的供求规律。

歌星的高收入是由歌星的供给和公众的需求决定的，这是市场机制作用的结果，由于对歌星的消费需求很大，而供给方又稀缺，也就是说在市场上少数著名歌星有完全垄断地位。当看到一夜走红的歌星收入高于十年寒窗苦读的教授许多时，难免有不平衡之感，但从经济学的理性来看，歌星的高收入是由市场决定的，因此他们的高收入不仅是合理的也是公正的。

第四节   弹性理论及其应用

一、弹性的含义

在物理学上，弹性是指物体在外力作用下发生形变，当外力撤销后能恢复原来大小和形状的性质。经济学上的弹性概念是由阿尔弗莱德·马歇尔提出的，是指一个变量相对于另一个变量发生的一定比例的改变的属性。弹性的概念可以应用在所有具有因果关系的变量之间。在西方经济学中，弹性指的是经济变量之间存在函数关系时，因变量变动对自变量变动的反应程度，其大小通常用因变量变动的百分率与自变量变动的百分率之比，即弹性系数来表示。弹性的一般公式为：弹性系数 = 因变量的变动比率/自变量的变动比率。本章涉及的弹性包括需求弹性和供给弹性。

经济学中的弹性以需求价格弹性为基础，用于描述需求曲线的特性，即用于描述价格变动对需求量的影响——价格变动时需求量扩张的范围。在此基础上再学习需求的其他弹性，如收入弹性和交叉弹性，以及供给弹性。

注意

在理解需求弹性的含义时要注意以下几点：

第一，需求量和价格这两个经济变量中，价格是自变量，需求量是因变量，所以，需求弹性就是指价格变动所引起的需求量变动的程度。

第二，需求弹性系数是需求量变动的比率与价格变动的比率的比率，而不是需求量变动的绝对量与价格变动的绝对量的比率。

第三，需求弹性系数的数值可以为正，也可以为负。如果两个变量为同方向变化，则为正；反之，如果两个变量为反方向变化，则为负。但在实际运用时，为方便起见，一般都取其绝对值。

第四，同一条需求曲线上不同点的弹性系数大小并不相同。

二、需求价格弹性

需求价格弹性（Price elasticity of demand），在经济学中一般用来衡量需求的数量随商品的价格的变动而变动的情况。

（一）需求价格弹性的含义

需求价格弹性简称为需求弹性，是指需求量对其价格变动所做出的反应程度，用需求量变动的百分比除以价格变动的百分比来计算。其公式为：

$$E_d = \frac{\Delta Q_D/Q_D}{\Delta P/P} \qquad (2-7)$$

式中，E_d 为需求弹性系数；ΔQ_D 为需求量的变动量；Q_D 为需求量；ΔP 为价格的变动额；P 为商品的价格。

根据需求弹性的定义可以发现，弹性系数 E_d 具有如下一些特点：

第一，需求价格弹性 E_d 是无维量。因为决定 E_d 的两个变量——价格与需求量都是用的各自变化的百分比，那么，E_d 的数值就不会因为价格与需求量运用的计量单位不同而不同，弹性概念完全与计量单位无关。这就使得不同商品的需求价格弹性可以比较。

第二，E_d 数量可以是正值也可以是负值。E_d 是正值还是负值，取决于价格与需求量是按同方向变动还是反方向变动，即商品特征是否服从需求定理。当商品服从需求定理时，该商品的价格与需求量呈反方向变动，则 ΔP 和 ΔQ 方向相反，E_d 数值为负；反之，当商品是需求定理的例外，则它的价格与需求量呈同方向变动，则 ΔP 和 ΔQ 方向相同，E_d 的数值为正。由于我们讨论的是大多数商品的特征，而大多数商品是服从需求定理的普通商品，因此，大多数情况下 E_d 的数值为负，为了方便计量与比较，常常用 $|E_d|$ 来表示需求的价格弹性。

第三，E_d 的绝对值不仅随着不同商品的不同而不同，一种商品的需求表内的各个不同价格之间的变化 E_d 的值，或者一条给定的需求曲线上每一点的 E_d 值也是不同的。

（二）点弹性与弧弹性

需求点弹性是用来测定需求曲线上某一个点的弹性大小，它是需求量对价格微小变化的反应程度。如图 2-12 所示，当 B 点无限靠近 A 点（或 A 点无限靠近 B 点）时，$\frac{(Q_1 + Q_2)}{2}$ 约等于 Q_1，近似用 Q_1 表示；$\frac{(P_1 + P_2)}{2}$，约等于 P_1，近似用 P_1 表示，ΔP 和 ΔQ 趋近于 0。因此，需求弹性的公式变形为：

$$E_d = \frac{\Delta Q_D / Q_{D_1}}{\Delta P / P_1} = \frac{dQ_D / Q_{D_1}}{dP / P_1}$$

这就是 Q_1 点的点弹性。由此可见，点弹性和弧弹性并没有本质的区别，点弹性是当两点无限接近时弧弹性的极限。根据点弹性公式可知，同一种商品在不同价格水平下其价格弹性是不同的。同一种商品，往往在其价格越高时，需求价格弹性越大，价格越低时，需求价格弹性越小。在实际生活中，某价格下商品的需求价格弹性的点弹性很难测量，因此在实际中弧弹性运用广泛，一般所说的弹性系数是指弧弹性的弹性系数。

需求的弧弹性是用来测定需求曲线上某两个点之间那一段线段的弹性，它通常用两点间的平均弹性来表示。

根据弹性公式推导出弧弹性的简化公式为：

$$E_d = \frac{\Delta Q_D / Q_{D_0}}{\Delta P / P_0} \tag{2-8}$$

其中，E_d 为需求弹性系数；ΔQ_D 为需求量的变动；Q_{D_0} 为变化前的需求量；ΔP 为价格的变动；P_0 为变化前的价格。采用这种简化公式却存在问题，如图 2-12

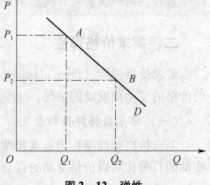

图 2-12　弹性

所示，当价格从 P_1 降到 P_2 时需求的价格弹性为 $E_d = \frac{\Delta Q_D / Q_{D_1}}{\Delta P / P_1}$，而当价格从 P_2 上升到 P_1 时，价格弹性却为 $E_d = \frac{\Delta Q_D / Q_{D_2}}{\Delta P / P_2}$，同样是在价格 P_1 和 P_2 之间变动，计算出的价格弹性系数却不相同。因此，常用 $\frac{(Q_1 + Q_2)}{2}$ 表示 Q，$\frac{(P_1 + P_2)}{2}$ 表示 P，需求弹性的弧弹性公式变为：

$$E_d = \frac{\Delta Q \Big/ \dfrac{(Q_1 + Q_2)}{2}}{\Delta P \Big/ \dfrac{(P_1 + P_2)}{2}} \tag{2-9}$$

这个公式比前一个公式更为准确地表示了弧弹性。

如图 2-12 所示，从 A 点到 B 点或从 B 点到 A 点，随着商品价格的变动，商品需求量发生了变动，为考察在该阶段商品价格对需求量变动的影响程度，用 A 点到 B 点的弧弹性表示。要注意的是，当用弧弹性表示商品在某一段范围内的需求价格弹性时，先假定在该阶段内各点的需求价格弹性相同，这个值近似代替了从 A 点到 B 点的弹性。因此 A、B 两点间的距离越远，所得出的数值的准确程度越低，距离越近则越准确。

（三）需求价格弹性的分类

根据弹性系数的绝对值的大小，需求的价格弹性可以分为五类：

（1）$E_d = \infty$。即在指定的价格水平下，需求量可以任意变动，被称为需求有无限弹性。此时的需求曲线是一条与横轴平行的线，如图 2-13（a）所示。

（2）$E_d = 0$。即无论价格如何变化，需求量都固定不变，被称为需求完全缺乏弹性。这时的需求曲线是一条与横轴垂直的线，如图 2-13（b）所示。

（3）$E_d = 1$。即价格变动的百分比与需求量变动的百分比相同，被称为需求的单位弹性。这时的需求曲线是一条正双曲线，如图 2-13（c）所示。

（4）$E_d < 1$。即需求量变动的百分比小于价格变动的百分比，被称为需求缺乏弹性。此时的需求曲线比较陡直，如图 2-13（d）所示。

（5）$E_d > 1$。即需求量变动的百分比大于价格变动的百分比，被称为需求富有弹性。此时的需求曲线比较平缓，如图 2-13（e）所示。

（a）完全弹性　　（b）完全无弹性　　（c）单一弹性　　（d）缺乏弹性　　（e）富有弹性
$E_d = \infty$　　　$E_d = 0$　　　$E_d = 1$　　　$E_d < 1$　　　$E_d > 1$

图 2-13　需求的价格弹性曲线类型

（四）影响需求价格弹性的因素

同一种物品在不同价格水平下其价格弹性不同，不同物品的需求弹性也存在差异，特别是在消费品的需求弹性方面。通常情况下很难定量地测定某物品在某价格下的需求弹性，常常只能定性地判断其弹性的大小，这就需要知道影响需求价格弹性的因素有哪些，会对需求的价格弹性产生什么样的影响。

1. 消费物品项目支出在消费者的收入中所占的比例

如果该项目支出在家庭收入中占的比例小，消费者对价格变化反应小，其需求弹性也小；如果所占比例大，消费者对价格变化的反应就大，其需求弹性就大。例如，报纸以前的价格是 0.5 元每份，现在翻了一番，每份的价格是 1 元，需求量却没有明显的变化。而如果汽车价格下降 30%，则需求量则会呈现明显的上升趋势。

2. 替代商品的数目

如果一种商品的替代品的数目越多，则其需求弹性越大。因为价格上升时，消费者会转而购买其他替代品；价格下降时，消费者会购买这种商品来取代其替代品。例如，据估算，美国消费者航空旅行的需求弹性为 2.4，主要是因为航空旅行有汽车旅行、火车旅行等可替代。如果一种商品的替代产品很少，则其弹性就很小。

3. 消费者对商品的依赖程度

一般来说，消费者对生活必需品的依赖程度较高，如一些基本生活用品，即使在战争年代食品价格飞涨，需求依然不会大幅度减少；反之，即使在丰收年，粮食价格下跌，需求也不会有明显的增加。而奢侈品往往是富有弹性的，如高档衣物打折的时候需求量会迅速增加，这就是为什么商场节假日打折时销量迅速上升的原因。当然，消费者对商品的依赖程度不仅仅取决于商品本身固有的性质，在一定程度上还取决于购买者的偏好，对于疯狂的车迷而言，汽车可能是缺乏弹性的必需品。总之，消费者对商品的依赖程度越高，该商品对消费者而言，其弹性越小；反之，越大。

4. 商品本身用途的多寡

一种商品的用途越广泛，其需求弹性越大，因为价格上升（或下跌），会有多种途径导致对它的需求量的减少（或增加）。例如，在美国，电力的需求弹性是1.2，这与其用途广泛有关（作为民用电而言，电力则是缺乏弹性的，消费者对它的依赖程度较高）；而小麦的需求弹性仅为0.08，这与其用途少有关。

5. 商品使用时间的长短

一般来说，使用时间长的耐用消费品需求弹性大，而使用时间短的非耐用消费品需求弹性小。主要原因是使用时间越短则消费者越难找到替代品，而使用时间长则寻找替代品更为容易，如使用期限10年的电冰箱，当冰箱使用时间在5年以上时，消费者就会有考虑更换冰箱的可能，这时如果有促销活动，消费者会考虑购买，如果没有促销活动则不会购买。

在判断产品的需求价格弹性时，需要将以上各种因素综合考虑。

三、需求价格弹性的应用

我们花费了大量的篇幅来介绍需求价格弹性的计算及其影响因素等，那么它有什么样的实际意义呢？西方国家的企业很重视研究自己企业产品的价格弹性，把它作为分析需求、价格决策、预测市场、推销产品等的重要依据。价格弹性概念作为分析经济理念的方法和工具，对我国经济也有参考作用。经济部门和企业在价格决策、预测市场以及研究价格变化对销售收入的影响时，都应当研究需求的价格弹性。

（一）需求富有弹性的商品对总收益的影响

如果商品的需求是富有弹性的，如图2-14（a）所示，当该商品的价格下降时，需求量增加的幅度大于价格下降的幅度，从而总收益会增加；当该商品的价格上升时，需求量减少的幅度大于价格上升的幅度，从而总收益会减少。

根据这种富有弹性的商品价格上升与下降引起的总收益的变化可以得出：如果某种商品的需求是富有弹性的，则价格与总收益呈反方向变动，即价格上升，总收益减少；价格下降，总收益增加。

现举例说明：

某产品滞销，准备以降价的方式来扩大销路。如果该商品的价格弹性为3，请问价格降低10%，销量能增加多少？销售收入是增加还是减少？

解：$|E_d| = \dfrac{\Delta Q/Q}{\Delta P/P} = 3$，因为 $\Delta P/P = -10\%$，所以 $\Delta Q/Q = 30\%$

即价格下降10%，销量增加30%，由此可见，当商品价格富有弹性时，价格虽然降低，但由于销量的上升幅度大于价格的下降幅度，可以使销售收入上升。这种现象被称为"薄利多销"，是指富有弹性的商品降低价格，将会由于销售量上升幅度大于价格下降幅度而使销售收入上升；同理反之，富有弹性的商品若提高价格，会使销售收入下降，如图 2 - 14 （a） 所示。

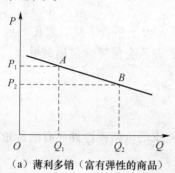
（a）薄利多销（富有弹性的商品）

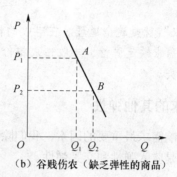
（b）谷贱伤农（缺乏弹性的商品）

图 2 - 14 需求价格弹性的应用

当商品价格从 P_1 下降为 P_2 时，销售量从 Q_1 增加到 Q_2，销售收入 $TR = P \times Q$，降价前的 $TR_1 = P_1 \times Q_1$，降价后的 $TR_2 = P_2 \times Q_2$，从图形上来看，是指销售收入由矩形 P_1AQ_1O 增长到矩形 P_2BQ_2O，反之，销售收入则下降。

示例 2 - 5

"薄利多销"就是这个道理。"薄利"就是降价，降价就能"多销"，多销就能增加总收益。因为奢侈品属于需求富有弹性，该商品的价格上升时，需求量减少的幅度大于价格上升的幅度，所以，总收益会减少。

（二）需求缺乏弹性的商品对总收益的影响

如果商品的需求是缺乏弹性的，如图 2 - 14 （b） 所示，当该商品的价格下降时，需求量增加的幅度小于价格下降的幅度，从而总收益会减少；相反，当该商品的价格上升时，需求量减少的幅度小于价格上升的幅度，从而总收益会增加。

根据这种缺乏弹性的商品价格上升与下降引起的总收益的变化可以得出：如果某种商品的需求是缺乏弹性的，则价格与总收益呈同方向变动，即价格上升，总收益增加；价格下降，总收益减少。

现举例说明：

某产品滞销，准备以降价的方式来扩大销路。如果该商品的价格弹性为 0.3，请问价格降低 10%，销量能增加多少？销售收入是增加还是减少？

解：$\left| E_d \right| = \dfrac{\Delta Q/Q}{\Delta P/P} = 0.3$，因为 $\Delta P/P = -10\%$，所以 $\Delta Q/Q = 3\%$

价格下降 10%，销量增加 3%，由此可见，当商品价格缺乏弹性时，降低价格虽然使销量增加，但由于价格的下降幅度大于销量的增加幅度，导致销售收入反倒下降。这种现象被称为"谷贱伤农"，是指缺乏弹性的商品如果降低价格，会由于价格降低幅度大于由此刺激的销量增加幅度，导致销售收入下降；反之，如果价格上升，则会导致销售收入上升。如图 2 - 14 （b） 所示：当商品价格从 P_1 下降为 P_2 时，销售量从 Q_1 增加到 Q_2，销售收入 $TR = P \times Q$，降价前的 $TR_1 = P_1 \times Q_1$，降价后的 $TR_2 = P_2 \times Q_2$，从图形上来看，是指销售收入由矩形 P_1AQ_1O 减少到矩形 P_2BQ_2O，反之，销售收入则上升。

示例 2 - 6

"谷贱伤农"就是这个道理。在丰收的情况下，由于粮价下跌，农民的收入减少了。因为农产品属于需求缺乏弹性，丰收造成粮价下跌，并不会使需求同比例增加，从而总收益减少，农民受损失。

四、需求的其他弹性

价格是影响需求最重要的因素，我们除讨论需求的价格弹性外还有两种重要的需求弹性要讨论，这就是收入弹性和交叉弹性。

（一）收入弹性

除价格外，人们对商品的需求和人们的收入水平的关系也很大。当然，不同商品的需求量对收入变化反映的程度是不同的。需求收入弹性反映了某一种商品的需求量变动对消费者收入变动反应的敏感程度，它是某商品需求量变化的百分比与消费者收入变化的百分比之比值。如果用 E_M 表示需求的收入弹性，Q 表示需求量，M 表示消费者收入则：

$$E_M = \frac{\Delta Q/Q}{\Delta M/M} = \frac{\Delta Q}{\Delta M} \times \frac{M}{Q} \qquad (2-10)$$

当收入变化 ΔM 趋近于 0 时，$E_M = \frac{\mathrm{d}Q}{\mathrm{d}M} \cdot \frac{M}{Q}$

不同的商品，其需求量对收入变化的反应程度是不相同的。根据这种反应程度的不同，可以把收入弹性分成三类。

（1）$E_M > 1$。指随着收入上升，对某商品的需求量也上升，且需求量上升幅度会大于收入上升幅度。奢侈品往往具有这样的特性，如汽车、高档服装、化妆品等。

（2）$0 < E_M < 1$。指随着收入上升，对某商品的需求量也上升，但需求上升幅度会小于收入上升幅度。符合这种特点的商品通常是生活必需品，如食品。

（3）$E_M < 1$。指随着收入上升，对某商品的需求量反而下降。符合这种特点的商品往往是低档商品，如解放牌胶鞋、黑白电视机等。

当然，人们对低档品、奢侈品、生活必需品的划分是相对的。同一种商品，对高收入的人群来说可能是低档品，但对一般人来说可能是必需品，对低收入者来说可能是奢侈品。

收入需求弹性的运用。19 世纪德国统计学家恩格尔根据他对德国某些地区消费资料统计的研究，发现一个规律：收入水平越低的家庭，用于购买食品的支出占其全部消费支出的比例就越大；随着人们收入水平的提高，人们用于食品的支出在全部消费支出中的比例会逐步下降。这个规律被称为恩格尔定律，购买食品的支出占全部消费支出的比例被称为恩格尔系数，即

$$恩格尔系数 = \frac{食物支出}{全部支出} \qquad (2-11)$$

恩格尔系数除用来反映一个家庭的收入状况外，还常用来反映一个国家的富裕程度与生活水平。一般来说，恩格尔系数越高，富裕程度和生活水平越低；恩格尔系数越低，富裕程度和生活水平越高。通常认为恩格尔系数在 0.6 以上为贫困型（饥寒型），0.5~0.6 为温饱型，0.4~0.5 为小康型，0.3~0.4 为富裕型，0.3 以下最富裕。据统计，2007 年我国城镇恩格尔系数为 0.36，农村恩格尔系数为 0.43，全国人民正在逐步走向富裕。

（二）交叉弹性

在生活中，人们常常发现一种商品的价格变动会影响到另一种商品的需求。需求的交叉弹性反映了某一种商品的需求量变动对其他商品价格变动反应的敏感程度。商品 A 的需求量 Q_A 的变化百分比与商品 B 的价格 P_B 的变化百分比的比值，叫商品 A 对商品 B 的交叉弹性。需求的交叉弹性的计算公式为：

$$E_{AB} = \frac{\Delta Q_A / Q_A}{\Delta P_B / P_B} = \frac{\Delta Q_A \cdot P_B}{\Delta P_B \cdot Q_A} \tag{2-12}$$

当 $E_{AB} > 0$ 时，商品 A 需求量的变动和商品 B 价格变动的方向相同，即当商品 B 价格上升时，商品 A 需求量上升，商品 B 价格下降时，商品 A 的需求量下降，两种商品是相互替代关系，而且 E_{AB} 的数值越大，两种商品的替代程度越强。

当 $E_{AB} < 0$ 时，商品 A 需求量的变动和商品 B 价格变动的方向相反，即当商品 B 价格上升时，商品 A 需求量下降，商品 B 价格下降时，商品 A 的需求量上升，两种商品是互补关系，而且 E_{AB} 的数值绝对值越大，两种商品的互补关系越强。

当两种商品互不相关时，其需求交叉弹性系数为零。

五、供给价格弹性

（一）供给的价格弹性

影响商品的供给量的因素有许多，这些因素对供给量的影响程度各不相同。在这方面人们经常要做的是分析价格变化对供给的影响。供给的价格弹性反映了某一商品供给量的变动对价格变动的敏感程度。它是商品供给量变化的百分比与价格变化的百分比的比值。如果 E_s 代表某商品的供给价格弹性，P 代表价格，Q 代表供给量，则：

$$E_s = \frac{\Delta Q / Q}{\Delta P / P} = \frac{\Delta Q \cdot P}{\Delta P \cdot Q} \tag{2-13}$$

与需求曲线不同，供给曲线通常是向右上方倾斜的，供给量与价格同方向变动，因此供给价格弹性一般是正数。

（二）供给价格弹性的分类

根据供给弹性的特点，我们也把供给弹性分成五类。

（1）$E_s = \infty$。即在指定的价格水平下，供给量可以任意变动，被称为供给有无限弹性。此时的供给曲线是一条与横轴平行的线，如图 2-15（a）所示。

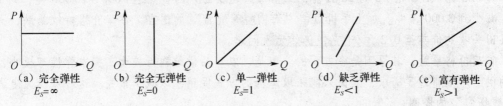

（a）完全弹性　（b）完全无弹性　（c）单一弹性　（d）缺乏弹性　（e）富有弹性
$E_s = \infty$　　$E_s = 0$　　$E_s = 1$　　$E_s < 1$　　$E_s > 1$

图 2-15　供给的价格弹性曲线类型

（2）$E_s = 0$。表示供给完全缺乏弹性。在这种情况下，不管价格如何变化，供给量不会发生变化，这时的供给曲线是一条垂直于横坐标的直线，如图 2-15（b）所示。

（3）$E_s = 1$。即价格变动的百分比与供给量变动的百分比相同，被称为供给的单位弹性。这时的供给曲线是一条从原点出发，斜率为1的直线，如图2-15（c）所示。

（4）$E_S < 1$。即供给量变动的百分比小于价格变动的百分比，被称为供给缺乏弹性。此时的供给曲线比较陡直，如图2-15（d）所示。

（5）$E_S > 1$。即供给量变动的百分比大于价格变动的百分比，被称为供给富有弹性。此时的供给曲线比较平缓，如图2-15（e）所示。

（三）供给弹性的影响因素

影响供给弹性的因素比影响需求弹性的因素要复杂得多，主要有以下几种。

1. 生产时间的长短

在短期内，生产设备、劳动等生产要素无法大幅度增加，从而供给无法大量增加，供给弹性也就小。尤其在超短期内，供给只能由存货来调节，供给弹性几乎是零。在长期中，生产能力可以提高，因此供给弹性也就大。这是影响供给弹性大小的最重要的因素。

2. 生产的难易程度

一般而言，容易生产而且生产周期短的产品对价格变动的反应快，其供给弹性大。反之，生产不易且生产周期长的产品对价格变动的反应慢，其供给弹性也就小。

3. 生产要素的供给弹性

供给取决于生产的供给。因此，生产要素的供给弹性大，产品供给弹性也大。反之，生产要素的供给弹性小，产品供给弹性也小。

4. 生产所采用的技术类型

有些产品采用资本密集型技术，这些产品的生产规模一旦固定，变动就较难，从而其供给弹性也小；有些产品采用劳动密集型技术，这些产品的生产规模变动较容易，从而供给弹性也就大。

在分析某种产品的供给弹性时要把以上因素综合起来。一般而言，重工业产品一般采用资本密集型，生产较为困难，并且生产周期长，所以供给弹性较小；轻工业产品，尤其是食品、服装这类产品，一般采用劳动密集型技术，生产较为容易，并且生产周期短，所以供给弹性大。农产品的生产尽管也多采用劳动密集型技术，但由于生产周期长，因此也就是供给缺乏弹性。

阅读材料 2 - 4 **海南香蕉价格暴跌**

东方网消息：2007 年 3 月 21 日以来，海南香蕉价格从平均每千克 2 元～3 元骤然跌至每千克 0.8 元～1.4 元。3 月 20 日前，海南每天运销岛外的香蕉达 7 000～10 000 吨，到 3 月底，减少到 3 000 多吨。加上手机短信"海南香蕉有毒"的谣言，香蕉价格持续暴跌，一些市县田头收购价甚至 0.2 元/千克，仍然无人问津。

香蕉价格暴跌，其原因是多方面的。但是，农产品供给弹性较大，需求弹性却极小，香蕉的供给严重超过了需求，农民只能采取降价的方式促销，以减少损失。这种降价又走进了"蕉贱伤农"的怪圈。

本章知识小结

商品的需求是购买欲望和购买能力的统一，商品的需求与价格呈反方向的变动；商品本身价格变动引起的购买量变动称为需求量变动，表现为在同一条需求曲线上点的移动。其他因素引起的是需求的变动，是需求曲线的整体移动。

商品的供给是指厂商愿意而且能够出卖的商品数量，商品的供给与其价格呈同方向变动。商品本身价格变动引起的供给量变动，表现为在同一条供给曲线上点的移动。其他因素引起的是供给的变动，是供给曲线的整体移动。

需求和供给的变动会引起均衡价格和均衡数量的变动。均衡价格是实际的市场价格围绕上下波动的中心。支持价格和限制价格是均衡价格在现实经济生活中的典型运用。

需求弹性是商品的需求量对影响需求量因素的变动的反应程度。需求的价格弹性被称为需求弹性，它是指一种商品的需求量对其价格变动的反应程度。它的大小可用弹性系数来表示。商品价格变化时，它的需求弹性的大小直接影响着出售该商品所能得到的总收益。

习题

一、名词解释

需求　需求量　供给　供给量　供求定理　需求价格弹性

二、选择题

1. 当汽油的价格上升时，对小汽车的需求将（　　　）。
   A. 减少　　　　　　B. 增加　　　　　　C. 保持不变　　　　　D. 无法判断

2. 当咖啡的价格急剧上升时，对茶叶的需求将（　　　）。
   A. 减少　　　　　　B. 增加　　　　　　C. 保持不变　　　　　D. 无法判断

3. 保持所有其他因素不变，某种商品的价格下降将导致（　　　）。
   A. 需求量减少　　　B. 需求量增加　　　C. 需求减少　　　　　D. 需求增加

4. 假定生产某种产品的原材料价格上升，则这种产品的（　　　）。
   A. 需求曲线向左移动　　　　　　　　B. 需求曲线向右移动
   C. 供给曲线向左移动　　　　　　　　D. 供给曲线向右移动

5. 均衡价格随着（　　　）。
   A. 需求与供给的增加而上升　　　　　B. 需求与供给的减少而下降
   C. 需求的增加和供给的减少而上升　　D. 需求的减少和供给的增加而上升

6. 当某商品的价格从 5 元降至 4 元时，该商品需求量增加了 100 单位，则需求（　　　）。
   A. 缺乏弹性　　　B. 富有弹性　　　C. 单位弹性　　　　D. 不能确定

7. 当消费者收入提高时，下述哪条曲线必然向右移动（　　　）。
   A. 预算线　　　　B. 无差异曲线　　　C. 成本曲线　　　　D. 供给曲线

8. 如果需求曲线是一条直线（线性函数），那么这一商品需求的价格弹性（　　　）。
   A. 等于 1　　　　　　　　　　　　B. 是一常数
   C. 随需求量增大而增大　　　　　　D. 随需求量增大而减少

9. 直线型需求曲线的斜率不变，因此其价格弹性也不变，这种说法（　　　）。
   A. 一定正确　　　　　　　　　　　B. 一定不正确
   C. 可能不正确　　　　　　　　　　D. 无法判断是正确不正确

10. 需求规律意味着，其他条件不变时（　　　）。
    A. 随着电脑价格升高，电脑需求减少　B. 随着电脑价格升高，电脑需求量减少

C. 随着入网费升高，电脑需求量减少　　D. 随着入网费升高，电脑需求减少

11. 如果作为必需品则某种蔬菜大量歉收，那么菜农收入一定（　　）。
    A. 增加　　　　　　B. 减少　　　　　　C. 不变　　　　　　　　　D. 均有可能

12. 如果某种电脑市场价格降低，以下几个因素不是其成因的是（　　）。
    A. 另一种更新、更先进的电脑上市
    B. 该电脑生产技术扩散
    C. 该电脑在生活、工作中的用途越来越广
    D. 该电脑生产材料价格降低

13. 如果某产品零部件价格上升，将导致该产品（　　）。
    A. 需求曲线左移，均衡价格下降　　　　B. 需求曲线右移，均衡价格上升
    C. 供给曲线左移，均衡价格上升　　　　D. 供给曲线右移，均衡价格下降

14. 能够使厂商通过降价让利扩大销售收入，实现"薄利多销"的产品一般是（　　）。
    A. 农产品及生活必需品　　　　　　　　B. 奢侈品
    C. 低档商品　　　　　　　　　　　　　D. 所有商品

15. 需求法则表明，当羊肉价格升高时，会令羊肉（　　）。
    A. 需求程度降低，需求曲线左移　　　　B. 需求程度升高，需求曲线右移
    C. 需求数量减少，需求曲线不变　　　　D. 需求数量增加，需求曲线不变

16. 当商品价格上升时，厂商现期商品供给数量下降，这可能因为（　　）。
    A. 厂商不以利润为目标　　　　　　　　B. 需求曲线移动了
    C. 厂商预计价格会很快下降　　　　　　D. 厂商成本上升，导致供给减少

17. 在市场经济中，减少汽油消费量的最好办法是（　　）。
    A. 宣传步行有利于身体健康　　　　　　B. 降低人们的收入水平
    C. 实行限量供应　　　　　　　　　　　D. 提高汽油价格

三、判断题

1. 当某商品的需求价格弹性（绝对值）大于1时，降低销售价格会使总收益增加。
   （　　）
2. 当需求和供给都增加时，商品的均衡价格将提高。（　　）
3. 供给曲线左移，在同一价格下，生产者提供的产品数量增加。（　　）
4. 均衡价格随着需求的增加和供给的减少而上升。（　　）
5. 当其他因素不变时，互补产品价格上升时，将会使商品的需求上升。（　　）
6. 市场上某商品存在着超额需求，这是因为该商品价格超过了均衡价格。（　　）
7. 生产者预期某商品未来价格要下降，会减少该商品的当前供给。（　　）
8. 需求量的变化与需求的变化没有本质的差别。（　　）
9. 当某种商品的价格上升时，这种商品的供给增加。（　　）
10. 供给曲线右移表示生产者在某一价格上提供了更多的产品。（　　）
11. 对厂商征税，将使产品的供给曲线左移，使均衡价格下降，均衡产量上升。（　　）
12. 一般来说生活必需品的需求弹性比奢侈品的需求弹性要小。（　　）
13. 如果价格和总收益呈同方向变化，则该商品的需求是富有弹性的。（　　）

14. 某商品价格下降没有引起销量增加，这是因为在这个价格段需求完全无弹性。

（　　）

15. 随着需求曲线的移动，均衡价格上升了20%，均衡产量上升了20%，此时需求弹性为单位弹性。

（　　）

16. 随着需求曲线的移动，均衡价格上升了20%，均衡产量上升了20%，此时供给弹性为单位弹性。

（　　）

四、计算分析题

1. 某种商品的需求价格弹性系数为0.6，当它提价10%时，需求量会减少多少？销售收入会增加还是减少？

2. 香烟的需求价格弹性系数为0.4，如果现在每包香烟的价格为20元，政府想减少20%的吸烟量，价格应该提高到多少？

3. 某商品原价格为10元，销量为1 000件，该商品的需求弹性系数为3，如果降价为9元，此时的销售量是多少？降价后总收益会发生什么样的变化？变化多少？

五、问答题

1. 影响需求的因素有哪些？影响供给的因素有哪些？

2. 什么是供求定理？当某种商品的替代商品价格上升，该种商品的均衡价格和均衡数量会发生什么样的变化？

3. 是否所有的商品都适合采取降价促销措施？哪些商品适合？哪些商品不适合？

4. 需求弹性在企业经营中的指导作用在哪里？

六、论述题

1. 在我国目前的情况下是否应该采取对农业的支持价格政策？为什么？

2. 需求弹性与总收益的关系如何？根据需求弹性理论分析"薄利多销"和"谷贱伤农"这两句话的含义。

七、阅读思考题

资料1

蛛网理论

蛛网理论是一种动态均衡分析。古典经济学理论认为，如果供给量和价格的均衡被打破，经过竞争，均衡状态会自动恢复。蛛网理论却证明，按照古典经济学静态下完全竞争的假设，均衡一旦被打破，经济系统并不一定自动恢复均衡。这种根据的假设是：

（1）完全竞争，每个生产者都认为当前的市场价格会继续下去，自己改变生产计划不会影响市场；

（2）价格由供给量决定，供给量由上期的市场价格决定；

（3）生产的商品不是耐用商品。

这些假设表明，蛛网理论主要用于分析农产品。设 P、Q、D、S，分别是价格、产量、需求函数和供给函数；t 为时间。根据上述模型，第一时期的价格 P_1 由供给量 Q_1 来决定；生产者按这个价格来决定他们在第二时期的产量 Q_2。Q_2 又决定了第二时期的价格 P_2。第三时期的产量Q_3，由第二时期的价格P_2来决定，依此类推。由于需求弹性、供给弹性不同，价格和供给量的变化可分为三种情况：

（1）当供给弹性小于需求弹性（即价格变动对供给量的影响小于对需求量的影响）时，价格和产量的波动将逐渐减弱，经济状态趋于均衡，如图1所示。供给弹性小于需求弹性为"蛛网稳定条件"，蛛网向内收缩，称"收敛型蛛网"。

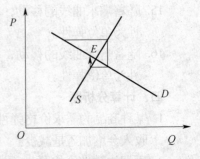

图1 收敛型蛛网

（2）当供给弹性大于需求弹性（即价格对供给量的影响大于对需求量的影响）时，波动逐步加剧，越来越远离均衡点，无法恢复均衡，如图2所示。供给弹性大于需求弹性为"蛛网不稳定条件"，蛛网为"发散型蛛网"。

（3）当供给弹性等于需求弹性时，波动将一直循环下去，既不会远离均衡点，也不会恢复均衡，如图3所示。供给弹性与需求弹性相等为"蛛网中立条件"，蛛网为"封闭型蛛网"。

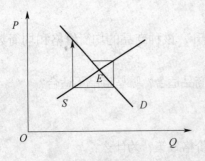

图2 发散型蛛网

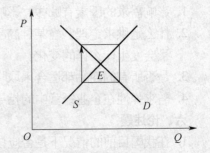

图3 封闭型蛛网

本文选自：人大经济论坛（http：//www. pinggu. org/bbs/viewthread. php？tid =483311&page =1）

思考：在现实生活中，分别有哪些商品符合收敛型、发散型、封闭型蛛网现象？

资料2

纽约市的房租管制——最高限价例证

最低限价和最高限价能够而且也的确会影响我们的日常生活。自1943年起，纽约市就实行了一个规定房租最高价格的房租管制制度，其目的当然是为了使房租（即租用一套公寓一个月的价格）低于其均衡价格水平。据说主张对房租实行最高限价的一个重要理由是为了帮助穷人。在短期内，房租管制可能把收入从出租人转移给承租人。据《纽约时报》报道："在近半个世纪的时间里，房租管制曾经给数以万计的家庭提供了廉价而有效的生活保障或低于市场价格的住所。不管财力如何，这一直是纽约市的一项在政治上无人敢碰的政策。"

但是，随着时间的推移，房租管制可能产生一些非常不合意的影响。最高限价导致住房短缺。也就是说，对公寓的需求量超过其供给量。据一些观察家的估计，尽管在20世纪70年代纽约人口大约减少了100万人，并且国家对中等收入阶层和低租金公共住房实施了规模最大的资助计划，但纽约仍短缺价值大约30亿美元的可供出租的新住房。据报道，在1986年，有些人不得不花费一年甚至更长的时间去寻求租房。

由于需求量超过供给量，现有的公寓不得不采用价格以外的措施来进行分配。这自然可能使房东采取微妙的歧视方式来选择房客。同样，房东也可能从那些急于寻找住所的房客手中接受额外的支付或贿赂。在很多情况下，房东将减少对房屋的维修。由于住房短缺，承租人也只能接受较差的服务，许多事都得靠自己去做。在可能的情况下，房东会把一套公寓分成几个部分出租，因为从划分后的几个部分各自在最高限价下得到的租金之和超过原来整套公寓的租金。房东就是通过这些办法来对付最高限价的限制。

根据兰德公司的估计，在纽约，由于受房租管制法的影响，租金的增加远远低于成本的增加。对1943年以前建造的单元住宅来说，房租每年的平均增长幅度大约为2%，而房东的各种成本的平均增长幅度每年大约为6%。这样，新住宅难以兴建，老住宅又年久失修也就不足为奇了。

《纽约时报》呼吁："当公寓空出来以后，就应当终止租金管制，它将增加住房供给，这是符合大多数人利益的。"大多数经济学家肯定也会认为，房租最高限价的继续施行，绝非解决住房严重短缺的一项适当措施。但我们这里的目的绝不是判断房租管制的反对者的是非曲直，而是要表明我们所讨论的微观经济学概念在了解这些问题时所发挥的重要作用。

思考： 1. 查阅资料解释何谓最高限价、何谓最低限价。

2. 用图示法解释最高限价、最低限价对供求均衡的影响。

3. 廉租房及经济适用房政策在为低收入人群提供福利的同时，会产生什么负面效应？

第三章

消费者行为理论

学习目标

* 了解效用、总效用、边际效用、边际替代率等概念。
* 理解边际效用递减规律、商品边际替代率递减规律、消费者均衡条件。
* 掌握边际效用分析方法和无差异曲线分析方法对消费者均衡进行分析。

经济学家：瓦尔拉斯（Walras，法裔瑞士，1834. 12. 16—1910. 1. 5）

简介： 边际效用价值论的创建人之一。他把边际效用称为"稀少性"，他在经济学中使用了数学，研究了使一切市场（不是一种商品的市场，而是所有商品的市场）都处于供求相等状态的均衡，即一般均衡，成为西方数理经济学和一般均衡理论的创建者和主要代表。他的一般均衡分析方法被西方经济学所普遍使用。主要著作有《纯粹政治经济学纲要》《社会经济学研究》《实用政治经济学研究》等。

瓦尔拉斯

核心观点： 商品的稀少性随消费量的增加而递减，并同购买商品时支付的价格成比例；消费者购买时，力求使每一单位货币能买到的每一种商品的效用量相等，从而得到最大的效用，即处于均衡状态。

导入案例

垃圾中的边际效用

改革开放以来，中国人的生活水平得到了很大提高。家庭所拥有的电视机、电冰箱、电话机的数量在增加，人均住房面积在上升，婴儿死亡率在下降。与此同时，垃圾的数量也在增加，其构成也有很大变化。

垃圾数量的增加是生活更加富裕的结果。人们日常生活中消耗的各种物品，如洗涤剂、食品、化妆品、饮料等的包装越来越讲究，以前包装多半用纸，现在则更多地使用玻璃、塑料、铝和其他金属，而这些包装最后都进了垃圾桶。人们的垃圾不但包含各种废弃物，也包含旧家具、地毯、鞋子、衣物、炊具、电视机和电冰箱等。这些旧东西的出路或是卖给收垃圾的小商贩，或是当垃圾扔掉。旧东西通常很不值钱，如旧电视机的收购价格，每台几十元，但这些旧电视机经过维修或重新组装再运到偏僻的农村，那里的穷人却愿意花几倍甚至十几倍于收购价的价格买这些旧东西。这个现象可以用经济学中的效用理论来解释，即商品的价值与它能提供的效用成正比。在闭塞的农村，能有一台哪怕是很旧的电视机，也可了解各种信息，丰富业余生活，使单调的日子变得有趣，所以农民愿意拿钱去买旧电视机。这证明价格与效用成正比。严格地说，应该是与边际效用成正比。边际两个字用来强调某一商品在效用上的差别，特别是已经消费一定数量之后再增加一单位消费的效用。所以边际效用是以前消费量的函数。

这个理论提示了一个最平凡的然而也不太被人理解的道理，即物品的价格在某些情况下由消费者对它的主观评价决定，而与它的成本无关。正因为市场价格和单个企业的成本不成正比，企业才有赚钱与赔钱之别。如果价格等于成本，企业就没有盈亏了，只有当一切条件不变，企业处于长期竞争的环境下，价格才会趋近于成本，而这种情形并不变通。

第一节 效用论概述

效用理论是消费者行为理论的基础。消费者又称居民户，它可以是个人，也可以是若干人组成的家庭。消费行为的最终目的是要获取生理上的或心理上的最大限度的欲望满足，即实现效用最大化。

一、欲望

欲望也叫做需要，是指想要得到而又没有得到某种东西的一种心理状态。从定义中可以看出欲望有无限性和层次性两个特点。

欲望的无限性是指人们的欲望永远不可能完全满足，一种欲望被满足之后另一种新的欲望便随之产生，因此欲望的无限性是推动社会前进的动力，人类正是为了满足不断产生、永无止境的欲望而不断奋斗的。需要强调的是，欲望的无限性是欲望总体不能得到完全满足，而不是指每一种欲望都永远不能满足。

欲望的层次性是指人类的欲望总体尽管是无限的，但不同的欲望又有轻重缓急之分，可以划分为不同的层次。人们总是在满足了或部分满足了较低层次的欲望之后，才会接踵而至地产生较高层次的欲望。美国著名心理学家马斯洛在《动机与人格》一书中把人的欲望划分为五个层次：

（1）基本生理的需要。指人类对衣、食、住、行等基本生存条件的需要。这是人类首先要满足的基本欲望。

（2）安全的需要。主要指人类对现在与未来生活保障的需要，它是基本生理需要的延伸。

（3）归属和爱的需要。这是一种作为社会人的精神层次的需要，主要指人们在社会团体中求得一席之地，建立与家人、朋友之间的感情。

（4）尊重的需要。包括自尊与来自别人的尊重。这是更高层次的社会需要。

（5）自我实现的需要。这种需要包括对自我道德的完善、对自身价值的体现及对理想与抱负的实现，是人类最高层次的欲望。

欲望虽然是无限的，但却可以有不同的满足程度。欲望的满足程度可以用效用大小来进行比较和计量。因而，研究消费者行为也就要研究效用问题。

二、效用

效用是指商品满足人的欲望的能力，或者说，它是消费者在消费商品时所感觉到的满足程度。消费者在消费活动中获得的满足程度高，就是效用大，反之，就是效用小。如果消费者在消费活动中感受到痛苦，就是负效用。效用和欲望一样都是一种心理感觉，所以，效用会因人而异，因时而异，因地而异。在理解效用概念时要强调以下几点：

（1）效用的主观性。某种物品效用的大小没有客观标准，完全取决于消费者在消费某种物品时的主观感受。例如，香烟对于吸烟者来讲可以有很大的效用，而对于不吸烟的人来讲则可能毫无效用，甚至会有负效用。这就说明效用的大小与有无完全是一种主观感受，它会因人、因时、因地而有所不同。

（2）效用不含伦理学判断。只要能满足人们某种欲望的物品就有效用，而这种欲望本身是否符合社会道德规范则不在效用评价范围之内。例如，毒品能满足吸毒者吸毒的欲望，它就有效用，而毒品对吸毒者身体的损害，对社会的危害不能否定其效用的存在。

（3）效用可大、可小、可正也可负。人们的消费活动使人们获得了欲望满足，则获得了正效用；若感受到痛苦或不适，则是负效用。

三、基数效用与序数效用

既然效用是用来表示消费者在消费商品时所感受到的满足程度，于是，就产生了对这种"满足程度"即效用大小的度量问题。在这一问题上，西方经济学家先后提出了基数效用和序数效用的概念，并在此基础上，形成了分析消费者行为的两种方法。它们分别是基数效用论者的边际效用分析方法和序数效用论者的无差异曲线的分析方法。

（一）基数效用论

在19世纪和20世纪初期，西方经济学家普遍使用基数效用的概念。基数效用论者认为，效用如同长度、重量等概念一样，可以具体衡量并加总求和，具体的效用量之间的比较是有意义的。表示效用大小的计量单位被称作效用单位。例如，对某一个人来说，吃一顿丰盛的晚餐和看一场高水平的足球赛的效用分别为5效用单位和10效用单位，则可以说这两种消费的效用之和为15效用单位，且后者的效用是前者的效用的2倍。

（二）序数效用论

20世纪30年代，序数效用的概念为大多数西方经济学家所使用。序数效用论者认为，效用是一个类似于香、臭、美、丑那样的概念，效用的大小是无法具体衡量的，效用之间的比较只能通过顺序或等级来表示。仍就上面的例子来说，消费者要回答的是偏好哪一种消费，即哪一种消费的效用是第一，哪一种消费的效用是第二。或者是说，要回答的是宁愿吃一顿丰盛的晚餐，还是宁愿看一场高水平的足球赛。进一步地，序数效用论者还认为，就分析消费者行为来说，基数效用的特征是多余的，以序数来度量效用的假定比以基数来度量效用的假定受到的限制要少，它可以减少一些被认为是值得怀疑的心理假设。

第二节 基数效用论

一、边际效用递减规律

基数效用论者将效用区分为总效用（Total Utility）和边际效用（Marginal Utility），它们的英文简写分别为 TU 和 MU。总效用是消费者在一定时间内从一定数量的商品的消费中所得到总的满足程度。边际效用是指消费者在一定时间内增加一单位商品的消费所得到的效用量的增量。边际的含义是增量，指自变量增加所引起的因变量的增加量。假定消费者对一种商品的消费数量为 Q，则总效用函数为：

$$TU = f(Q) \tag{3-1}$$

相应的边际效用函数为：

$$MU = \frac{\Delta TU(Q)}{\Delta Q} \tag{3-2}$$

在边际效用中，自变量是某物品的消费量，而因变量则是满足程度或效用。消费量变动所引起的效用的变动即为边际效用。

$$MU = \frac{\Delta TU(Q)}{\Delta Q} = \frac{dTU(Q)}{dQ} \tag{3-3}$$

根据表 3-1 来说明总效用、边际效用及其相互关系。

表 3-1 某商品的效用表

商品数量	总效用	边际效用
0	0	0
1	30	30
2	50	20
3	60	10
4	60	0
5	50	- 10

由上表可知，当商品的消费量由 0 增加为 1 时，总效用由 0 增加为 30 效用单位，总效用的增量即边际效用为 30 效用单位（因为 30-0=30）。当商品的消费量由 1 增加为 2 时，总效用由 30 效用单位上升为 50 效用单位，总效用的增量即边际效用下降为 20 效用单位（因为 50-30=20）。依此类推，当商品的消费量增加为 4 时，总效用达最大值为 60 效用单位，而边际效用已递减为 0（因为 60-60=0）。此时，消费者对该商品的消费已达到饱和点。当商品的消费量再增加为 5 时，边际效用会进一步递减为负值即 -10 效用单位（因为 50-60=-10），总效用便下降为 50 效用单位了。

根据表 3-1 所绘制的总效用和边际效用曲线如图 3-1 所示。

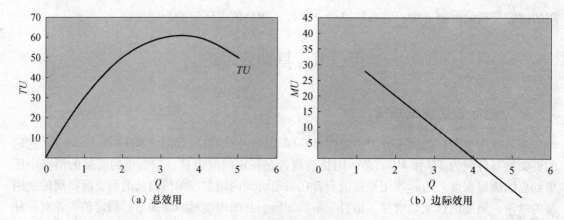

图 3 - 1　总效用和边际效用曲线

图中的横轴表示商品的数量，纵轴表示效用量，TU 曲线和 MU 曲线分别为总效用曲线和边际效用曲线。由于边际效用被定义为消费品的一单位变化量所带来的总效用的变化量，又由于图中的商品消费量是离散的，所以，MU 曲线上的每一个值都记在相应的两消费数量的中点上。

在图中，MU 曲线是向右下方倾斜的，它反映了边际效用递减规律，相应地，TU 曲线是以递减的速率先上升后下降的。当边际效用为正值时，总效用曲线呈上升趋势；当边际效用递减为零时，总效用曲线达最高点；当边际效用继续递减为负值时，总效用曲线呈下降趋势。从数学意义上讲，如果效用曲线是连续的，则每一消费量上的边际效用值就是总效用曲线上相应的点的斜率。这一点也体现在边际效用的定义公式中。

为什么在消费过程中会呈现出边际效用递减规律呢？据基数效用论者解释，边际效用递减规律成立的原因，可以是由于随着相同消费品的连续增加，从人的生理和心理的角度讲，从每一单位消费品中所感受到的满足程度和对重复刺激的反应程度是递减的。还可以是由于在一种商品具有几种用途时，消费者总是将第一单位的消费品用在最重要的用途上，第二单位的消费品用在次重要的用途上，如此等等。这样，消费品的边际效用便随着消费品的用途重要性的下降而递减。

边际效用递减规律的内容是：在其他条件不变的前提下，随着消费者对某种物品消费量的不断增加，每一单位消费品使消费者增加的满足程度，即边际效用是递减的。这种现象普遍存在，因而被称为边际效用递减规律。例如，在一个人饥饿的时候，吃第一个包子带来的效用是很大的。以后，随着这个人所吃的包子数量的连续增加，虽然总效用是不断增加的，但每一个包子给他所带来的效用增量即边际效用却是递减的。当他完全吃饱的时候，包子的总效用达到最大值，而边际效用却降为零。如果他还继续吃包子，就会感到不适，这意味着包子的边际效用进一步降为负值，总效用也开始下降。具体地，可以进一步用表 3 - 1 中的数据来说明。譬如，这个人吃第一个包子时，他对第一个包子所带给自己的效用的评价为30，即第一个包子的边际效用为 30。当他吃第二个包子时，他对第二个包子的效用评价为20，即第二个包子的边际效用为 20。但这时他吃 2 个包子的总效用 = 30 + 20 = 50。类似地，当他吃第三个包子的边际效用为 10，而此时吃 3 个包子的总效用 = 30 + 20 + 10 = 60。当他吃第四个包子时，边际效用递减为 0，总效用达最大值60，而到吃第五个包子时，边际效用递减为 - 10，总效用开始下降为 60 - 10 = 50。

二、消费者剩余

在消费者购买商品时，一方面，我们已经知道，消费者对每一单位商品所愿意支付的最高价格取决于这一单位商品的边际效用。由于商品的边际效用是递减的，所以，消费者对某种商品所愿意支付的最高价格是逐步下降的。但是，另一方面，需要区分的是，消费者对每单位商品所愿意支付的最高价格并不等于该商品在市场上的实际价格。事实上，消费者在购买商品时是按实际的市场价格支付的。于是，在消费者愿意支付的最高价格和实际的市场价格之间就产生了一个差额，这个差额便构成了消费剩余的基础。例如，某种汉堡包的市场价格为3元，某消费者在购买第一个汉堡包时，根据这个汉堡包的边际效用，他认为值得付5元去购买这个汉堡包，即他愿意支付的最高价格为5元。于是当这个消费者以市场价格3元购买这个汉堡包时，就创造了额外的2元的剩余。在以后的购买过程中，随着汉堡包的边际效用递减，他为购买第二个、第三个、第四个汉堡包所愿意支付的最高价格分别递减为4.50元、4.00元和3.50元。这样，他为购买4个汉堡包所愿意支付的最高总金额 = 5.00元 + 4.50元 + 4.00元 + 3.50元 = 17元。但他实际按市场价格支付的总金额 = 3.00元 × 4 = 12元。两者的差额 = 17元 - 12元 = 5元，这个差额就是消费者剩余。也正是从这种感觉上，他认为购买4个汉堡包是值得的，是能使自己的状况得到改善的。由此可见，消费者剩余是消费者在购买一定数量的某种商品时愿意支付的最高总价格和实际支付的总价格之间的差额。

三、消费者均衡

消费者均衡是研究单个消费者如何把有限的货币收入分配在各种商品的购买中以获得最大的效用。也可以说，它是研究单个消费者在既定收入下实现效用最大化的均衡条件。这里的均衡是指消费者实现最大效用时既不想再增加，也不想再减少任何商品购买数量的这么一种相对静止的状态。

基数效用论者认为，消费者实现效用最大化的均衡条件是：如果消费者的货币收入水平是固定的，市场上各种商品的价格是已知的，那么，消费者应该使自己所购买的各种商品的边际效用与价格之比相等。或者说，消费者应使自己花费在各种商品购买上的最后一元钱所带来的边际效用相等。

假定：消费者用既定的收入 I 购买 n 种商品，P_1，P_2，$\cdots$，P_n 分别为 n 种商品的既定价格，λ 为不变的货币的边际效用。以 X_1，X_2，$\cdots$，X_n 分别表示 n 种商品的数量，MU_1，MU_2，$\cdots$，MU_n 分别表示 n 种商品的边际效用，则上述的消费者效用最大化的均衡条件可以用公式表示为：

$$P_1X_1 + P_2X_2 + \cdots + P_nX_n = I \tag{3-4}$$

$$\frac{MU_1}{P_1} = \frac{MU_2}{P_2} = \cdots = \frac{MU_n}{P_n} = \lambda \tag{3-5}$$

式中，式（3-4）是限制条件；式（3-5）是在限制条件下消费者实现效用最大化的均衡条件。式（3-5）表示消费者应选择最优的商品组合，使得自己花费在各种商品上的最后一元钱所带来的边际效用相等，且等于货币的边际效用。

下面以消费者购买两种商品为例，具体说明消费者效用最大化的均衡条件。与式（3-4）和式（3-5）相对应，在购买两种商品情况下的消费者效用最大化的均衡条件为：

$$P_1X_1 + P_2X_2 = I \tag{3-6}$$

$$\frac{MU_1}{P_1} = \frac{MU_2}{P_2} = \lambda \tag{3-7}$$

为什么说只有当消费者实现了 $\frac{MU_1}{P_1} = \frac{MU_2}{P_2} = \lambda$ 的均衡条件时，才能获得最大的效用呢？或者说，该均衡条件的经济含义是什么呢？

当 $\frac{MU_1}{P_1} < \frac{MU_2}{P_2}$ 时，这说明对于消费者来说，同样的一元钱购买商品 1 所得到的边际效用小于购买商品 2 所得到边际效用。这样，理性的消费者就会调整这两种商品的购买数量：减少对商品 1 的购买量，增加对商品 2 的购买量。在这样的调整过程中，一方面，在消费者用减少 1 元钱的商品 1 的购买来相应地增加 1 元钱的商品 2 的购买时，由此带来的商品 1 的边际效用的减少量是小于商品 2 的边际效用的增加量的，这意味着消费者的总效用是增加的；另一方面，在边际效用递减规律的作用下，商品 1 边际效用会随其购买量的不断减少而递增，商品 2 的边际效用会随其购买量的不断增加而递减。当消费者一旦将其购买组合调整到同样 1 元钱购买这两种商品所得到的边际效用相等时，即达到 $\frac{MU_1}{P_1} = \frac{MU_2}{P_2}$ 时，他便得到了由减少商品 1 的购买和增加商品 2 的购买所带来的总效用增加的全部好处，即消费者此时获得了最大的效用。

相反，当 $\frac{MU_1}{P_1} > \frac{MU_2}{P_2}$ 时，这说明对于消费者来说，同样的 1 元钱购买商品 1 所得到的边际效用大于购买商品 2 所得到的边际效用。根据同样的道理，理性的消费者会进行与前面相反的调整过程，即增加对商品 1 的购买，减少对商品 2 的购买，直到 $\frac{MU_1}{P_1} = \frac{MU_2}{P_2}$，从而获得最大的效用。

再从 $\frac{MU_i}{P_i} = \lambda$，$i = 1$，2 的关系分析：

当 $\frac{MU_i}{P_i} < \lambda$，$i = 1$，2 时，这说明消费者用 1 元钱购买第 i 种商品所得到的边际效用小于所付出的这 1 元钱的边际效用。也可以理解为，消费者这时购买的第 i 种商品数量太多了，事实上，消费者总可以把这 1 元钱用在至少能产生相等的边际效用的其他商品的购买上去。这样，理性的消费者就会减少对第 i 种商品购买，在边际效用递减规律的作用下，直到 $\frac{MU_i}{P_i} = \lambda$，$i = 1$，2 的条件实现为止。

相反，当 $\frac{MU_i}{P_i} > \lambda$，$i = 1$，2 时，这说明消费者用 1 元钱购买第 i 种商品所得到的边际效用大于所付出的这 1 元钱的边际效用。也可以理解为，消费者对第 i 种商品的消费量是不足的，消费者应该继续购买第 i 种商品，以获得更多的效用。这样，理性的消费者就会增加对第 i 种商品的购买。同样，在边际效用递减规律的作用下，直到实现 $\frac{MU_i}{P_i} = \lambda$，$i = 1$，2 的条件实现为止。

婚姻的边际效用与风险

经济学中，风险包括两个重要的因素。一是时间，时间越长，风险越大，5 年的定期存款利息比 1 年的高，因为前者的风险大。正常情况下，如果婚姻双方能 50 年不变，婚姻风险就为 0；二是不确定性，事件的不确定性越大，风险也就越大。在 50 多年中，大到国际国内局势，小到家庭的油盐酱醋，都有很大的不确定性，都会对婚姻产生直接或间接、或大或小的影响。尽管婚姻的风险十分复杂，但用经济学方法去分析，仍有规律可循。

边际效用递减规律使婚姻存在风险。一个饿汉吃第一个馒头时感觉味道好极了，随着吃馒头数量的增多，美妙的口感会不断下降，馒头的效用递减，当吃成饱汉后，馒头"充饥"的正效用将变为"反胃"的负效用，这就是经济学中最普遍的边际效用递减规律。

相信大多数人都记得恋爱阶段首次牵手时那种触电的感觉，随着婚龄的增长，这种感觉逐渐变淡直至消失。婚姻的边际效用递减，风险也就随之增加，"喜新厌旧"这种古老的悲剧就是这种现象的演绎。据说有科学研究表明，从生物学的角度看，男人比女人更具有喜新厌旧的基因；从经济学角度看，边际效用递减规律也说明男人和女人都有喜新厌旧的倾向。但这绝不是说人非要喜新厌旧，婚姻中的喜新厌旧是否会发生，完全取决于当事双方的感情基础和婚姻经营的效果。

婚姻使双方资源的均衡性被打破也是婚姻产生风险的原因之一。比如说，结婚时，他的金钱指数和她的漂亮指数达到均衡，但一般说来金钱指数是年龄的线性函数，而漂亮指数则是一个不规则的抛物线，两者产生不平衡也在所难免，婚姻产生风险也就是迟早的事了。此时，感情的注入很重要，它可能使双方重新达到均衡。现在人们企图通过整形、美容等"反自然"的方式来强迫助长漂亮指数以达到双方的均衡，这可能会事倍功半，因为，永远会有年轻的美女帅哥，和他们相比中年人便毫无优势，只有增强双方的感情才是问题的关键。

事实上，没人否认婚姻中感情的作用，它虽然不是婚姻的全部，但它是基础，是抑制边际效用递减、防范婚姻风险最有效的手段，也是最后一道防线。

第三节　序数效用论

序数效用论采用无差异曲线的分析方法来考察消费者行为，提出消费者均衡的实现条件。

一、无差异曲线

（一）消费者偏好

序数效用论者认为，商品给消费者带来的效用大小应用顺序或等级来表示。为此，序数效用论者提出了消费者偏好的概念。消费者偏好是指消费者对不同商品或商品组合的喜好程度。消费者对不同的商品组合的偏好，也就是喜好的程度是可以有差异的，正是这种偏好程度的差别，反映了消费者对这些不同的商品组合的效用水平的评价。例如，对于 A 和 B 两种商品的组合，若消费者对 A 组合的偏好程度大于对 B 组合的偏好程度，则可以说 A 组合的效用水平大于 B 组合。若消费者对 A 组合与 B 组合的偏好程度相同，则可以说两种组合的效用水平无差异。

序数效用论者提出了关于消费者偏好的三个基本的假定：

（1）偏好的完全性。偏好的完全性指消费者总是可以比较和排列所给出的不同商品组合。换言之，对于任何两个商品组合 A 和 B，消费者总是可以作出，而且也仅仅只能作出以下三种判断中的一种：对 A 的偏好大于对 B 的偏好；对 B 的偏好大于对 A 的偏好；对 A 和 B 的偏好相同。偏好的完全性的假定保证消费者对于偏好的表达方式是完备的，消费者总是可以把自己的偏好评价准确地表达出来。

（2）偏好的可传递性。可传递性指对于任何三个商品组合 A，B 和 C，如果消费者对 A 的偏好大于对 B 的偏好，对 B 的偏好大于对 C 的偏好，那么，在 A，C 这两个组合中，消费者必定对 A 的偏好大于对 C 的偏好。偏好的可传递性假定保证了消费者偏好的一致性，因此也是理性的。

（3）偏好的非饱和性。该假定指如果两个商品组合的区别仅在于其中一种商品的数量不相同，那么，消费者总是偏好于含有这种商品数量较多的那个商品组合。这就是说，消费者对每一种商品的消费都没有达到饱和点，或者说，对于任何一种商品，消费者总是认为数量多比数量少好。此外，这个假定还意味着，消费者认为值得拥有的商品都是"好的东西"，而不是"坏的东西"。在这里，"坏的东西"指诸如空气污染、噪音等只能给消费者带来负效用的东西。

（二）无差异曲线

无差异曲线是用来表示给消费者带来偏好相同的两种商品的所有数量组合的曲线。或者说，它是表示能够给消费者带来相同的效用水平或满足程度的两种商品的所有组合的曲线。

假设某个消费者面对 X，Y 两种商品，这两种商品可以有 a，b，c，d，e，f 六种不同的消费组合，这六种组合能给该消费者带来相同的效用，如表 3－2 所示。

表 3－2　某消费者的无差异表

组合方式	X 商品	Y 商品
a	5	30
b	10	18
c	15	13
d	20	10
e	25	8
f	30	7

根据表 3－2，可以作出图 3－2。

在图 3－2 中，横轴代表商品 X 的数量；纵轴代表商品 Y 的数量 a，b，c，d，e，f 各点表示六种不同的商品 X 和 Y 的数量组合，将各点连接起来的曲线 I 就是无差异曲线。无差异曲线上的任何一个点所表示的商品组合虽然都各不相同，但它们在消费者嗜好既定的条件下给消费者所带来的效用，即满足程度都有是相同的。

无差异曲线具有四个基本特征：

（1）在正常的消费阶段，无差异曲线是一条向右下方倾斜的曲线，其斜率为负值。这表明，在消费者消费两种商品的数量都未达到饱和之前，也就是增加每一种商品的消费还都能给消费者带来正效用的条件下，消费者为了保证总效用不变，在增加一种商品的消费时，就必须减少另一种商品的消费。

（2）同一平面上可以有无数条无差异曲线。可以这样想象：我们可以画出无数条无差异曲线，以至覆盖整个平面坐标图。同一条无差异曲线上的不同点所代表的不同消费组合给消费者带来相同的效用，不同的无差异曲线上的不同消费组合给消费者带来不同的效用。所有这些无差异曲线之间的相互关系是：离原点越远的无差异曲线代表的效用水平越高，离原点越近的无差异曲线代表的效用水平越低。

（3）在同一坐标平面图上的任何两条无差异曲线不会相交。这一点可以用图 3 - 3 来说明。

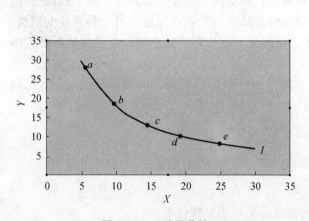

图 3 - 2　无差异曲线

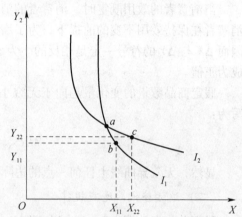

图 3 - 3　无差异曲线相交的错误情况

图中，两条无差异曲线相交于 a 点，这处画法是错误的。其理由在于：根据无差异曲线的定义，由无差异曲线 I_1 可得 a、b 两点的效用水平是相等的，由无差异曲线 I_2 可得 a、c 两点的效用水平是相等的。于是，根据偏好可传递性的假定，必定有 b 和 c 这两点的效用水平是相等的。但是，观察和比较图中 b 和 c 这两点的商品组合，可以发现 c 组合中的每一种商品的数量都多于 b 组合，于是，根据偏好的非饱和性假定，必定有 c 点的效用水平大于 b 点的效用水平。这样一来，矛盾产生了：该消费者在认为 b 点和 c 点无差异的同时，又认为 c 点要优于 b 点，这就违背了偏好的完全性假定。由此证明：两条无差异曲线相交的画法是错误的。

（4）无差异曲线凸向原点。无差异曲线是凸向原点的。这就是说，无差异曲线不仅向右下方倾斜，即无差异曲线的斜率为负值，而且，无差异曲线是以凸向原点的形状向右下方倾斜的，即无差异曲线的斜率的绝对值是递减的。为什么无差异曲线具有凸向原点的特征呢？这取决于商品的边际替代率递减规律。商品的边际替代率是一个重要概念，我们在下面进行讨论。

二、商品的边际替代率

（一）边际替代率的概念

可以想象一下，当在一条既定的无差异曲线上下滑动的时候，两种商品的数量组合会不断地发生变化，而效用水平却保持不变。这就说明，在维持效用水平不变的前提条件下，消费者在增加一种商品的消费数量的同时，必然会放弃一部分另一种商品的消费数量，即两商品的消费数量之间存在着替代关系。由此，经济学家建立了商品的边际替代率（*MRS*）的概念。

边际替代率是消费者在保持效用水平的前提下，为增加一单位某种商品的消费所放弃的另一种商品的消费数量。边际替代率的值是减少的一种商品消费量与增加的另一种商品消费量之比。

以 ΔX 与 ΔY 分别表示商品 X 与 Y 的变化量，MRS_{XY} 表示商品 X 对商品 Y 的边际替代率，则：

$$MRS_{XY} = -\Delta Y/\Delta X$$

当消费者的效用既定时，消费者的消费组合只能从同一条无差异曲线上的不同点选择。消费者在保持效用不变的前提下，为了增加一种商品的消费就必须减少另一种商品的消费，因而 ΔX 与 ΔY 的符号一定是相反的。为了方便起见，在计算公式中加个负号使边际替代率成为正值。

假定商品数量的变化量趋向于无穷小，即当 $\Delta X \to 0$ 时，则商品的边际替代率公式可以写为：

$$MRS_{XY} = -\frac{\Delta Y}{\Delta X} = -\frac{dY}{dX}$$

显然，无差异曲线上任何一点的边际替代率等于无差异曲线在该点的斜率的绝对值。

（二）边际替代率递减规律

我们首先来计算表 3-3 中以商品 X 代替商品 Y 的边际替代率。

表 3-3 边际替代率计算表

变动情况	ΔX	ΔY	MRS_{XY}
a－b	5	12	2.4
b－c	5	5	1
c－d	5	3	0.6
d－e	5	2	0.4
e－f	5	1	0.2

在表 3-3 中，ΔX 是商品 X 的增加量，ΔY 是商品 Y 的减少量，MRS_{XY} 应该是负值。不难看出，MRS_{XY} 从 2.4 一直下降到 0.2。这种情况存在于任何两种商品的替代中，这种现象被称为商品的边际替代率递减规律。具体来说，商品的边际替代率递减规律是指：在维持效用水平不变的前提下，随着一种商品的消费数量的连续增加，消费者为得到每一单位的这种商品所需要放弃的另一种商品的消费数量是递减的。之所以会普遍发生商品的边际替代率递减的现象，其原因在于：随着一种商品的消费数量的逐步增加，消费者想要获得更多的这种商品的愿望就会递减，从而，他为了多获得一单位的这种商品而愿意放弃的另一种商品的数量就会越来越少。或者说，在 $MRS_{XY} = -\Delta Y/\Delta X$ 这个公式中，当分母 ΔX 不变时，分子 ΔY 在不断减少，从而分数值就在不断减少了。

（三）边际替代率与无差异曲线的形状

无差异曲线的形状表明在维持效用水平不变的前提下，一种商品对另一种商品的替代程度。由边际替代率递减规律决定的无差异曲线的形状是凸向原点的，这是无差异曲线的一般形状。下面考虑两种极端的情况，相应的，无差异曲线有着特殊的形状。

（1）完全替代品的情况。完全替代品指两种商品之间的替代比例是固定不变的情况。例如，大米和面粉的替代性很强，在保证效用不变的前提下，消费者每增加消费1千克大米，基本上就需要减少消费1千克面粉，而且这种替代关系不会发生太大变化，因而表示大米和面粉替代关系的无差异曲线的弯曲程度就会较小。如果在完全替代的情况下，则每增加消费一种商品所需要减少的另一种商品的数量不会发生变化，也就是边际替代率不变，这时的无差异曲线是一条斜率不变的直线，如图3-4所示。

（2）完全互补品的情况。完全互补品指两种商品必须按固定不变的比例同时被使用的情况。例如，一副眼镜架必须和两片眼镜片同时配合，才能构成一副可供使用的眼镜，则相应的无差异曲线如图3-5所示。与横轴垂直的一段无差异曲线表示为了保持效用不变，商品 Y 无论如何增加，商品 X 也不能减少，也就是商品 Y 完全不能替代商品 X，故以商品 Y 替代 X 的边际替代率 MRS_{XY} 为零。与横轴平行的一段无差异曲线表示为了保持效用不变，商品 X 无论如何增加，也不能替代商品 Y，故边际替代率 MRS_{XY} 为零。

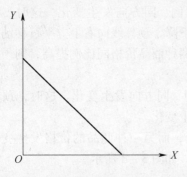

图3-4　无差异曲线（完全替代品）

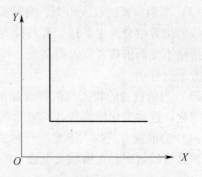

图3-5　无差异曲线（完全互补品）

三、消费者预算线（消费可能线）

消费者进行选择时，考虑的一个重要因素是收入。在不考虑借贷的条件下，消费者不能无限制地选择他喜爱的商品。反映消费者收入约束的概念就是预算约束。

（一）预算线的含义

预算线又称消费可能线、等支出线或价格线。它是一条表明在消费者收入与商品价格既定的条件下，消费者用全部收入所能购买到的两种商品不同数量的各种组合的线。

假设某消费者收入 $M = 60$ 元，他面临着两种商品 X 与 Y，各自的价格为 $P_X = 20$ 元，$P_Y = 10$ 元。根据以上条件我们能作出一条预算线，如图3-6所示。

在图3-6中，连接 AB 两点的直线就是预算线。该线上的任何一点都是在收入与价格既定的条件下，能购买到

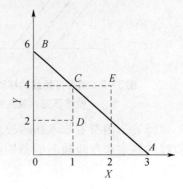

图3-6　预算线

的商品 X 与商品 Y 的最大数量的组合。例如，在 C 点，购买 4 单位商品 Y 和 1 单位商品 X，正好用完 60 元（10 元 × 4 + 20 元 × 1 = 60 元）。在该线内的任何一点，所购买的商品 X 与商品 Y 的组合是可以实现的，但并不是最大数量的组合，即没有用完收入。例如，在 D 点，购买 2 单位商品 Y 和 1 单位商品 X，只用了 40 元（10 元 × 2 + 20 元 × 1 = 40 元）。在该线外的任何一点，所购买的商品 X 与商品 Y 的组合大于 C 点，即购买是无法实现的，因为所需花的钱超过了既定的收入。例如，在 E 点，购买 4 单位商品 Y 和 2 单位商品 X，大于 C 点的 4 单位的商品 Y 和 1 单位商品 X，这时要支出 80 元（10 元 × 4 + 20 元 × 2 = 80 元），超过了既定的收入 60 元，无法实现。

（二）预算线的变动

如预算线的定义所述，一条确定的预算线的作出必须要有两个前提：其一是消费者的收入既定；其二是两种商品的价格既定。也就是说，当两个前提中的任何一个发生变化时，都会引起预算线的变动。预算线的变动大致可以归纳为以下五种基本情况。

（1）当两商品价格不变，消费者的收入发生变化。这时，相应的预算线的位置会发生平移。收入增加，预算线平行向右上方移动。如图 3 - 7 所示，AB 线是原收入条件下的预算线，当收入增加后，预算线向右上方平行移动到 A_1B_1 的位置。反之，收入减少，预算线会平行向左下方移动，如图 3 - 7 所示，预算线由 AB 移动到 A_2B_2 的位置。

（2）当消费者的收入不变，两种商品的价格同比例、同方向发生变化。这时，相应的预算线的位置也会发生平移。若两种商品价格同比例下降，预算线向右上方平行移动，其原因和价格不变而消费者收入提高是一样的。反之，若两种商品价格同比例提高，则预算线向左下方平行移动。

（3）当消费者的收入与两种商品的价格都同比例、同方向发生变化。这时，预算线不发生变化。这种变化使消费者的实际购买能力没有发生变化。

（4）当消费者的收入不变，一种商品的价格不变，而另一种商品的价格发生变化。这时，预算线的斜率和在横轴或纵轴上的截距发生变化。如图 3 - 8 所示。

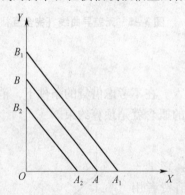

图 3 - 7　消费可能线的移动（两种商品
　　　　　价格不变，收入变化）

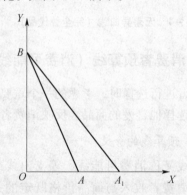

图 3 - 8　消费可能线的移动（收入不变，
　　　　　一种商品价格变化）

（5）当消费者收入和两种商品的价格都发生不同方向或不同比例的变化。这时，预算线的斜率和在两轴上的截距都会发生变化。由于变化的组合很多，这里不再全部展开讨论。

四、消费者均衡

在已知消费者的偏好和预算线约束的前提下，就可以分析消费者对最优商品组合的选择。具体的做法是，把前面考察过的消费者的无差异曲线和预算线结合在一起，来分析消费者追求效用最大化的购买选择行为。

（一）消费者均衡的实现

序数效用论将无差异曲线与预算线结合在一起来分析消费者均衡的实现。

如果把无差异曲线与预算线合在一个坐标图上，那么，一条既定的预算线必定与无数条无差异曲线中的某一条相切于一点，这个切点就是消费者均衡点。消费者在收入和商品价格既定的条件下，只要按照消费者均衡点所表示的两种商品的组合进行消费，一定能实现效用最大化。

如图 3 – 9 所示，I_1，I_2，I_3 是三条效用水平不同的无差异曲线，其效用大小的顺序是 $I_1 < I_2 < I_3$。AB 为在消费者收入和商品 X 与 Y 的价格既定条件下的预算线。AB 线与 I_2 线相切于 E 点，E 点就是消费者均衡点。

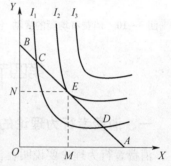

图 3 – 9　消费者均衡

为什么只有在 E 点才能实现消费者均衡呢？从图 3 – 9 可以看出，I_3 的效用大于 I_2，但 I_3 与 AB 线既不相交，也不相切，说明消费者在现有的收入与商品价格条件下，无论怎样优化消费组合也不可能达到 I_3 所表示的效用水平。AB 线与 I_1 线相交于 C、D 两点，说明按这两点来进行消费组合虽然是现有收入能够达到的，但所实现的效用水平是 I_1 所表示的效用水平。AB 线与 I_2 线相切于 E 点，说明按 E 点进行消费组合也是现有收入所能达到的，其实现的是 I_2 所代表的效用水平。由于 I_2 的效用水平高于 I_1，因而按 E 点进行消费组合的效用水平就大于 C 点和 D 点。另外，由于无数条无差异曲线相互平等，因而能和既定的预算线 AB 相切的无差异曲线只有一条，而且是离原点最远的一条，也就是图上的 I_2。于是 E 点便成为在收入和价格既定条件下的效用最大化的消费组合点。

（二）消费者均衡的变动

消费者均衡实现的前提是消费者收入和商品价格既定，也就是预算线既定。如果上述条件发生了变化，就会引起预算线位置的变动，那么消费者均衡点的位置也会相应改变。下面分两种情况进行讨论。

（1）预算线平行移动。在图 3 – 10 中，预算线由 A_1B_1 向右上方平行移动到 A_2B_2 的位置。其原因可以是消费者收入提高，也可以是两种商品价格同比例下降。不论哪一种原因引起的预算线向右平行移动，都意味着消费者的实际购买能力提高了。消费者均衡点由 E_1 移动到 E_2，使消费者两种商品的购买量都会增加，同时效用水平也由 I_1 提高到 I_2。反之，若预算线平行向左移动，则两种商品的购买数量都会减少，效用水平就会下降。

（2）预算线的斜率发生变动。在图 3 – 11 中，商品 X 的价格下降，而其他条件不变，于是预算线由 A_1B 移动到 A_2B 的位置。预算线斜率的变化也会引起消费者均衡的变化。在图 3 – 11 中，消费者均衡点由 E_1 移动到 E_2，两种商品的购买量都发生了变化。其中价格不变的商品 Y 的购买量由 N_1 减少到 N_2，而价格下降的商品 X 的购买量由 M_1 增加

到 M_2。

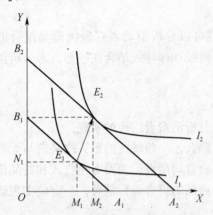

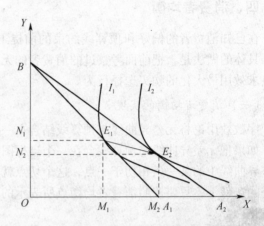

图 3 – 10　消费者均衡的变动（平行移动）　　图 3 – 11　消费者均衡的变动（预算线的斜率变动）

第四节　消费者行为理论的局限性

一、消费者行为理论的局限性

消费者行为理论要说明在消费者具有消费自由的条件下，消费者可以实现效用最大化。但是，仅就是消费者私人物品（即要在市场购买才能消费的物品）的消费而言，这种理论也是有局限性的，消费者行为理论是以三个暗含的假设为基本前提的。这就是：首先，消费者是具有完全理性的，即他们对自己消费的物品有完全的了解，而且自觉地把效用最大化作为目标；其次，存在消费者主权，即消费者决定自己的消费，而消费者的消费决定了生产；最后，消费仅仅是个人的事，与社会无关。但是，以上述三个假设为前提的消费者行为理论遇到了挑战。一些消费学家认为，这三个假设条件是不现实的。

（1）在现实中消费者并不具有完全的理性。完全理性仅仅是一种理论上的假设。现实中，消费者由于修养、文化、习俗、思想意识等因素的影响，并不可能具有完全的理性，也不能自觉地来追求满足程度的最大化。他们的消费行为受到许多因素的影响。

（2）消费者的需求要受到许多社会因素的影响，在现代社会中，特别要受广告宣传的影响。各大公司不惜花费巨资通过各种形式宣传自己的产品。这种宣传在很大程度上左右了消费者的需求，使他们消费许多实际自己并不需要的产品。这样，表面上看消费者是完全自由的，消费者主权是至高无上的。实际上，消费者主权受到生产者的操纵。生产者从利润最大化的目的出发，生产出种种产品并通过广告"强迫"消费者接受。生产者主权实际上代替了消费者主权。生产者可以通过广告来影响消费者的嗜好，并创造出需求，这就是现代社会的消费特点。而传统的消费行为理论却忽略了这一点。

总之，以个人为中心的消费者行为理论认为，只要确保消费者的个人自由，就可以实现满足程度最大化。从整个社会来看，如果每个消费者都实现了满足程度最大化，社会福利也就实现了最大化。但事实上，消费者并不是真正自由的。消费者的行为需要社会的引导与保护。因此，就需要有各种保护消费者的政策。

二、保护消费者的政策

由以上的分析可以看出，在市场中消费者是弱小的。尤其是面对厂商的不同程度的垄断，消费者在竞争中往往处于弱势，对于单个消费者来说，难以保护自己，更谈不上效用最大化了。所以，为了指导消费者的消费行为，并保护消费者的利益，各国一般都采取了一些政策。

（1）确保商品的质量。由政府及有关组织颁布商品的最低限度的质量标准，规定任何商品都必须符合相应的质量标准，并由政府有关机构对商品进行检验。同时，要求厂商把商品的成分和商品可能的效用向消费者公布，不得保密。这样使消费者能消费到符合标准的产品。

（2）正确的消费宣传。首先，商品广告和商品说明书必须诚实可靠，对广告要有一定的限制。例如，烟和烈性酒等不利健康的商品不得进行广告宣传，广告要对商品作如实的介绍等。其次，还要通过学校教育与其他宣传形式向公众进行有关商品效用的教育，指导消费者正确地进行消费。

（3）禁止不正确的消费。例如，禁止出售枪支和毒品；通过宣传、税收和其他强制性措施，限制烟、烈性酒、某些有刺激性药物的销售与消费。特别是为保护儿童的身心健康，不让儿童消费一些不利于成长的商品，诸如禁止儿童进入成人影院，禁止出售给儿童一些不健康的玩具或书刊等。

（4）对提供某些劳务的人的素质进行必要的限制。这主要是指对提供医疗服务的医生、提供法律服务的律师和提供教育服务的教师的资历和素质作出规定，并进行考核，考核合格方可从事这类职业。这样，就可以保证消费者能得到符合标准的服务。

（5）在价格管制政策中实行价格限制政策，这也是一种对消费者的保护政策。这种政策可以防止消费者受垄断厂商的剥削，并能保证社会上所有的人都得到基本生活品。对粮食、公共事业服务、房租等商品与劳务的价格限制，在保护消费者方面，还是有一定作用的。

（6）建立"消费者协会"这类组织，保护消费者的利益。这种组织是非官方的，它可以接受消费者对产品与劳务质量、价格等方面的申诉，代表消费者向厂商提出诉讼，以及通过各种形式，为保护消费者的利益服务。

这些政策，对保护消费的利益，指导正确消费起到了积极作用。但是，这些政策的实施也会有不利的影响。例如，政府为此要有一定的支出，企业受的限制较多会不利于生产效率的提高等。还有些措施在执行中会有许多困难，效果也并不十分理想。因此，政府在消费政策方面应有一个适度的范围，不管不行，管得太多太死也不利于消费者和整个社会。

本章知识小结

本章分析消费者行为理论。本章的中心内容是说明消费者在收入约束条件下如何实现效用最大化。

效用是消费者消费物品或劳务时所得到的满足程度，是一种主观心理感受。同一种物品能给人带来的效用因人、因时、因地而不同。经济学史上先后有两种理论和方法来分析消费者的心理现象，那就是基数效用论及其使用的边际效用分析法和序数效用论及其使用的无差异曲线分析法。

基数效用论认为效用是可以计量并加总的。它采用边际效用分析法说明消费者行为。边际效用是指某种物品的消费量每增加一单位给消费者所增加的满足程度。随着消费者对某种物品消费量的增加，他从该物品每项消费单位所得到的边际效用是递减的，这一规律称为边际效用递减规律。在消费者收入、偏好、商品价格一定的条件下，消费达到效用最大化的原则是：消费者用全部收入所购买的各种物品的边际效用与购买这些物品所支付的价格比例相等。这一原则成立的原因在于边际效用递减规律。这就是说，在收入既定的条件下，多购买物品 X 就要少购买物品 Y。随着物品 X 数量的增加，它的边际效用递减，而随着物品 Y 数量的减少，它的边际效用递增。为了使所购买的物品 X 与物品 Y 的组合能带来最大的总效用，消费者就要调整他所购买的物品 X 与物品 Y 的数量。当他购买的最后 1 单位物品 X 带来的边际效用与价格之比，等于购买的最后 1 单位物品 Y 带来的边际效用与价格之比时，总效用达到最大。这时消费者不再调整物品 X 与物品 Y 的数量，从而就实现了消费者均衡。

序数效用论是为弥补基数效用论的缺点而提出来的另一研究消费者行为的理论，其基本观点是效用只能表示出满足程度的高低与顺序，无法计量也不能求和，因此效用只能用序数第一、第二……来表示。序数效用论采用无差异曲线分析法，无差异曲线是用来表示两种商品的不同数量的组合给消费者所带来的效用完全相同的一条曲线，向右下方倾斜且凸向原点，它体现了边际效用递减规律。分析中用消费可能线表示消费者收入限制，将无差异曲线和消费可能线结合在一个图上，消费可能线必定与无数条无差异曲线中的一条相切于一点，在这个切点上，就实现了消费者均衡。

习　题

一、单项选择题

1. "萝卜白菜，各有所爱"体现了效用的（　　）。
   A. 相对性　　　　　　B. 同一性　　　　　　C. 主观性　　　　　　D. 客观性
2. 商品的边际效用是指（　　）。
   A. 对该商品最后一次的消费
   B. 等于商品的价格
   C. 消费该商品获得的效用与消费其他商品所获得的效用比
   D. 消费最后一单位商品所获得的新增的效用
3. 某消费者逐渐增加某种商品的消费量，直到实现效用最大化。在这一过程中，该商品的（　　）。
   A. 总效用和边际效用不断增加
   B. 总效用不断下降，边际效用不断增加
   C. 总效用不断增加，边际效用不断下降
   D. 总效用和边际效用不断减少
4. 序数效用论认为，商品效用的大小（　　）。
   A. 取决于它的使用价值　　　　　　B. 取决于它的价格
   C. 不可比较　　　　　　　　　　　D. 可以比较

5. 同一条无差异曲线上的不同点表示（　　　）。

　　A. 效用水平不同，但所消费的两种商品组合相同

　　B. 效用水平相同，但所消费的两种商品组合不同

　　C. 效用水平不同，所消费的两种商品组合也不相同

　　D. 效用水平相同，所消费的两种商品组合也相同

6. 无差异曲线上任一点上商品 X 和商品 Y 的边际替代率等于它们的（　　　）。

　　A. 一种商品下降的价格与另一种商品上升的价格之比

　　B. 一种商品减少的消费量与另一种商品增加的消费量之比

　　C. 边际效用之比

　　D. 边际成本之比

7. 无差异曲线的斜率被称为（　　　）。

　　A. 边际替代率　　　B. 边际技术替代率　C. 边际转化率　　　D. 边际效用

8. 对边际效用递减规律理解最准确的一项是（　　　）。

　　A. 同样多的商品一定带来不同的效用

　　B. 同样多的商品一定带来同样多的效用

　　C. 数量多的商品一定带来较多的效用

　　D. 数量较少的商品可能带来较多的效用

9. 某消费者的效用函数为 $U = XY$，下列在同一条无差异曲线上的是（　　　）。

　　A. $X = 20$，$Y = 5$ 和 $X = 10$，$Y = 10$

　　B. $X = 20$，$Y = 5$ 和 $X = 10$，$Y = 15$

　　C. $X = 10$，$Y = 10$ 和 $X = 30$，$Y = 4$

　　D. $X = 10$，$Y = 15$ 和 $X = 30$，$Y = 4$

10. 已知商品 X 的价格为 4 元，商品 Y 的价格为 2 元，如果消费者实现均衡时，商品 Y 的边际效用为 30，那么，商品 X 的边际效用是（　　　）。

　　A. 20　　　　　　　B. 15　　　　　　　C. 30　　　　　　　D. 60

11. 两种商品的价格按相同的比例上升，而收入不变，消费可能线（　　　）。

　　A. 向右上方平行移动　　　　　　B. 向左下方平行移动

　　C. 不发生变动　　　　　　　　　D. 围绕某一点旋转

12. 预算线的位置和斜率取决于（　　　）。

　　A. 消费者的收入　　　　　　　　B. 消费者的收入和商品价格

　　C. 消费者的偏好　　　　　　　　D. 消费者的偏好、收入和商品价格

13. 如果消费者的预算收入为 50 美元，商品 X 和商品 Y 的价格分别为 5 美元和 4 美元，消费者打算购买 6 单位商品 X 和 4 单位商品 Y，商品 X、商品 Y 的边际效用分别为 25 和 20，那么，要达到效用最大化，他应该（　　　）。

　　A. 按原计划购买　　　　　　　　B. 减少商品 X 和商品 Y 的购买量

　　C. 增加商品 X 和商品 Y 的购买量　D. 增加商品 X 的同时减少商品 Y 的量

14. 如果某种商品的边际效用为零，这意味着这种商品的（　　　）。

　　A. 总效用达到最大　　　　　　　B. 总效用降至最小

　　C. 总效用为零　　　　　　　　　D. 该商品没有效用，所以没人会消费它

15. 在以下三种情况中，实现了消费者均衡的是（　　）。

A. $\dfrac{MU_X}{P_X} < \dfrac{MU_Y}{P_Y}$　　　　B. $\dfrac{MU_X}{P_X} > \dfrac{MU_Y}{P_Y}$　　　　C. $\dfrac{MU_X}{P_X} = \dfrac{MU_Y}{P_Y}$　　　　D. 以上均不正确

16. 某些人在收入比较低时购买黑白电视机，在收入提高时，则去购买彩色电视机，这时黑白电视机对这些人来说是（　　）。

A. 生活必需品　　　　B. 奢侈品　　　　C. 劣质商品　　　　D. 吉芬商品

17. 消费者均衡是研究消费者在既定收入条件下，如何实现（　　）。

A. 欲望最大化　　　　B. 偏好最大化　　　　C. 利润最大化　　　　D. 效用最大化

18. 无差异曲线与消费可能线相结合在一起分析，消费者均衡是（　　）。

A. 无差异曲线与消费可能线的相切之点

B. 无差异曲线与消费可能线的相交之点

C. 离原点最远的无差异曲线上的任何一点

D. 离原点最近的无差异曲线上的任何一点

19. 商品的边际替代率递减规律决定了无差异曲线（　　）。

A. 凸向原点　　　　B. 凹向原点　　　　C. 垂直于横轴　　　　D. 平行于横轴

20. 某人愿意用20元买第一件衬衫，愿意用35元买头两件衬衫。第二件衬衫的边际效用是（　　）。

A. 55　　　　B. 35　　　　C. 15　　　　D. 27.5

二、判断题

1. 序数效用论采用的是边际效用分析法。（　　）

2. 只要商品数量在增加，边际效用大于零，消费者得到的总效用就一定在增加。（　　）

3. 无差异曲线离原点越远，表示消费者所得到的总效用越小。（　　）

4. 同一杯水具有相同的效用。（　　）

5. 如果一种商品满足了一个消费者的坏效用，说明该商品具有负效用。（　　）

6. 消费者消费的一种物品越多，所得到的效用就越大。（　　）

7. 对所有的人来说，钱的边际效用是不会递减的。（　　）

8. 如果边际效用递减，则总效用相应下降。（　　）

9. 如果 $MU_X/P_X > MU_Y/P_Y$，作为一个理性的消费者则要求增加购买商品 X，减少购买商品 Y。（　　）

10. 吉芬商品是一种低等品，但低等品不一定是吉芬商品。（　　）

三、名词解释

1. 效用。

2. 消费预算线。

3. 边际效用递减规律。

4. 正常商品。

5. 替代效应。

四、分析题

1. 简述无差异曲线及其特征。

2. 用经济学相关理论解释"水与钻石"的价值悖论。

3. 消费者行为理论对于企业决策有什么启示？

五、计算题

1. 假如消费者的收入为 100 元，商品 X 的价格为 10 元，商品 Y 的价格为 8 元，假定消费者计划购买 6 个单位的 X 商品和 5 个单位的 Y 商品，商品 X 和商品 Y 的边际效用分别为 40，20，此时消费者是否实现了效用最大化？如果消费者没有实现效用最大化，他应采取什么措施？

2. 已知某消费者的效用函数为 $U = X^3 Y^2$，两种商品的价格分别为 $P_X = 2$，$P_Y = 1$，消费者的收入是 20 元，求均衡时消费者获得的最大效用及对商品 X 和商品 Y 的最优需求量。

3. 某消费者收入为 120 元，用于购买 X 和 Y 两种商品，商品 X 的价格为 20 元，商品 Y 的价格为 10 元，求：

   （1）计算出该消费者所购买的商品 X 和商品 Y 有多少种数量组合，各种组合的商品 X 和商品 Y 是多少？

   （2）作出一条预算线。

   （3）所购买的商品 X 为 4，商品 Y 为 6 时，在不在预算线上？

   （4）所购买的商品 X 为 3，商品 Y 为 3 时，在不在预算线上？

六、案例分析题

案例一：

兔子和猫争论，世界上什么东西最好吃。兔子说："世界上萝卜最好吃。萝卜又甜又脆又解渴，我一想起萝卜就要流口水。"

猫不同意，说："世界上最好吃的东西是老鼠。老鼠的肉非常嫩，味道美极了！"

兔子和猫争论不休、相持不下，跑去请猴子评理。

猴子听了，不由得大笑起来："瞧你们这两个傻瓜蛋，连这点儿常识都不懂！世界上最好吃的东西是什么？是桃子！桃子不但美味可口，而且长得漂亮。我每天做梦都梦见吃桃子。"

兔子和猫听了，全都直摇头。那么，世界上到底什么东西最好吃？

问题：试用效用论分析上述故事。

案例二：

从 20 世纪 80 年代初期开始，我国老百姓在过春节的年夜饭中增添了一道诱人的"菜肴"，那就是春节联欢晚会。记得 1982 年的第一届春晚，在当时娱乐事业尚不发达的我国引起了极大的轰动。晚会的节目成为全国老百姓在街头巷尾和茶余饭后津津乐道的内容。

晚会年复一年地办下来了，投入的人力和物力越来越大，技术效果越来越先进，场面设计越来越宏大，节目种类也越来越丰富。但不知从哪一年开始，人们对春晚的评价却越来越差了。原来街头巷尾和茶余饭后的赞美之词变成了一片骂声，春晚成了一道众口难调的大菜，晚会陷入了"年年办，年年骂；年年骂，年年办"的怪圈。

问题：春晚的怪圈反映了什么经济学原理？

第四章

生产者行为理论

学习目标

* 熟悉总产量、平均产量、边际产量及其关系，并掌握一种可变要素合理投入区域。
* 理解生产函数、等产量线、等成本线的含义。
* 掌握生产要素最适组合条件、规模经济的原理。

经济学家：罗伯特·马尔萨斯（Thomas Robert Malthus，英，1766.2.13—1834.12.23）

简介：马尔萨斯出生于一个富有的家庭。1784 年他被剑桥大学耶稣学院录取，在那里学习了许多课程，并且在辩论、拉丁文和希腊文课程中获奖。1791 年，他获得硕士学位，并且在两年后当选为耶稣学院院士。1797 年，他被按立为圣公会的乡村牧师。他是英国人口学家和政治经济学家。他的学术思想悲观但影响深远。

主要贡献：在 1798 年发表的《人口学原理》中，马尔萨斯作出一个著名的预言：人口增长超越食物供应，会导致人均占有食物的减少。马尔萨斯倾向于用道德限制（包括晚婚和禁欲）手段来控制人口增长。他认为："……周期性灾难持续存在的原因自人类有史以来就已经存在，目前仍然存在，并且将来会继续存在，除非我们的大自然的物理结构发生决定性的变化。"马尔萨斯认为他的《人口学原理》是对人类过去和目前状况的解释，以及对我们未来的预测。马尔萨斯的结论被许多 20 世纪的经济学家所反对，认为由于技术进步，大规模的人口增长并未造成"马尔萨斯灾难"。

导入案例

生产者追求利润最大化

经济学上有一句话：天下没有免费的午餐。是说要想得到什么就必须付出一定的其他东西。应该说，天下没有免费的午餐可以解释许多行为和现象，但是尚不存在金科玉律，任何概括都有例外。本文所说的赠报行为或许便是一例。

每年的 12 月，各大报刊都作了大量的广告，以期留住老客户，吸引新客户。在今年的元旦伊始，笔者到收发室拿报纸，看到这样一则通知，本地的一家晚报向各个班赠送一个月的报纸，并且以后订报可以享受优惠价格。笔者当初没有注意，商家总要赠送一些使用品嘛，报社的这种行为当然也是可以理解的。不过令人奇怪的是，一个月以后，这种赠送行为仍然在进行，笔者就有了疑惑。

如果订报者是一个班，在元旦这几天如果要订一份报纸的话，那么就会选择用较少的钱来订阅较多的报纸，也可以称为追求阅读福利的最大化。那么，被赠阅的这个班就会订阅其他报纸，其阅读福利肯定会比订阅那份赠阅的报纸要多。报社的赠阅行为岂不是相当非理性？其直接后果是驱逐了其中一部分本来会订阅该报纸的客户，大部分报刊是不会赠阅的。

但从成本收益的角度来分析，报社的这种赠阅行为却可能是符合成本收益的。从短期分析看，报社的成本不一定会因为赠报而增加，办过报纸的人应该很清楚，报纸是存在规模经济的典型产品，发行量达到一定数量，报社所花的成本最低。况且报纸这种产品，其产品的边际成本是很低的。对报社来讲，如果今年的订阅量比上一年增加，那么报社应该增加印数，如果今年的订阅量比上一年有少量降低，那么报社可以按上一年的订阅量印刷，因为报社形成的生产要素可以不去调整，减少要素的投入来达到减少产量的做法可能会导致成本的提高。因为报社原有的工作人员、运作程序等就需要进行调整，而把多余的报纸送出去，所以这种赠送根本就不会增加成本。况且在受赠的客户中，有一部分会订阅该报刊，因为他们可以用 11 个月的钱来看 12 个月的报纸。这对报社来说，也会增加这后来订阅该报刊的小部分收益。更为重要的是，报社的这种赠阅行为有如公益行为，扩大了该报刊的知名度，这也是一种收益，而且比金钱的收益更加重要。

从长期分析看，一份报纸是可以形成偏好的，读者基本上不会因为报社的赠阅行为而改变对该报的偏好程度。事实上，一个读者既然可以在文化支出上订一份报刊，那么他也不会因为可能享受那点赠阅而改变偏好，所以他们基本上不会在乎这种赠阅行为。即使读者对那点赠阅有心，他也不可能获得额外的阅读福利，因为报社处于信息有利的一面，读者既不知道报社在哪一年要进行赠阅，也不知道赠阅的对象是谁。在笔者看来，学校的班级受赠的概率较高，但学校的班级也不会这样去总结规律，或者说等到总结规律时已经毕业了。因此，赠阅行为的信息和主动权掌握在报社手中，报社不会因为赠报而减少客户。从长期分析来看，报社的长期赠阅仍然可以理解，不知道这份报纸还会不会继续赠阅下去，这有待于实践来检验。

从以上的分析中可以看出，赠报的行为表面上是驱逐订阅客户的，但实质上符合成本收益的分析，报社这一生产者是追求利润最大化的。对受赠的客户来说，他们因为报社在追求利润最大化的行为而享受到了免费的午餐。

企业的行为取决于其目标。在现实中，企业可能有各种目标，但是，如同消费者行为理论中假定一个理性消费者是以效用最大化为目标一样，在分析企业行为时，从企业在社会经济活动中所起的作用和承担的经济责任出发，微观经济学假定厂商是以利润最大化为目标的。利润最大化就是要获得最大可能的利润。它是稀缺性的直接结果，是为了使稀缺资源得到最好的使用。所以，使稀缺资源得到最好使用与追求利润最大化是同一回事。

在现实中，企业可能还有其他目标，如销售量最大化、为社会谋福利等。但利润最大化仍不失为一个合理的假设。就绝大多数企业而言，利润最大化是基本目标。以利润最大化作为追求目标，有利于企业实现资源的有效配置。所谓资源的有效配置，也就是在产量既定的条件下实现成本尽可能的小，或在成本既定的条件下达到产量尽可能的大。企业把利润最大化作为追求目标，其直接结果能够达到微观层次上的资源有效配置，进而也给宏观层次上的资源的有效利用提供了基础条件。从这点上讲，追求利润最大化是企业的理性行为。

本案例分析了报社作为生产厂商的赠报行为，通过生动形象的例子阐述了报社是如何追求利润最大化的目标的，看似非理性，实则理性，可以引发我们对生活中很多类似的现象进行思考。

生产理论研究生产者的行为规律，即在资源稀缺的条件下，生产者如何通过合理的资源配置，实现利润最大化。广义的生产理论涉及这样三个主要问题：一是投入要素与产量之间的关系；二是成本与收益的关系；三是垄断与竞争的关系。这三个问题分别在以后各章中讨论。本章重点分析第一个问题，即生产者如何通过生产要素与产品的合理组合实现利润最大化。

第一节　生产要素与生产函数

一、生产与生产要素

生产是对各种生产要素进行组合以制成产品的行为。在生产中要投入各种生产要素并生产出产品，所以，生产就是把投入变为产出的过程。

生产要素是指生产活动中所使用的各种经济资源。这些经济资源在物质形式上可以千差万别，但它们可以归类为四种基本形式：劳动力、资本、土地、企业家才能。

劳动力是指劳动者所提供的服务，可以分为脑力劳动和体力劳动。劳动力是劳动者的能力。在经济学中，劳动和劳动力一般不作严格的区分。

资本是指生产中所使用的资金。资本有两种形式：其一是指物质资本，如厂房、设备、原材料、流动资金等；其二是指人力资本，它指体现在劳动者身上的体力、文化、技术状态等。在生产理论中所使用的资本概念主要是指物质资本。

土地泛指一切自然资源。它包括地上的土壤、森林、河流、湖泊，大气和太空中的可利用的资源，地下的各种矿藏资源，以及海洋中能够利用的各种物资。

企业家才能指的是企业家经营企业的组织能力、管理能力和创新能力。经济学特别强调企业家才能对生产的作用，认为把劳动力、资本、土地等生产要素合理配置起来，生产出最多、最好的产品的关键因素就是企业家才能。军事科学中有一句格言叫"千军易得，一将难求"，企业家正是企业中的"将帅"，企业的生死存亡和荣辱兴衰无不系于企业家之手。

二、生产函数

生产函数是表明在一定的技术水平下，生产要素的数量与某种组合同它所能生产出来的最大产量之间依存关系的函数。任何生产函数都是以一定时期内的技术水平既定为前提的，一旦技术水平发生了变化，原有的生产函数就会发生变化，从而形成新的生产函数。新的生产函数可以表现为相同的生产要素及其组合生产出更多或更少的产量，也可以是以变化了的生产要素及其组合生产出相同的产量。

以 Q 表示产量，以 a，b，c，$\cdots$，n 表示各种不同形态的生产要素，则生产函数的一般表达式是：

$$Q = f(a,b,c,\cdots,n) \tag{4-1}$$

该生产函数表明，在一定的技术条件下，厂商若想生产出某种产品的产量 Q，需要投入的各种生产要素。并且这些生产要素要按生产函数所需求的配合比例来进行组合。生产函数还可以表明，若企业拥有一定数量的生产要素 a，b，c，$\cdots$，n 根据生产函数可以推算出企业可能达到的最大产量。

上面提及，各种生产要素可以归纳为劳动力（L）、资本（K）、土地（N）和企业家才能（E）四种生产要素，则生产函数的一般表达式可写成：

$$Q = f(L,K,N,E) \tag{4-2}$$

在分析生产要素与产量的关系时，一般把土地作为固定的生产要素，企业家才能又难以具体计算，因此，生产函数的简化形式可以写为：

$$Q = f(L,K) \tag{4-3}$$

20 世纪 30 年代初，美国数学家柯布和经济学家道格拉斯根据美国 1899—1922 年的工业生产统计资料，计算出这一时期美国的生产函数为：

$$Q = AL^{\alpha}K^{\beta} \tag{4-4}$$

这就是经济学中的著名的柯布—道格拉斯生产函数。在这个生产函数中，A 常数，α 表示劳动在总产量中的贡献份额，β 表示资本在总产量中的贡献份额。其中 $0<\alpha<1$，$0<\beta<1$，并且 $\alpha+\beta=1$。

柯布和道格拉斯计算出在该时期美国的工业生产中，A 为 1.01，α 为 0.75，β 为 0.25，所以柯布—道格拉斯生产函数可以具体写成：

$$Q = AL^{0.75}K^{0.25} \tag{4-5}$$

从上式可以看出：其一，柯布—道格拉斯生产函数是线性齐次的生产函数；其二，在总产量中，劳动的贡献约占全部产量的 75%，而资本的贡献约占全部产量的 25%，根据统计资料的验证，这个估算是符合当时的实际情况的；其三，要增加产量，应该按 3∶1 的比例增加劳动投入和资本投入。

三、技术系数

在不同行业的生产中，各种要素的配合比例是不同的。为生产一定量的某种产品所需的各种要素的配合比例称为技术系数。例如，柯布—道格拉斯生产函数的技术系数为 3∶1，即在生产中使用 3 单位的劳动力和 1 单位的资本。

如果生产某种产品所需要的各种生产要素的配合比例是不能改变的，这种技术系数称为固定配合比例生产函数。这种固定技术系数的生产函数称为固定配合比例生产函数。

如果生产某种产品所需要的各种生产要素的配合比例是可以改变的，这种技术系数称为可变配合比例生产函数。这种可变技术系数的生产函数称为可变配合比例生产函数。

一般来说，技术系数是可变的，例如，在农业中可以多用劳动、少用土地进行集约式经营，也可以少用劳动、多用土地进行粗放式经营。在工业生产中，也有劳动密集型和资本密集型之分。在生产理论中研究的主要是技术系数可变的情况。

四、生产函数的分类

在经济学中，根据生产者能否调整生产要素的投入，可以将生产分为短期生产与长期生产。短期是指生产者不能全部调整所有生产要素的时期。就是说，至少有一种生产要素来不及调整的时间周期。长期是指生产者能够调整所有的生产要素投入，即所有投入的生产要素都是可变的。如果企业生产的产品供不应求，作为企业老板应该在最短的时间作出反应，购买生产所用的材料、燃料，并延长工人劳动时间，这就是短期的含义；如果产品连续几个月始终保持供不应求的局面，精明的老板应作出扩大生产规模的决策，购买生产该产品的机器设备，甚至建立分厂，同时要增加管理人员。生产规模扩大了还需要增加原材料、燃料，增加工人，即在长期中企业能够调整一切生产要素。

在这里，长期和短期的划分是以生产者能否变动全部要素的数量作为标准的。由于行业不同，决定了不同厂商的短期和长期时间的长度不同。例如，变动一个大型炼钢厂的规模可能需要 3 年的时间，而变动一个面包房的规模可能仅需要 1 个月的时间。即前者的短期和长期划分界限为 3 年，而后者仅为 1 个月。

生产有长期和短期之分，相应地，生产函数也划分为短期生产函数和长期生产函数。在短期内，企业的生产要素分为可变投入与固定投入。生产者在短期内可以进行数量调整的那部分要素投入叫可变投入，如原材料、燃料、劳动等。生产者在短期内无法进行数量调整的那部分要素投入，叫固定投入，如厂房、机器设备等。产量将随可变投入的变动而变动。

以生产函数的简化形式为例，假设在生产过程中只使用两种生产要素，即劳动力和资本。在短期中，假设资本投入既定，只有劳动力投入变化，则短期生产函数可表示为：

$$Q = f(L, \bar{K}) \tag{4-6}$$

在长期生产函数中，长期是指一个足够长的时期，企业能够调整所有的生产要素投入，包括技术水平和资本投资，因而只有可变投入，没有固定投入。在长期中，假设生产过程中只使用两种生产要素，即劳动力和资本，那么，劳动力和资本都是可变的。所以，长期生产函数为：

$$Q = f(L, K) \tag{4-7}$$

第二节 一种可变要素的合理投入

在分析生产要素与产量之间的关系时，我们先从最简单的一种生产要素的投入开始。本节所要讨论的问题是，在其他生产要素的投入水平不变的前提下，只有一种生产要素的投入量是可以变化的，这种可变的生产要素的不同投入水平就会有不同的产量水平，那么这种可变要素的最合理投入水平应该如何确定。

为简化分析，假设生产要素只有劳动力和资本两种，这时的生产函数是：

$$Q = f(L, \bar{K}) \tag{4-8}$$

如果资本是不变的生产要素，而只有劳动力投入是可以变化的，这时的产量就只取决于劳动力投入量，于是生产函数又可以表示成：

$$Q = f(L) \tag{4-9}$$

微观经济学通常以一种可变要素的生产函数考察短期生产理论，介绍一种可变要素的合理投入，即短期生产理论。

一、总产量、平均产量和边际产量的概念

短期生产函数 $Q = f(L, \overline{K})$ 表示，在资本投入量既定的情况下，由劳动力投入量变化所带来的最大产量的关系。由此，我们可以得到劳动力的总产量、平均产量和边际产量这三个概念。总产量、平均产量和边际产量的英文简写依次为：TP，AP，MP。

总产量（TP）：指一定量的可变生产要素劳动力的投入量所生产出来的全部产量。用公式可以表示为：

$$TP = f(L, \overline{K}) \tag{4-10}$$

平均产量（AP）：指平均每单位某种生产要素劳动力的投入量所生产出来的产量。用公式可以表示为：

$$AP = TP/L \tag{4-11}$$

边际产量（MP）：指某种生产要素劳动力投入量增加一单位所增加的产量。用公式可以表示为：

$$MP = \Delta TP/\Delta L \tag{4-12}$$

二、边际收益递减规律

边际收益递减规律又称边际报酬递减规律，它的基本内容是：在技术水平和其他生产条件不变的前提下，当把一种可变的生产要素投入到一种或几种不变的生产要素中时，最初这种生产要素的增加会使产量增加，但当它的增加超过一定限度时，增加的产量将会递减，最终还会使产量绝对减少。边际报酬递减规律是短期生产的一条基本规律。

示例4-1　　**"杂交水稻"——边际收益递减规律的例证**

在一定技术条件下，当使用多种投入，但只有一种投入是可变的，来生产一种产品时，随着这种可变投入的增加，得到的产量也是增加的，但超过一定限度后，这种增加的产量就会越来越少，甚至使总产量绝对地减少。这一现象普遍存在，被称为边际收益递减规律。当这一学说在 18 世纪被提出之后，曾发生了两种观点的争论。一种观点从递减性出发，引申出了资本主义的利润趋于下降的趋势，从李嘉图以后的众多西方学者据此对资本主义抱以同情；另一种观点通过强调技术进步的作用，而强烈批判了这一规律，认为它抹杀了技术进步对收益递减的反作用，马克思主义的经济学从列宁开始就非常强调这一批判性的结论。

实际上，技术进步因素在产量变化过程中到底重要不重要，主要与我们要考察的时期长短有关。假设我们是在一个充分长的时期内考察某种产品的生产，那么技术进步的因素很难不发挥作用；而在一个短期内假设技术水平没有发生变化可能会更现实一些。这样，在短期内边际收益递减应该被当做一个客观的规律来看待。说它是客观的规律，主要是因为这一规律是由生产的技术特征决定的。根据边际收益递减规律，边际产量先递增后递减，递增是暂时的，而递减则是必然的。边际产量递增是生产要素潜力发挥，生产效率提高的结果，而到一定程度之后边际产量递减，则是生产要素潜力耗尽，生产效率下降所致。

　　按照边际收益递减规律，连续追加投入，得到的产出的增加却越来越少，这似乎很可怕，但从长期着眼却也没什么了不起。自新中国成立以来，一方面人口翻了一番还多；另一方面可耕地的面积却一直在减少，然而改革开放以来，我国并没有出现所谓的"粮食危机"，这多亏了农业科技进步所发挥的作用。从边际收益递减规律的角度来看，我国没有发生"粮食危机"，主要是因为在长期中，这一规律的前提条件——技术水平不变——发生了变化。以袁隆平的事迹为例，为了提高水稻产量，他几十年如一日蹲在田间地头，经过无数次艰苦的试验和研究，终于将水稻种植技术推进到"杂交水稻"时代，大幅度地提高了水稻的产量。在袁隆平取得成就的基础上，我国科学家通过联合攻关，现在已全部破解了水稻的基因密码。这为我国今后继续大幅度提高水稻产量提供了基础。

　　"杂交水稻"的成就，给我们展示了如何正确对待边际收益递减规律。在短期，我们必须尊重边际收益递减规律，确定合理的投入限度；但在长期，通过积极地实施技术创新战略，打破边际收益递减规律的限制，可为社会谋取更大的福利。

　　在理解边际收益递减规律时，要注意以下几点：

　　第一，这一规律发生作用的前提是技术水平不变。技术水平不变是指生产中所使用的技术没有发生重大变革。现在技术进步的速度很快，但并不是每时每刻都有重大的技术突破，技术进步总是间歇式进行的，只有经过一定时期的准备之后，才会有重大的突破。例如，农业生产技术可以分为传统农业和现代农业。传统农业是以人力和简单的工具为基本技术，现代农业以机械化、电气化、化学化为基本技术。从传统农业变为现代农业，是技术发生了重大变化。在传统农业中，技术也有较小的变化（如简单生产工具的改进），但在未进入现代农业之前，则可称为技术水平不变。离开了技术水平不变这一前提，则边际收益递减规律不能成立。

　　第二，这一规律所指的是生产中使用的生产要素分为可变生产要素与不变生产要素两类。边际收益递减规律研究的是其他生产要素投入量不变，只有一种生产要素投入量变化对产量产生的影响。在农业生产中，当土地等生产要素不变时，增加施肥量；或者在工业中，当厂房设备等生产要素不变时，增加劳动力都属于这种情况。

　　第三，边际收益递减并不是一开始就递减，而是在投入的可变生产要素超过一定数量以后才出现的，它表现为一种递减的趋势。具体来说，在其他生产要素不变时，一种生产要素增加所引起的产量或收益的变动可以分为三个阶段：第一阶段表现为产量递增，即这种可变生产要素的增加使产量或收益增加；第二阶段表现为边际产量递减，即这种可变生产要素的增加仍可使总产量增加，但增加的比率（即增加的每一单位生产要素的边际产量）是递减的；第三阶段表现为产量绝对减少，即这种可变生产要素的增加会使总产量减少。

　　从理论上来讲，边际收益递减规律成立的原因在于：对于任何产品的短期生产来说，可变生产要素投入与不变生产要素投入之间存在一个最佳数量组合比例。在开始时，由不变生产要素投入量给定，则可变生产要素投入量为零，因此，生产要素投入量远远没有达到最佳的组合比例。随着可变生产要素投入量的增加，生产要素投入量逐步接近最佳的组合比例，相应地，可变生产要素的边际产量呈现出递增趋势。一旦生产要素投入量达到最佳的组合比例时，可变生产要素的边际产量达到最大值。在这一点之后，随着可变生产要素投入量的增加，生产要素的投入量越来越偏离最佳的组合比例，相应地，可变生产要素的边际产量便呈现出递减的趋势。

示例 4 - 2   **"三季稻不如两季稻"的经济学原理分析**

边际产量递减规律是从科学实验和生产实践中总结出来的,在农业生产中的作用最为明显。早在1771年,英国农学家杨格就以在相同的地块上施用不同量的肥料做实验,说明在其他耕作条件完全相同的情况下,肥料施用量与产量之间存在着边际产量递减的现象。以后,大量生产实践都证明了这一规律的存在。

在我国1958年的"大跃进"中,当时时髦的口号是"人有多大胆,地有多大产",于是一些地方把传统的两季稻改为三季稻,结果总产量反而减少了。在农业生产仍然采用传统生产技术的情况下,土地、设备、水利资源、肥料等都是固定生产要素,两季稻改为三季稻并没有改变这些固定生产要素,只是增加了可变生产要素劳动和种子。两季稻是农民长期生产经验的总结,它行之有效,说明在传统农业技术条件下,固定生产要素已经得到了充分利用。改为三季稻以后,土地过度利用引起肥力下降,设备、肥料、水利资源等由两次使用改为三次使用,每次使用量都不足。这样,三季稻的总产量就低于两季稻了。

江苏省1980年的实验结果表明,两季稻每亩①总产量达1 007千克,而三季稻只有755千克,更不用说两季稻还节省了生产成本。群众总结的经验是"三三见九,不如二五一十"。

三、总产量、平均产量和边际产量的图形及相互关系

1. 总产量、平均产量和边际产量的图形

根据上文总产量、平均产量和边际产量的定义及公式,可以编制一张关于一种可变生产要素的生产函数的总产量、平均产量、边际产量的表格,如表4-1所示。

表4-1 劳动力投入与总产量、平均产量、边际产量之间的关系表

资本 (K)	劳动力 (L)	总产量 (TP)	平均产量 (AP)	边际产量 (MP)
10	0	0	0	—
10	1	3	3	3
10	2	8	4	5
10	3	12	4	4
10	4	15	3.8	3
10	5	17	3.4	2
10	6	17	2.8	0
10	7	16	2.3	-1
10	8	13	1.6	-3

根据表4-1,可以作出图4-1。在图4-1中,横轴代表劳动力投入量,纵轴代表产量。TP为总产量曲线,AP为平均产量曲线,MP为边际产量曲线。将总产量曲线、平均产量曲线和边际产量曲线置于同一坐标中,来分析三个产量概念之间的相互关系。图4-1就是这样一张标准的一种可变生产要素的生产函数的产量曲线图,它反映了短期生产的有关产量曲线相互之间的关系。

---

① 1亩=666.6平方米。

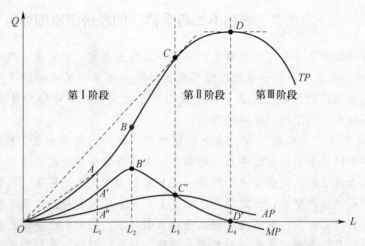

图 4 - 1　总产量、平均产量、边际产量之间的关系曲线图

在图中，横轴代表劳动力投入量，纵轴代表产量，TP，AP，MP 这三条线的形状分别为：

（1）总产量。在一定技术条件下，变动投入要素与某一固定要素相结合所能生产的最大产量，叫总产量（TP）。通常情况下，在变动投入刚开始增加时，总产量增加得比较快，以后总产量增加的速度会越来越慢，到后来可能停止增加，甚至下降。

（2）平均产量。在一定技术条件及其他投入要素保持不变的情况下，平均每单位变动投入要素与总产量之比，为该要素的平均产量（AP）。它等于总产量除以变动投入要素的数量。先增加，后减少，但平均产量总是大于零。

（3）边际产量。在一定技术条件下，其他投入要素都保持不变，每增加一个单位变动投入要素所引起总产量的变动量，称作此时这种投入要素的边际产量（MP）。边际产量与平均产量开始时都是随着变动投入的增加而增加，然后会随变动投入的过度增加而下降。

2. 总产量、平均产量和边际产量的相互关系

TP 为总产量曲线，AP 为平均产量曲线，MP 为边际产量曲线，分别表示随劳动力量变动的总产量、平均产量和边际产量之间的关系有如下几个特点：

第一，在资本投入不变的情况下，随着劳动力投入量的增加，最初总产量、平均产量和边际产量都是递增的，但是各自增加到一定程度后就开始递减。所以，总产量曲线、平均产量曲线和边际产量曲线都是先增加后减少，这反映了边际收益递减规律。

第二，边际产量与平均产量相交于平均产量的最高点。在相交前，平均产量是递增的，边际产量大于平均产量；在相交后，平均产量是递减的，边际产量小于平均产量；在相交时，平均产量等于边际产量，平均产量达到最大。

第三，当边际产量为零时，总产量达到最大；当边际产量为正时（边际产量曲线在横轴以上），总产量递增；当边际产量为负时（边际产量曲线在横轴以下），总产量递减。

四、一种可变生产要素的合理投入区域

根据总产量、平均产量、边际产量随着变动投入要素变动的变化关系，还可以将生产分为三个阶段：

第一阶段：这一阶段从生产的初始阶段开始，一直到平均产量达到最大值为止。在该阶段中，边际产量先是递增，达到最大，然后递减，但边际产量大于平均产量。而总产量和平

均产量都是递增的。

第二阶段：这一阶段从平均产量最大值开始，到边际产量为零结束。在该阶段中，边际产量是递减的，但仍大于零，然而由于边际产量小于平均产量，使平均产量下降，但总产量还在继续上升。

第三阶段：这一阶段中边际产量为负值，总产量开始下降。

理性的生产者既不会将生产停留在第一阶段，也不会将生产扩张到第三阶段，而是将生产放在第二阶段进行。因为第二阶段是唯一的一个可变投入和固定投入都合理的阶段。生产者既可以得到由于第一阶段增加可变投入要素带来的全部好处，又可以避免将可变要素投入增加到第三阶段而带来的不利影响。

从以上的分析可以看出，劳动力的增加应该在第二阶段。但应该在第二阶段哪一点上还应该考虑其他因素。一方面，要考虑厂商的目标，如果厂商的目标要使平均产量最大，那么，劳动力的投入量选择 L_3（图4-1）点就可以了；如果厂商的目标要使总产量达到最大，那么，劳动力的投入量可以增加到 L_4（图4-1）点。另一方面，如果厂商以利润最大化为目标，那么就要考虑成本、产品价格等因素。因为平均产量最大时，并不一定利润就是最大的；总产量最大时，利润也并不一定是最大的。劳动力投入量到底在哪一点能够实现利润的最大化，还要结合厂商的成本和产品的价格来考虑。

第三节　两种可变生产要素的合理投入

厂商的生产要素很多，但是为了研究问题的方便，我们假设厂商在生产过程中只使用两种生产要素，那么，长期生产我们就可以定义为两种生产要素可以调节的生产。假设厂商在长期生产中只投入两种生产要素，即劳动力和资本。

长期的生产函数就可以表示为：

$$Q = f(L, K) \tag{4-13}$$

一、等产量线

1. 等产量线的含义

等产量线是表示两种生产要素的不同数量的组合可以给生产者带来相等产量的一条曲线；或者说是表示某一固定数量的产品，可以用所需要的两种生产要素的不同数量的组合生产出来的一条曲线。

例如，某生产者在一定的技术水平条件下，用资本（K）与劳动力（L）两种生产要素生产某种产品。两种生产要素可以有 a，b，c，d 四种不同的组合方式，这四种组合方式都可以生产出相同的产量，如表4-2所示。

表4-2　等产量表

组合方式	资本投入量	劳动力投入量
a	6	1
b	3	2
c	2	3
d	1	6

根据表4-2，可以画出图4-2。

在图4-2中，横轴代表劳动投入量，纵轴代表资本投入量，Q 即为等产量线，即线上任何一点所表示的资本与劳动力不同数量的组合，都能生产出相等的产量。等产量线与无差异曲线相似，所不同的是，等产量线代表的是产量，而不是效用。

2. 等产量线的特征

第一，等产量线向右下方倾斜，斜率为负。这说明，生产者为了达到相同的产量，在生产要素可以相互替代的阶段，如果增加一种生产要素的投入，就必须减少另一种生产要素的投入。若两种生产要素同时增加则产量会增加，反之，产量会减少。

第二，在同一平面上，可以有无数等产量线。同一条等产量线上的不同点表示相同的产量，不同的等产量线表示不同的产量。离原点越近的等产量线代表的产量越低；离原点越远的等产量线代表的产量越高。在图4-3中，三条等产量线的产量水平顺序是：$Q_1 < Q_2 < Q_3$。

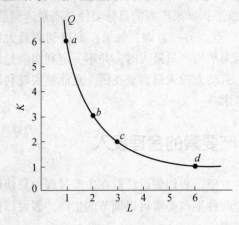

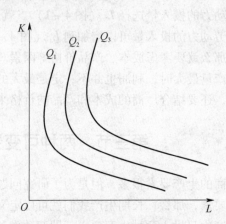

图4-2　等产量线　　　　　　图4-3　等产量线的产量水平

第三，在同一平面上的任意两条等产量线不能相交。

用反证法证明如下：

如果等产量线可以相交，如图4-4所示，取 A，B，C 三点，用 Q_A，Q_B，Q_C 来表示 A，B，C 三点的产量水平。则有：

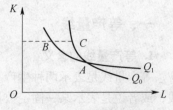

$$Q_A = Q_B, Q_A = Q_C \Rightarrow Q_B = Q_C$$

但显然 $Q_C > Q_B$，故与假设矛盾，说明等产量线不可能相交。

图4-4　等产量线相交的情况

第四，等产量线凸向原点。这是由边际技术替代率递减规律所决定的。

3. 边际技术替代率

1）边际技术替代率的概念

边际技术替代率（$MRTS$），是指在维持产量水平不变的条件下，增加一单位某种生产要素投入量时所减少的另一种要素的投入数量。它是一个与等产量线相联系的概念。

劳动对资本的边际技术替代率的定义公式为：

$$MRTS_{LK} = -\Delta K / \Delta L \qquad (4-14)$$

如果某一种生产要素的变动量非常小，如当 $\Delta L \to 0$ 时，相应的边际技术替代率的定义公式为：

$$MRTS_{LK} = \left| \frac{\Delta K}{\Delta L} \right| = \left| \frac{\mathrm{d}K}{\mathrm{d}L} \right| \qquad (4-15)$$

式中，$MRTS_{LK}$ 是劳动对资本的边际技术替代率，ΔL 是在保证产量不变的前提下增加的劳动投入量，ΔK 是替换出的资本数量。由于在产量不变的前提下，增加一种要素投入就要减少另一种要素的投入，因此边际技术替代率应为负值。但为计算方便起见，在其前面加一负号，或加上绝对值符号。

2）边际技术替代率递减规律

在两种生产要素相互替代的过程中，在维持产量不变的前提下，当一种生产要素的投入量不断增加时，每一单位的这种生产要素所能替代的另一生产要素的数量是递减的。这一现象被称为边际技术替代率递减规律。

边际技术替代率递减的主要原因在于：任何一种产品的生产技术都要求各要素投入之间有适当的比例，这意味着要素之间的替代是有限的。在劳动投入增加到相当多的数量和资本投入量减少到相当少的数量的情况下，再用劳动去替代资本就将是很困难的了。等产量线一般具有凸向原点的特征，等产量线之所以具有这一特征是由边际技术替代率递减规律所决定的。

4. 脊线

虽然等产量线上所有各点所表示的两种生产要素的不同组合都能生产出相同的产量，但生产者并不会任意选择某一种组合来组织生产。因为在一条完整的等产量线上的某些区域所表示的生产要素的组合是明显不合理的。我们用图 4-5 来说明这一点。

在图 4-5 中，Q_1 是一条等产量线，我们用 a，a' 两点将该等产量线分成三个部分。中间部分的等产量线的斜率是负数，这就是我们在讨论等产量线斜率时所提到的生产要素的合理组合区域。在这个区域内，生产要素可以相互替代，因而它是可以被选择的生产要素组合区域。在 aa' 区域以外的两个区域，等产量线的斜率为正数。这说明在这两个区域，生产要素的组合极不合理，生产要素间不能有

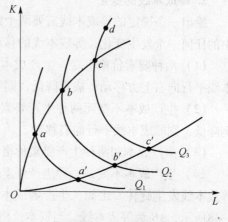

图 4-5 脊线

效替代。为了保证产量不变，增加一种要素的投入就必须同时增加另一种要素的投入。显然，这是不能被选择的生产要素组合区域。

如果厂商的生产规模不断扩大，产量水平不断提高，则等产量线不断向外移动。如在图 4-5 中，等产量线由 Q_1 移动到 Q_2，Q_3。将各条等产量线上斜率为负数的区域的两端点与坐标原点都连接起来，就形成了两条脊线。脊线表示在产量不断扩大过程中的生产的经济区域。脊线说明了两种生产要素的有效替代范围，即在脊线以内是生产要素的有效替代范围，是可以被选择的要素组合范围。而脊线以外，由于要素间不能有效替代，因而是不能被选择的要素组合范围。

二、等成本线

1. 等成本线的概念

等成本线又称企业预算线。它是一条表明在生产者成本、生产要素价格既定的条件下，

生产者所有购买到的两种生产要素最大数量组合的线。等成本线很类似于消费理论中的家庭预算线。

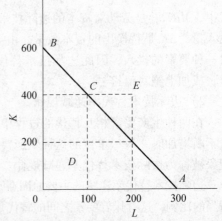

假设某生产者有货币成本 $C = 600$ 元，为生产某种产品需要投入劳动与资本两种生产要素，其中劳动的价格 $P_L = 2$ 元，资本的价格 $P_K = 1$ 元。根据以上条件可以绘出一条等成本线。当劳动投入量 $K = 0$ 时，则资本投入量 $K = 600$；当 $K = 0$ 时，则 $L = 300$。这样就可以绘出图 4 - 6，图 4 - 6 中的 AB 线就是一条 $C = 600$ 元的等成本线。等成本线一定是一条直线。

等成本线表示：线上任何一点所表示的两种生产要素的组合方式虽都不相同，但它们的成本支出都是相同的（如 A，B，C 点）。线内的任何一点所表示的要素组合方式（如 D 点）的成本支出都小于生产者的既定成本。线外的任何一点所表示的要素组合方式（如 E 点）的成本支出都大于生产者的既定成本。

图 4 - 6　等成本线

2. 等成本线的变化

绘出一条确定的等成本线需要两个条件：生产成本既定和生产要素价格既定。两个条件中的任何一个发生变化，等成本线的移动有下述几种情况：

（1）两种要素价格不变，生产成本变化会引起等成本线平行移动。成本增加，则等成本线平行向右上方移动；成本降低，则等成本线平行向左下方移动。如图 4 - 7 所示。

（2）生产成本不变而两种生产要素价格同比例增加，则等成本线平行向左移动；同比例降低，则等成本线平行向右移动。

（3）生产成本和两种生产要素价格同方向、同比例变化，则等成本线位置不变。

（4）生产成本不变，一种生产要素的价格不变，只有另外一种生产要素的价格变化时，等成本线发生旋转。比如，生产者成本不变，劳动力价格不变，只有资本价格增加，如图 4 - 8 所示，AB 为等成本线，当资本价格上升的时候，等成本线 AB 会绕着 A 点逆时针旋转至 AB_1 位置。等成本线的变化如图 4 - 8 所示。

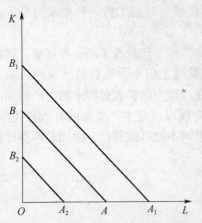

图 4 - 7　生产成本变化对等成本线的影响

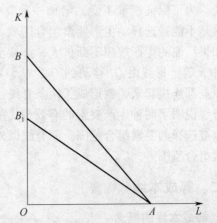

图 4 - 8　一种生产要素价格变化对等成本线的影响

三、生产要素最适组合

我们将等产量线和等成本线结合在一起进行分析生产要素的最适组合。生产者均衡是指生产者将两种生产要素进行最优组合，以实现利润最大化。生产者的利润最大化既可以是成本既定下的产量最大，也可以是产量既定下的成本最小。

1. 成本既定，产量最大

如果把等产量线与等成本线合在一个图上，那么，等成本线必定与无数条等产量线中的一条相切于一点。在这个切点上，就实现了生产要素最适组合，可以用图4–9来说明这一点。

在图4–9中，Q_1、Q_2、Q_3为三条等产量线，其产量大小依次为$Q_1 < Q_2 < Q_3$，AB线为等成本线。AB线与Q_2相切于E点，这时实现了生产要素的最适组合。也就是说，在生产者的货币成本与生产要素价格既定的条件下，ON的劳动与OM的资本结合，就可以实现利润最大化，即既定成本下产量最大。

2. 产量既定，成本最小

如同厂商在既定成本条件下力求实现产量最大化一样，厂商也可以在既定产量条件下实现总成本最小化。它同样也可以从等成本线与等产量线的切点上求得最优解。

在图4–10中，AB、A_1B_1、A_2B_2为三条等成本线，其成本大小依次为$A_1B_1 < AB < A_2B_2$，Q线为等产量线。AB线与Q相切于E点，这时实现了生产要素的最适组合。也就是说，在生产者产量既定的情况下，相切时实现了成本最小，就可以实现利润最大化，即既定产量下成本最小。

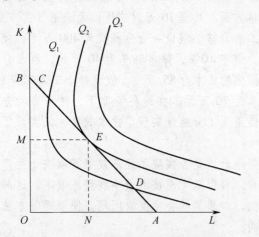

图4–9　生产要素最适组合的曲线图
（成本既定，产量最大）

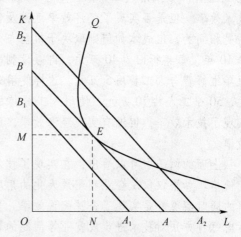

图4–10　生产要素最适组合的曲线图
（产量既定，成本最小）

为什么只有在E点时才能实现生产要素的最适组合呢？以成本既定，产量最大为例来说明。从图4–9中看，C，E，D点都是相同的成本，这时C和D点在Q_1上，而E点在Q_2上，$Q_2 > Q_1$，所以E点的产量是既定成本时的最大产量。在Q_2上产量是相同的，除E点外，其他两种生产要素组合的点都在AB线之外，成本大于E点，所以E点时的成本是既定产量时的最小成本。等产量线上E点的斜率是E点的劳动和资本的边际技术替代率。

$$等产量线的斜率 = -\Delta K / \Delta L = -MP_L / MP_K$$

$$等成本线的斜率 = -P_L / P_K$$

在 E 点上，两条线的斜率恰好相等，即劳动与资本的边际技术替代率等于生产要素的价格比率，用公式表示为：

$$MP_L/MP_K = P_L/P_K$$

因此，既定成本下产量最大的条件或既定产量下的成本最小的条件是：两种生产要素的边际产量之比等于价格之比。

四、规模经济

1. 规模经济的定义

规模经济就是指在技术不变的情况下，当两种生产要素按同样的比例增加，最初会使产量增加比例大于生产规模的扩大，当规模扩大到一定限度时，则会出现产量增加的比例小于规模扩大的比例，甚至是生产量绝对减少，出现规模不经济。

理解这一规律要注意以下三点：

（1）规模经济发生作用的条件是以技术不变为前提的。技术不变指的是技术没有发生重大变革。

示例 4 - 3　　　　　　　　　　**引进自动分拣机是好事还是坏事？**

近年来，我国邮政行业实行信件分拣自动化，引进自动分拣机代替工人分拣信件，也就是多用资本而少用劳动。假设某邮局引进一台自动分拣机，只需一人管理，每日可以处理 10 万封信件。如果用人工分拣，处理 10 万封信件需要 50 个工人。在这两种情况下都实现了技术效率。但是否实现了经济效率还涉及价格方面。处理 10 万封信件，无论用什么方法，收益是相同的，但成本如何则取决于机器与人工的价格。假设一台分拣机为 400 万元，使用寿命 10 年，每年折旧为 40 万元，再假设利率为每年 10%，每年利息为 40 万元，再加分拣机每年维修费与人工费用 5 万元。这样使用分拣机的成本为 85 万元。假设每个工人工资 1.4 万元，50 个工人共 70 万元，使用人工分拣成本为 70 万元。在这种情况下，使用自动分拣机实现了技术效率，但没有实现经济效率，而使用人工分拣既实现了技术效率，又实现了经济效率。

从上面的例子中可以看出，在实现了技术效率时，是否实现了经济效率就取决于生产要素的价格。如果仅仅从企业利润最大化的角度看，可以只考虑技术效率和经济效率。这两种效率的同时实现就是实现了资源配置效率。当然，如果从社会角度看问题，使用哪种方法还要考虑每种方法对技术进步或就业等问题的影响。

（2）在生产中使用的两种可变投入要素是按同比例增加的，且不考虑技术系数的变化的影响，以及由于生产组织规模的调整对产量的影响。例如，由于若干企业发生合并，而使产量发生变化的这种影响也不予考虑。

这与在前两节的生产理论分析中所讨论的生产要素的相互关系不同。边际收益递减问题研究的是其他生产要素不变，一种可变的生产要素的不同投入对产量的影响，其中生产要素之间的组合比例是会发生变化的。也正是由于这种变化，才会引起边际收益的改变。生产者均衡问题研究的是在产量或成本既定条件下，如何通过改善生产要素的组合比例来实现利润最大化。其中，生产要素间的组合比例也是会发生变化的。而规模经济问题则是讨论所有的生产要素按相同比例变化所引起的产量或收益的变化问题。例如，生产中只使用劳动和资本两种生产要素，若劳动和资本都同比例增加了，则产量会增加，但产量增加的幅度可能和劳动与资本同比例增加的幅度有所不同，这才是规模经济所要研究的问题。也就是说，规模经济研究在生产函数中技术系数不变的情况下投入与产出之间的关系。

（3）两种生产要素增加所引起的产量或收益变动情况，就如同边际收益递减规律发生作用一样，也有规模收益递增、规模收益不变、规模收益递减三个阶段。

规模收益递增这是指产量增加的幅度大于规模扩大的幅度。例如，规模扩大了一倍，导致产量扩大了两倍。可以用生产函数来说明这一点。若生产函数为：

$$Q = AL^\alpha K^\beta \qquad\qquad (4-16)$$

其中 Q 代表产量，A 是一个常数，L，K 分别代表劳动力和资本的投入量，α，β 分别表示劳动力 L 和资本 K 对产量影响的程度。当 $\alpha+\beta>1$ 时，为规模收益递增，表示劳动力和资本的同比例增加会引起产量更大幅度的增加。

规模收益不变是指产量增加的幅度与规模扩大的幅度相同。例如，生产规模扩大一倍，产量因此也扩大了一倍。在上述生产函数中，若 $\alpha+\beta=1$，表示规模收益不变。

规模收益递减是指产量增加的幅度小于规模扩大的幅度。例如，规模扩大了一倍，而产量只增加了不到一倍。在规模收益递减的生产函数中，$\alpha+\beta<1$，表示规模收益递减。

一般而言，随着企业规模的不断扩大，在开始会出现模收益递增，然后会有一段较长的规模收益不变阶段，最后，会出现规模收益递减。另外，不同行业的规模收益变化也会不同。

示例 4-4　　　　　　　　　　**马胜利"失利"**

1984 年，马胜利竞争上岗，担任石家庄市造纸厂厂长，率先敲响国有企业改革的钟声。他将整个身心都扑在厂里，把一个亏损企业变成盈利企业，把一个破烂工厂变成花园工厂。一时间，优秀企业家、人大代表、有突出贡献的专家……一项项殊荣纷至沓来。

1987 年，马胜利造纸企业集团正式成立，目标是"大托拉斯"。但是，他并未分清经济规模与规模经济，竟在一年之内先后承包全国 9 个省的 36 个造纸企业（其中 27 个为亏损企业），还决心搞上 100 家。由于制度上、技术上没有创新，只是低水平扩张，效果很不理想。1994 年，只有 56 岁的马胜利接到上级命令：提前退休。

马胜利曾是国有企业改革中功勋卓著、名噪一时的胜利者。退休后的马胜利痛定思痛，总结了自己的"十大失误"，其中之一便是错把经济规模当规模经济。

2. 内在经济和内在不经济

生产规模的扩大之所以会引起产量的不同变动，可以用内在经济和内在不经济进行解释。规模收益递增的原因是内在经济，规模收益递减的原因是内在不经济。

1）内在经济

内在经济是指一个厂商的生产规模扩大是由自身内部引起的产量的增加。引起内在经济的原因主要有：

第一，可以使用更加先进的机器设备，从而提高劳动生产率。当企业规模较小时无力购买先进的大型设备，即使购买了，由于产量较小也不能充分发挥作用。只有在大规模生产中，大型设备才能充分发挥作用，提高生产效率。

第二，可以实行专业化生产。在大规模生产中，专业化分工可以更加精细，这样可以提高工人的技术水平和熟练程度，提高劳动生产效率。

第三，可以提高管理效率。各种不同的生产规模所需要的管理机构都是大同小异的，规模越小，管理人员比例越高，产品成本中的管理成本比重越大。扩大生产规模，可以降低管理人员比例，提高企业的管理效率。

第四，在生产要素的购买与产品的销售方面也会更有利。大规模生产所需的生产要素，如原料、能源等的数量较大，因而大企业不但可以从供应商那里以较低的批发价格购买生产要素，还有可能在生产要素市场上形成垄断，以更低的价格购买生产要素，从而降低产品成本。

2）内在不经济

如果一个厂商由于本身生产规模过大而引起的产量或者收益减少，就是内在不经济。引起内在不经济的原因主要有：

第一，管理效率的降低。人浮于事，不便于管理。生产规模过大有可能使管理机构规模过大，层次过多，不够灵活。管理中也有可能出现相互扯皮、相互争功等不协调因素，这些都会使管理效率降低。管理效率降低，企业规模扩大，但是内部管理松散，管理结构过于复杂，信息的传递时间过长，失真度也会提高。还有就是生产要素的价格与销售费用之间的增加同样会导致内在不经济。

第二，生产要素价格和销售费用增加。在产品市场需求量有限的情况下，如企业规模过大，产品过多，有可能造成产品供过于求，使产品价格下降。若产品销售出现困难，企业必然要增加销售人员，又提高了企业的销售费用。

综上所述，企业的规模扩大有可能造成内在经济，也有可能造成内在不经济。内在经济与内在不经济往往在企业规模扩大过程中是同时出现的。因而判断企业规模扩大是否合理，应以规模收益变化为准。

3. 外在经济与外在不经济

前面提到，规模经济的另一层含义是指行业规模变化对行业内每一个企业的影响。若行业规模扩大使企业产量或收益增加就是外在经济。引起外在经济的原因包括：单个企业可以从整个行业规模扩大中获得行业内专业化分工所带来的更多的市场信息与采购、产品销售、金融保险、"三废"处理等服务。这些产前、产中及产后的社会服务都会使企业成本降低，产生规模经济效益。

但是，一个行业的规模过大也有可能使单个厂商的行业环境恶化，产生外部不经济。例如，行业规模过大可能使产品供给增加、产品价格下降，导致产品销售出现困难；还可能使原材料价格上涨、交通运输紧张、环境污染加剧等，因而使单个厂商的生产成本提高。

4. 适度规模

对于一个企业来讲，规模不是越大越好，也不是越小越好，不同的企业要确定自己适度的规模。所谓适度规模就是指两种生产要素的增加使规模扩大的同时，并使产量或收益达到最大。

对于不同行业的厂商来说，适度规模的大小是不相同的，确定适度规模时应主要考虑如下三个方面的因素。

1）行业的技术特点

一般而言，资本密集型行业的适度规模较大，而劳动密集型行业的适度规模较小。资本密集型的产业，如汽车、冶金、造船、化工等部门所需投资量较大。规模越大的企业越有能力购置大型的、先进的生产和检验设备，所生产的产品成本较低且质量可靠，在行业竞争中处于有利地位。劳动密集型产业，如传统农业、服装行业、餐饮服务行业，由于其主要投入的生产要素是劳动，因而对劳动的监督和管理成为企业降低成本的关键。小规模生产对劳动的管理显然要优于大规模生产，因而这些行业往往适度规模较小。

2）市场需求的影响

一般而言，行业市场容量的大小也制约着企业规模。市场需求量大，产品的标准化程度高，其适度规模就大，反之，适度规模就小。由于产品的标准化程度较高，市场容量较大，对大规模生产有利。例如，重工业中的冶金、化工等行业的规模就较大。反之，标准化程度较低、市场容量较小的行业，适度规模就应该小一些。例如，餐饮业、服务业、服装业，由于其产品和服务的标准千差万别，每一标准的产品市场需求量都很小，而且产品的市场需求变化又很快，因而只有小规模企业才能适应这种瞬息万变的市场需求，这就是"船小好掉头"。一般而言，一些重要的行业，国际都有通行的适度规模标准。例如，彩色显像管年产200万套，电冰箱年产50万~80万台等。而我国的现有规模一般还偏小，因而促进产业的集中是我国政府当前重要的产业政策。

3）生产力水平

随着技术进步、生产水平提高，适度规模的标准也是不断变化的。例如，20世纪50年代汽车行业的适度规模是年产30万辆，但到90年代，汽车行业的适度规模已达到200万辆。因而对适度规模的认识应该是动态的。

另外，产业集中是扩大规模的主要方式，但不是唯一方式。现代商业中的连锁经营也可以降低成本，扩大收益，它也是规模经济的一种形式。

示例 4-5　　　　　　　　　　　　　亚当·斯密的观察

亚当·斯密在其名著的《国民财富的性质和原因的研究》中列举一个扣针厂的例子来说明大规模生产的好处。他写道："一个人抽丝，另一个人拉直，第三个人截断，第四个人削尖，第五个人磨光顶端以便安装圆头；做圆头要有两三道不同的操作，安装圆头是一项专门的业务，把针涂白是另一项业务，甚至将扣针装进纸盒也是一门职业。"亚当·斯密说，由于这种专业化，扣针厂每个工人每天生产几千枚扣针。他得出的结论是：如果工人选择分开工作，而不是作为一个专业工作的团队，"那他们肯定不能每人每天制造出20枚扣针，或许连一枚扣针也造不出来"。由于专业化的分工，大扣针厂可以比小扣针厂实现更多的人均产量和每枚扣针更低的平均成本。工人之间的专业化和由此引起的规模效益给亚当·斯密留下了深刻的印象。

第四节　生产者行为理论的局限性

关于本章所介绍的生产论，有以下两点值得读者注意：

第一，人类的生产活动总是在一定形态的社会中进行的。除了鲁宾逊式的童话故事以外，很少发现个人长期单独进行生产的事例。既然生产必须在一定形态的社会中进行，那么，生产必然受到它所在的社会形态的制约。例如，资本主义社会以追求剩余价值为动机，因此，这一社会的生产必须首先服从剩余价值规律。简言之，追求利润最大化。

所以，本章所介绍的生产是一般性生产，即抽掉了生产关系后所剩下的一般条件。这些条件既然为一切社会所共存，那么，显然不能从这些条件中找到某一具体社会的生产的特点，正如人们不能从人类的共同点来识别具体个人的特征一样。这一事实告诉我们，本章所描述的生产和资本主义生产的实际情况具有一定的差距。

正如本章所介绍的内容是生产，所以它的内容与社会主义市场经济的生产有关。提醒我们：在社会主义市场经济中，为了降低生产成本，必须寻求生产要素的最适组合。社会主义市场经济的企业，也同样存在着规模收益递增、规模收益不变和规模收益递减的问题。因此，在扩大原有企业的规模和另行新建同一企业之间进行选择的时候，必须把这一点考虑在内。

第二，尽管本章所介绍的一般性生产对社会主义市场经济具有借鉴意义。但是，由于这种对一般性生产的论述抽象掉了现实的生产中的两个技术性的重要内容，所以本章的生产论与现实有相当大的差距，从而，对我国的借鉴意义受到限制。现把两个抽象掉的技术性的内容分述如下：

本章关于等产量线的介绍表明，不同数量的生产要素的组合可以得到相同的产量。然而，在现实生活中，具有一定数量的生产要素并不足以使生产得以进行。除此以外，还需要掌握生产的技术。事实上，每一种生产要素的组合代表一定的技术；一般来说，较多的劳动和较少的资本的组合往往意味着水平较低的技术，而较少的劳动和较多的资本意味着比较先进的技术。因此，等产量线的存在就等于假设一切厂商都已经掌握了从简单到先进的全部生产技术。关于这一点，西方学者承认，"新古典经济学的技术概念已经被包含在生产函数中。该函数的存在意味着技术对任何人都是免费的，从而可以为一切生产者所使用"。正是由于这一原因，厂商才能在等成本线的限制下来寻求最优的生产要素的组合。

在现实的市场经济中，由于取得技术必须付出代价，又由于技术的商业秘密的性质，任何厂商都不可能掌握由简单到先进的全部技术。例如，可口可乐的配方是一个严防外泄和高度机密的数据。在这种限制下，厂商所掌握的技术非常有限，而只能在有限的技术条件下来谋取利润。

本章介绍的生产论也抽象掉了企业家的技术创新作用。早在1911年，西方著名经济学家熊彼特已经提到了这一点。他认为，资本主义的发展主要取决于厂商的技术创新，而企业家正是技术创新的执行者。因此，在推动市场经济的发展中，企业家的技术创新起着关键性的作用。然而，在本章所介绍的生产论中，如果企业家发生作用的话，他的任务仅仅是在各种已知的技术中来选择最适合自己的一种，根本谈不上技术创新。

我们在上面指出了西方的生产论中的缺陷，其目的并不在于把它全部推翻，而是想说明：生产论与现实之间存在着很大的差异。因此，当我们把该理论应用于中国的现实时，我们必须对此加以考虑。

本章知识小结

生产函数是表明在一定的技术水平下，生产要素的数量与某种组合同它所能生产出来的最大产量之间依存关系的函数。在短期，一种或多种生产要素是固定不变的；在长期，所有生产要素都可以改变。

产量可以划分为总产量，平均产量和边际产量。假定其他条件不变而使某种生产要素连续增加，TP、AP 和 MP 呈先上升而后下降的变动趋势。TP、AP 和 MP 存在一定关系：当 MP 为零时，TP 达到最大；MP 曲线一定和 AP 曲线相交于 AP 曲线的最高点。

根据边际报酬递减规律，当连续把数量相等的某一种生产要素增加到一种或几种不变生产要素上时，最初边际产量会增加，达到最大值以后变为递减。

等产量线表示一定产量水平下生产要素的各种组合。与不同产出水平相连的等产量线可以反映生产函数。在得到一组等产量线之后，然后在成本和要素价格既定条件下得到等成本线，在等成本线和等产量线相切之处得到生产者均衡点。生产要素最优组合的条件是：两种生产要素的边际技术替代率等于两要素的价格之比，或者说，两种生产要素的边际产量分别与各自的价格之比相等。

规模经济问题分析的是生产要素按相同比例变动所引起的产量变动。企业的规模经济变动可分为规模收益递增、规模收益不变和规模收益递减三种情形。

习 题

一、名词解释

短期　长期　等产量线　等成本线　边际技术替代率

二、单项选择题

1. 根据可变要素的总产量曲线、平均产量曲线和边际产量曲线之间的关系，可将生产划分为三个阶段，任何理性的生产者都会将生产选择在（　　）。
   A. 第Ⅰ阶段　　　　　B. 第Ⅱ阶段　　　　　C. 第Ⅲ阶段　　　　　D. 任意一个阶段

2. 当其他生产要素不变，而一种生产要素增加时（　　）。
   A. 总产量会一直增加　　　　　　　　B. 总产量会一直减少
   C. 总产量先增加而后减少　　　　　　D. 总产量先减少而后增加

3. 等成本线平行向外移动表明（　　）。
   A. 生产要素的价格按相同比例降低了　　B. 生产要素的价格按相同比例提高了
   C. 生产要素的价格按不同比例提高了　　D. 生产要素的价格按不同比例降低了

4. 等成本线绕着它与纵轴 Y 的交点向外移动表明（　　）。
   A. 生产要素 Y 的价格下降了　　　　　B. 生产要素 X 的价格上升了
   C. 生产要素 X 的价格下降了　　　　　D. 生产要素 Y 的价格上升了

5. 当总产量达到最大时（　　）。
   A. 边际产量为正　　　　　　　　　　B. 边际产量为负
   C. 边际产量为零　　　　　　　　　　D. 边际产量递增

6. 如果连续地增加某种生产要素，在总产量达到最大时，边际产量曲线（　　）。
   A. 与平均产量曲线相交　　　　　　　B. 与总产量曲线相交
   C. 与横轴相交　　　　　　　　　　　D. 与纵轴相交

7. 当边际产量大于平均产量时（　　）。
   A. 平均产量递增　　　　　　　　　　B. 平均产量递减
   C. 平均产量不变　　　　　　　　　　D. 平均产量先递增后递减

8. 总产量处于递增阶段时，边际产量（　　）。
   A. 递减　　　　　B. 递增　　　　　C. 为正　　　　　D. 为负

9. 某企业发现，在现有投入组合下，劳动与资本间边际产量之比大于劳动与资本间价格之比，那么，（　　）。
    A. 要增加产量，必须增加成本　　　　　B. 现有投入组合可能是较好的
    C. 应增大劳动投入比例　　　　　　　　D. 应增大资本投入比例

10. 如果以横轴表示劳动，纵轴表示资本，则等成本线的斜率为（　　）。
    A. $-P_L/P_K$　　　　　B. P_L/P_K　　　　　C. P_K/P_L　　　　　D. $-P_K/P_L$

11. 下列说法中错误的一项是（　　）。
    A. 只要总产量减少，边际产量一定是负数
    B. 只要边际产量减少，总产量也一定减少
    C. 随着某种生产要素投入量的增加，边际产量和平均产量增加到一定程度后将趋于下降，其中边际产量的下降一定先于平均产量
    D. 边际产量曲线一定在平均产量曲线的最高点与之相交

12. 边际收益递减规律所研究的问题是（　　）。
    A. 各种生产要素同时变动对产量的影响
    B. 技术水平不变，其他生产要素不变，两种生产要素变动对产量的影响
    C. 技术水平不变，其他生产要素不变，一种生产要素变动对产量的影响
    D. 一种生产要素不变，其他几种生产要素变动时对产量的影响

13. 如果规模收益不变，单位时间里劳动力使用增加10%，资本量保持不变，产出将（　　）。
    A. 增加10%　　　　B. 减少10%　　　　C. 增加大于10%　　　　D. 增加小于10%

14. 规模报酬递减是在下述什么情况下发生的（　　）。
    A. 按比例连续增加各种生产要素
    B. 不按比例连续增加各种生产要素
    C. 连续地投入某种生产要素而保持其他生产要素不变
    D. 上述都正确

15. 在生产技术水平不变的条件下，生产同一产量的两种不同的生产要素的不同组合构成的曲线是（　　）。
    A. 无差异曲线　　　　　　　　　　　B. 等成本曲线
    C. 等产量曲线　　　　　　　　　　　D. 生产可能线

三、填空题

1. 生产要素分为_____、_____、土地和企业家才能。

2. 等成本线是一条表明在_____与_____既定的条件下，生产者所能购买到的两种生产要素的最大组合的线。

3. 当边际产量为零时，_____达到最大。

4. 边际产量曲线与平均产量曲线相交于平均产量曲线的_____。在相交前，边际产量_____平均产量；在相交后，边际产量_____平均产量；在相交时，边际产量_____平均产量，_____达到最大。

5. 根据等产量线与等成本线相结合的分析，生产要素最适组合之点是_____，这时就是_____或者_____。

6. 在同一等产量线图中，离原点越远的等产量线，所代表的产量_____，离原点越近的等产量线，所代表的产量_____。

7. 等产量线是一条向_____倾斜的线，其斜率为_____。

四、思考题

1. 在一种可变投入生产函数条件下，画图说明厂商应如何确定可变要素的合理投入区域。

2. 什么是等产量线？有哪些特征？

3. 用图示说明生产者均衡的两种情况。

五、计算题

假设某厂产品的总产量函数为：$TP = 72L + 15L^2 - L^3$，求：

（1）当 $L = 7$ 时，边际产量 MP 是多少？

（2）L 的投入量为多大时，边际产量 MP 将开始递减？

（3）雇用劳动力最佳数量是什么范围？

第五章

市场理论

学习目标

* 掌握市场结构和特征。
* 掌握不同市场结构的均衡条件。
* 理解市场和企业的相关概念。

经济学家：阿尔弗雷德·马歇尔（Alfred Marshall，英，1842—1924）

简介：近代英国最著名的经济学家，新古典学派的创始人，剑桥大学经济学教授，19世纪末20世纪初英国经济学界最重要的人物之一。

主要贡献：马歇尔的最主要著作是1890年出版的《经济学原理》。该书在西方经济学界被公认为划时代的著作，也是继《国富论》之后最伟大的经济学著作。该书所阐述的经济学说被看做是英国古典政治经济学的继续和发展。以马歇尔为核心而形成的新古典学派在长达40年的时间里在西方经济学界一直占据着支配地位。马歇尔经济学说的核心是均衡价格论，而《经济学原理》正是对均衡价格论的论证和引申。他认为，市场价格决定于供、需双方的力量均衡，犹如剪刀的两翼，是同时起作用的。

导入案例

如果你们当地的某一加油站把汽油的价格提高20%，你就会发现销售量大幅度下降，它的顾客会很快转而去买其他加油站的汽油。与此相比，如果你们当地的电力公司提高电价20%，你就会发现电的销售量只有微不足道的减少。人们会采取些节电措施，换一只节电的灯管，把空调的温度调高一些，但他们很难让用电量大幅度减少。汽油市场和电力市场的差别在于：当地有许多加油站，而只有一家供电企业。正是这种市场结构的差别影响了企业的定价与生产决策。

本章考察不同市场结构下的企业行为，即分析在不同的市场条件下企业如何确定自己的产量和价格，以实现利润最大化的目标。

第一节 市场结构

案例分析 5-1

1977 年，英国人弗雷迪·雷克办了一家名为"雷克"的航空公司，经营从伦敦飞往纽约的航班，票价是 132 美元，远远低于当时的最低票价 382 美元。毫无疑问，其票价非常具有竞争力。事实证明，雷克公司成立后，发展非常迅速，到 1981 年，其年营业额达到 5 亿美元，连其竞争对手一些老牌的世界知名航空公司也感到了威胁。但是好景不长，到了 1982 年雷克公司破产，从此销声匿迹。

究竟发生了什么事？原来包括泛美、环球、英航和其他航空公司在内的竞争对手们采取了联合行动，一致大幅降低票价，甚至低于雷克的票价，而且还达成协议，运用各自的影响力阻止各大金融机构向雷克公司贷款，使其难以筹措资金。这些手段最终导致雷克公司的破产。一旦把雷克挤出市场，他们的票价马上回到了原来的水平。

但弗雷迪并不甘心，他依照美国反垄断法提出诉讼，指责上述公司联手实施价格垄断，为了驱逐一个不愿意接受其"游戏规则"的公司，不惜采用毁灭价格来达到目的。1985 年 8 月，被告各公司以 800 万美元的代价同雷克公司达成庭外和解，雷克随即撤诉。

赔款达成和解不等于认罪。从技术上讲，没有官方的说法来认定雷克公司是被垄断价格驱逐出市场的，但是这个案例已经明显透露出一个威胁信号，即如果有人企图加入跨越大西洋的航空市场，他必须首先考虑其中可能面临的破产威胁。

试分析：（1）其他航空公司为什么要联合起来对付雷克公司？
（2）他们为什么能够取得成功？

要了解生产者的产量与市场定价，首先要对市场以及市场的结构作一些了解，掌握各种市场条件下产品的品质、价格等特点，以利于生产者的定价决策。

一、市场

每一个企业都面临着不同的市场。在不同的市场条件下，企业所面临的需求状况是有差异的，但无论是在什么市场上，都要决定应该如何确定自己的产量与价格，以便实现利润最大化，这就是企业的竞争策略。

市场是指从事某一种商品买卖的交易场所或接触点。它是由消费者和生产该商品的厂商构成的，它可以是有形的，也可是无形的。一个市场不一定甚至不是一个单一的地点，而是一个区域。例如，黄金、钻石及有政府担保的金边证券等有世界区域的市场，而一些价值低、重量大的商品，如沙、砖等，其市场往往缩小到地区或地方范围。行业是指制造或提供同一产品或类似产品或劳务的厂商的集合。

二、市场结构

市场结构是指市场的垄断与竞争程度，各个市场的竞争与垄断程度不同形成了不同的市场结构，市场结构可根据以下因素来划分：

第一，市场上厂商的数目；

第二，厂商之间各自提供的产品的差别程度；

第三，单个厂商对市场价格控制的程度；

第四，厂商进入或退出一个行业的难易程度。

市场一般可分为完全竞争、垄断竞争、寡头竞争、完全垄断四种类型，完全竞争和完全垄断是两个极端，垄断竞争和寡头竞争是介于这两个极端之间的状态，是竞争和垄断不同程度的结合。这四种市场存在如表 5 - 1 所示的区别和特点。

表 5 - 1　市场类型的划分和特征

市场类型	厂商数目	产品差别	对价格的控制程度	进出一个行业的难易程度	接近哪种商品市场
完全竞争	很多	完全无差别	没有	很容易	一些农产品，如玉米、小麦
垄断竞争	很多	有差别	有一些	比较容易	一些轻工业品，如服装、食品
寡头	几个	有差别或无差别	相当程度	比较困难	汽车、石油
垄断	唯一	唯一的产品，且无相近的替代品	很大程度但常受管制	很困难，几乎不可能	公用事业，如水、电

第二节　完全竞争市场均衡分析

一、完全竞争市场的条件

完全竞争市场是指不受任何阻碍和干涉的市场结构。完全竞争必须具有以下四个特点。

（1）市场上有众多卖者和买者。每一个卖者可能提供的商品数量或每一个买者打算买进的商品数量在市场总量中所占比重都是微不足道的，以致单个卖者或买者增减其供给或需求对于市场价格的形成不产生任何影响。价格是由众多的卖者和买者的共同的行动决定的。这意味着在一个完全竞争市场上，任何一个卖者或买者都是价格的接受者，而不是价格的决定者。商品的市场价格是由市场的需求和供给决定的。

（2）同一行业中的每个厂商出售的商品是完全无差别的。在完全竞争市场上，任何一个生产者的商品在所有买者看来都是完全相同的。就是说，买者把任何一个生产者的商品看做完全可以用另一个生产者的商品来代替，或者说，在买者看来，所有生产者的商品具有完全的相互替代的性质。因此，如果一个生产者提高商品卖价，所有的消费者将会购买他的竞争者的商品。在所有生产者卖价相同时，消费者购买谁的商品都是一样的。例如，农贸市场上鸡蛋的价格都相同，都没有商标和品牌，也不能从鸡蛋中看到商品的差别，是无差别的商品。

（3）企业可以自由进入或退出市场，不存在任何的限制。完全竞争市场意味着不存在任何法律的、社会的、资金和技术的障碍以阻止新的厂商进入该行业。所有的资源都可以在行业之间自由流动。

（4）市场中的每一个卖者和买者都掌握与自己的经济决策相关的商品和市场的全部信息。市场上每一个买者和卖者都可以根据自己所掌握的完全的信息，确定自己最优的购买量和最优的生产量，从而获得最大的经济利益。

总之，在完全竞争市场上没有一个厂商可以对某种产品的价格产生任何重要的影响。这种市场上的厂商被称为价格的接受者，即不能影响其产品价格的厂商。在这种情况下，厂商要促使自己的价格不同于市场价格是不可能的，同时该厂商生产的商品数量是有限的，在众多消费者面前显得苍白无力，势必产生这样一个信息：厂商可以无限生产该商品。因此，完全竞争市场上厂商所面对的市场需求可以描述为：在价格不变的条件下，无论生产多少商品都是可以卖出的，即需求曲线是一条水平线。

二、完全竞争厂商的需求曲线

在说明这一问题时，需要区分整个行业和个别企业。

对整个行业来说，需求曲线是一条向右下方倾斜的曲线，供给曲线是一条向右上方倾斜的曲线，需求和供给共同决定了整个行业产品的市场价格。如图5-1（a）所示。但对个别企业来说，情况就不一样了，市场价格一旦确定，对个别企业来说，这一价格就是既定的，无论它如何增加产量都不能影响市场价格。所以，对单个企业来说，需求曲线是一条从既定市场价格出发的平行线。它表明该产品的需求弹性无限大。如图5-1（b）所示。

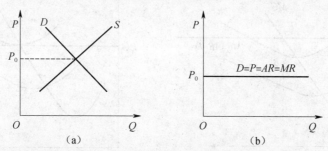

图5-1　市场需求曲线与单个企业的需求曲线

三、完全竞争市场的短期均衡

在完全竞争市场条件下的短期生产中，不仅产品市场的价格是既定的，而且生产中的固定要素投入量是无法改变的，厂商只能在既定的生产规模进行生产，只有通过改变可变要素的投入量来调整产量以实现 $MR = MC$ 的利润最大化的均衡条件。因此，从整个行业来看，可能会出现供给小于需求和供给大于需求两种情况。

在价格不变的条件下，厂商获得最大利润的决策，是在该厂商所面临的需求曲线既定的前提下进行分析的。厂商在不同供求条件下（即面临着不同的市场价格）的均衡有四种情况。

第一种情况：供给小于需求，平均收益（价格）大于平均成本，即 $AR > AC$，厂商可获得超额利润，即具有正的利润的厂商均衡。

　　具有正的经济利润的厂商均衡，利润最大是在边际收益等于边际成本的产出量上得到的，即 $MR = MC$。在这一前提下，如果市场价格对厂商十分有利，即 $AC < MR$，也就是说，市场价格大于平均成本，则厂商能获得正的利润。此时的利润包括两个部分，一是正常利润；二是超额利润。这是因为，如果 $MR > MC$，则厂商增加产量；如果 $MR < MC$，则厂商减少产量；如果 $MR = MC$ 且 MC 上升，则厂商达到厂商均衡。当市场价格等于 P，平均成本小于市场价格，厂商可能获得正的利润。当产量在 $MR = MC$ 时利润最大，厂商获得利润最大的均衡。我们还可以运用几何的方法进行分析，如图 5－2 所示。这时厂商的总收益为平均收益与产量的乘积，即图中的 $OPEQ_e$，而总成本为平均成本与产量的乘积，即图中的 $OABQ_e$，显然总收益大于总成本，$APEB$ 为超额利润，即超过正常利润的额外利润（正利润）。

　　第二种情况：供给等于需求，平均收益（价格）等于平均成本，即 $AR = AC$，厂商超额利润为零，即具有利润为零的厂商均衡。

　　在符合利润最大化的前提下，如果市场价格对厂商恰到好处，即 $AC = MR$，也就是说，市场价格等于平均成本，那么厂商还能获得利润为零的均衡。此时的利润等于正常利润，没有超额利润，厂商因此而继续维持生产。但是，厂商的产量只有在 $MR = MC$ 时，此时的利润等于正常利润，正利润为零，其他产量时，利润都是负值。厂商获得利润为零的均衡。如图 5－3，我们亦可以运用几何的方法进行分析：这时厂商的总收益为平均收益与产量的乘积，即图中的 $OPEQ_e$，而总成本为平均成本与产量的乘积，即图中的 $OABQ_e$。

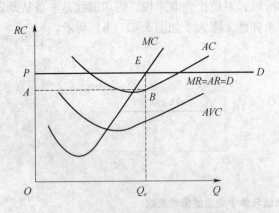

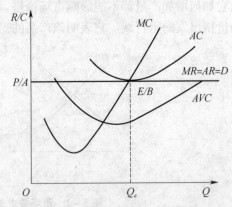

图 5－2　具有正的利润的厂商均衡曲线　　　　图 5－3　具有利润为零的厂商均衡曲线

　　第三种情况：供给大于需求，平均收益（价格）小于平均成本，即 $AR < AC$，厂商存在亏损，即具有负的利润的厂商均衡。

　　在符合利润最大化的前提下，如果市场价格对厂商不利，即 $AC > MR$，也就是说，市场价格小于平均成本，则厂商将遭受经济损失。此时增加产量或减少产量，都会使经济损失增大。厂商在遭受经济损失时能否继续生产呢？如果继续生产其条件又是什么？厂商是否生产应取决于平均可变成本的状况。如果 $AC > MR > AVC$，厂商得继续生产。我们已知道，固定成本是过去时间发生的，除非厂商不再继续经营，否则不管产量多少，固定成本都会发生。厂商继续经营虽然发生了经济损失，但这损失小于固定成本。因为 $P = MR > AVC$，也就是说，每生产一个单位的产品不但能弥补它的可变成本，而且还抵消一部分固定成本。因此，最终的经济损失总是少于固定成本。所以，只要满足 $P = MR > AVC$

的条件，就可以继续生产。虽然厂商可以获得负的利润，在符合利润最大化的前提下，即 $MR = MC$ 时的产量，可以弥补总固定成本的一部分，厂商获得亏损最小的均衡，应仍然要继续生产，如图 5-4 所示。我们还可以运用几何的方法进行分析：这时厂商的总收益为平均收益与产量的乘积，即图中的 $OPEQ_e$，而总成本为平均成本与产量的乘积，即图中的 $OABQ_e$。

第四种情况：供给大于需求，平均收益（价格）等于平均可变成本，即 $AR = AVC$，厂商存在亏损，处于生产与不生产的临界点，即为厂商关闭点。

所谓厂商关闭点是指厂商正好能弥补其可变成本时的产量与价格。在符合利润最大化的前提下，如果市场价格对厂商十分不利，即 $AVC = MR$，也就是说，市场价格仅等于平均可变成本，那么，这时的生产其全部收入正好弥补全部可变成本，即 $AR = AVC$，经济损失是全部固定成本，若继续生产会造成更大的经济损失，若干脆停止生产，厂商的经济损失也只是全部固定成本。因此，在 $AVC = MR$ 的条件下，厂商停止生产。如图 5-5 所示，我们还可以运用几何的方法进行分析，这时厂商的总收益为平均收益与产量的乘积，即图中的 $OPEQ_e$，而总可变成本为平均可变成本与产量的乘积，即图中的 $OABQ_e$。$EQ_e = BQ_e = AR = AVC$。由于，$AC = AFC + AVC$，总收益等于总的可变成本。没有可以弥补总固定成本的利润余额，厂商继续生产已经无利可图，厂商必须停止生产。

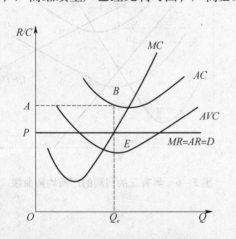
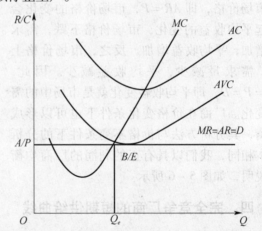

图5-4 具有负的利润的厂商均衡曲线　　图5-5 具有厂商关闭点的厂商均衡曲线

因此，在符合利润最大化的前提下，当 $AR = AVC$ 时，如果厂商继续生产，总固定成本全部亏损，总收益只能弥补总可变成本；如果不生产也是亏损总固定成本，因此，生产不生产都一样，厂商停止生产，即厂商关闭点。

通过上述分析，我们可以得到厂商的关闭点，即平均收益或市场价格等于厂商平均可变成本时，厂商继续生产已经毫无意义了。那么，在厂商关闭点之上，也就是市场价格高于厂商平均可变成本时，厂商都将继续生产，不论其收益如何。

案例分析 5-2

某矿山机械厂生产任务严重不足，正当全厂上下焦虑不安之际，有人来厂联系定购55万吨45号小钢锭，但要求价格不超过370元/吨。当时，已有其他厂同意按这个价格接受订货。论生产能力、产品质量、供货条件，该厂都处于有利地位，只是价格实在太低。按该厂以前的统计资料，这种钢锭的工厂成本为382元/吨，出厂价加5%的利润，应为401元/吨。接不接这批订货，厂有关部门争论很大。一种意见认为，每吨价格降低31元，5.5万吨共少卖170万元，要赔66万元。我们干了活，还要赔本，因此不能接受订货。另一种意见认为，这批订货量大，通过挖潜、降耗、成本有可能下降，不一定赔本。厂部分析了这两方面的意见，认为没有活干问题更大，无可奈何，横下一条心，以369元/吨的价格接下这批订货。结果，年底一算账，工厂成本降为347.40元/吨，不仅没有赔本，反而赢利118.8万元。依据西方经济学理论可知，如果不接受这批订货，将亏损总固定成本55 000 × 82.1 = 4 515 000元。而接受这项订货，不仅可以收回全部变动成本，而且可以收回相当一部分总固定成本55 000 × (370 − 299.9) = 3 855 500元。特别是，由于接这批订货月产量提高到6 875吨，平均固定成本降低，平均可变成本也处于递减阶段，边际成本递减，边际收益递增，结果，使该厂从这项订货中获利55 000 × (369 − 347.4) = 1 188 000（元）。从亏损451.55万元到赢利118.8万元，说明科学的成本分析对经济决策的重要性。

在价格变化的条件下，厂商收益也可分为总收益、平均收益和边际收益。这里，平均收益不等于边际收益，但是，平均收益等于市场价格，即 $AR = P$，市场价格的变化会引起平均收益的变化，市场价格下跌，需求量增加，平均收益增加，反之，市场价格上涨，需求量减少，平均收益减少。因此，$AR = P = D$，即平均收益变化就是市场中的需求变化。厂商在价格变化条件下也可以形成均衡，其分析方法与价格不变条件下的分析基本相同，我们以具有正的利润的厂商均衡来说明，如图 5 − 6 所示。

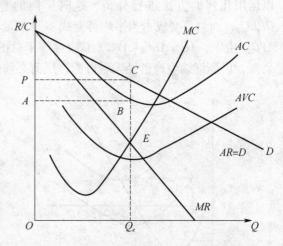

图 5 − 6　具有正的利润的厂商均衡曲线

四、完全竞争厂商的短期供给曲线

（一）单个厂商的短期供给曲线

从完全竞争厂商的短期均衡分析中，我们可以得到完全竞争厂商的短期供给曲线。所谓厂商的供给曲线是指在每一价格水平下，厂商愿意并且能够提供的商品数量。从图 5 − 7 中可以看到，在完全竞争市场上，根据 $P = MC$ 或 $MR = MC$ 的短期均衡条件，当价格为 P_1 时，企业生产产量为 Q_1，Q_1 是使边际成本等于价格的产量，即厂商选择的最优的产量。当价格上涨到 P_2 时，厂商选择的最优的产量为 Q_2，因为，在 Q_2 的产量水平时边际收益大于边际成本，因此厂商增加生产。新的利润最大化产量是 Q_2，这时的边际成本等于更高的价格 P_2。由于商品的价格和企业的最优产量组合都出现在厂商的 SMC 曲线上，更严格地讲，商品的价格和厂商愿意提供的产量的组合都出现在 SMC 曲线在 AVC 曲线最低点以上的部分，而 AVC 曲线最低点是停止营业点，在低于 AVC 的价格水平上，厂商会选择停工，不提供任何商品。因此，SMC 曲线在 AVC 曲线最低点以上的部分，就是竞争厂商的短期供给曲线。可以看出，AVC 曲线以上部分的边际成本都是递增的，所以，竞争厂商的短期供给曲线是向右上方倾斜的，图 5 − 7 中的（S）。

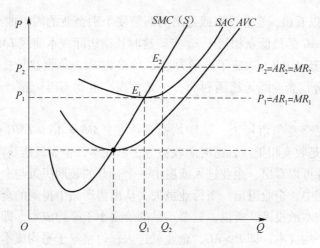

图 5 - 7 完全竞争厂商的短期供给曲线

（二）完全竞争行业的供给曲线

任何一个市场的供给量都是该市场中所有企业供给量的总和，完全竞争市场也是如此。所以，假定生产要素的价格是不变的，那么，完全竞争市场的短期供给曲线就是由市场内所有企业的短期供给曲线的水平加总而构成的。或者说，把完全竞争市场内所有企业的 SMC 曲线在 AVC 曲线最低点以上的部分水平相加，便构成该市场的短期供给曲线。

至此，我们对完全竞争企业追求利润最大化的经济行为中推导出了完全竞争厂商的向右上方倾斜的短期供给曲线的全部分析内容，从而对前面所描述的单个生产者的供给曲线向右上方倾斜的现象作出了解释。这一解释说明，企业所提供的产品数量是在既定价格水平下能够给它带来最大利润或最大亏损的产品数量。

五、完全竞争市场的长期均衡

在长期中，企业可以根据市场需求来调整全部生产要素，新旧企业也可以自由进入或退出该行业。这样，当出现供给小于需求，有超额利润存在，企业会扩大生产，其他行业的企业也会涌入这一行业。于是，该行业的供给增加，价格下跌，超额利润消失。反之，如果出现供给大于需求，有亏损存在，企业会缩小生产，或者退出该行业。于是，整个行业的供给减少，价格上涨，亏损消失。如果既无超额利润又无亏损，企业的产量不再调整，于是就实现了长期均衡，如图 5 - 8 所示。

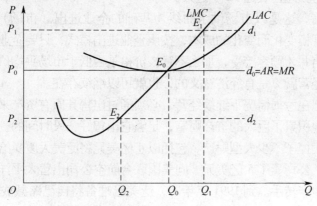

图 5 - 8 完全竞争市场的长期均衡曲线

从图 5 - 8 中可以看出，企业进入或退出的调整使个别企业的需求曲线移动到 d_0，并与长期平均成本曲线 LAC 的最低点相切于 E_0 点。这时长期边际成本曲线 LMC 与边际收益曲线 MR（即 d_0）也相交于 E_0 点，决定了产量为 Q_0，价格为 P_0，总收益与总成本相等，就是图中的 $OP_0E_0Q_0$ 的部分。企业既无超额利润，又无亏损，也就不再调整产量，从而实现了长期均衡。

由此可见，在完全竞争市场上，长期均衡条件是：$MR = AR = LMC = LAC$。在图形上，长期均衡的 E_0 点也是收支相抵点，这时总收益等于总成本，企业只能获得正常利润。

从长期均衡条件可以看出，企业进入或退出一个行业的长期决策与企业短期停止营业决策是不同的。在长期中，企业退出一个行业虽失去从出售产品中得到的全部收益，但它也没有固定成本和可变成本的投入，所以，只要产品的价格小于平均成本，即 $P < AC$，企业就退出；只要价格大于平均成本，即 $P > AC$，企业就进入；价格等于平均成本，即 $P = AC$，企业才会继续生产。因此，在有自由进入与退出时，竞争市场长期均衡一定是企业在其平均成本最低时运营。

经济学家认为，在完全竞争市场，价格像一只"看不见的手"指挥着整个社会的生产，通过价格机制的调节，每个企业都可以把生产规模调整到平均成本最低点，从而使资源得到最有效的配置。

阅读资料

竞争市场理论告诉我们，企业在短期内只要市场价格大于平均可变成本，它就会继续经营。但企业亏损的状态会迫使它通过资产处置来调整市场规模，如果还不能扭亏，企业可能会退出这个行业。下面我们看一个真实的例子。

1991 年 12 月 4 日是一个值得关注的日子，世界著名的泛美国际航空公司寿终正寝。这家公司自 1927 年投入运营以来，数十年中一直保持国际航空巨子的骄人业绩。有人甚至认为，泛美公司的白底蓝字徽记（PAN AM）可能是世界上最广为人知的企业标志。

但是对于了解内情的人来说，这个巨人的死亡算不上什么令人吃惊的新闻：1980—1991年，除一年外，泛美公司年年亏损，总额接近 20 亿美元之巨。1991 年 1 月，该公司正式宣布破产。在 1980 年出现首次亏损后，为什么不马上停止这家公司的业务，又是什么因素使这家公司得以连续亏损经营长达 12 年之久？

从经济学角度看，这是以市场供求曲线为基础的企业进出（市场）模式作用的结果。可变成本是随生产规模变化而变化的成本，按照企业进出模式，只要企业能够提出一个高于平均可变成本的价格并为顾客接受，那么不管该价格是否低于市场平均价格而必将导致企业亏损，这个企业的经营就算是有经济意义的，也就可以继续存在。

当然，企业要想在亏损情况下继续经营，必须通过出售其原有资产来维持。泛美公司在几十年的成功经营中积累了巨大的资产财富，足够它出售好一段时间的。自 20 世纪 80 年代起，这家公司先后卖掉了不少大型财产，包括以 4 亿美元将泛美大厦卖给美国大都会人寿保险公司，国际饭店子公司卖了 5 亿美元，向美国联合航空公司出售太平洋和伦敦航线，还把位于日本东京的房地产转手。到 1991 年年末，泛美已准备将自己缩减成为以迈阿密为基地的小型航空公司，主要经营拉美地区的航线，而把其余全部航线卖给三角洲航空公司，换言之，在整个 20 世纪 80 年代，尽管泛美公司仍然坚持飞行，但同时已开始逐步撤出国际航空市场。

（资料来源：斯蒂格利茨《经济学：小品与案例》，中国人民大学出版社，2002 年。）

第三节　不完全竞争市场均衡分析

不完全竞争市场是既有竞争又有垄断的市场。按垄断程度的高低分为三种类型：完全垄断市场、寡头垄断市场和垄断竞争市场。

一、完全垄断市场

完全垄断市场的主要条件是：一是市场上只有唯一的一个厂商生产和销售商品；二是该厂商提供的商品没有任何相近的替代品；三是其他厂商加入该行业都极为困难或不可能。在完全垄断市场条件下，垄断厂商可以控制和操纵市场价格。

完全垄断形成的主要原因有：独家厂商控制了生产某种商品的全部或基本资源的供给；独家厂商拥有生产某种产品的专利权；政府的特许和自然垄断等。垄断市场的假设条件是很严格的，在现实的经济生活里，完全垄断市场几乎不存在。

（一）完全垄断厂商的需求曲线

由于垄断市场上只有一个厂商，所以，垄断厂商的需求曲线就是市场的需求，如图 5-9 （a）所示的需求曲线。垄断厂商的需求曲线是向右下方倾斜的。假定厂商的销售量等于市场的需求量，则向右下方倾斜的需求曲线表示垄断厂商可以通过改变商品的销售量来控制市场价格。如图 5-9 （a）所示。

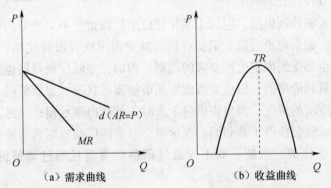

（a）需求曲线　　　　　　（b）收益曲线

图 5-9　完全垄断厂商的需求曲线与收益曲线

（二）收益曲线

在完全垄断下，平均收益仍等于价格，因此，平均收益曲线 AR 仍然与需求曲线 d 重合，如图 5-9 （a）所示。但是，在完全垄断市场上，当销售量增加时，产品的价格会下降，从而边际收益减少，边际收益曲线 MR 就再也不与需求曲线重合了，而是位于需求曲线下方，而且，随着产量的增加，边际收益曲线与需求曲线的距离越来越大，表示边际收益比价格下降得更快，如图 5-9 （a）所示。这样，平均收益就不会等于边际收益，而是大于边际收益。

与垄断厂商的向右下方倾斜的需求曲线相对应，垄断厂商的平均收益曲线 AR、边际收益曲线 MR 和总收益曲线 TR 的特征：AR 曲线与需求曲线 d 重叠，是同一条向右下方倾斜的曲线；MR 曲线向右下方倾斜，位于 AR 曲线的左下方，如图 5-9（a）所示；TR 曲线先上升，达到最高点以后再下降，如图 5-9（b）所示；每一产量上的 MR 值就是 TR 曲线上相应的点的斜率。当厂商的需求曲线向右下方倾斜时，厂商的边际收益 MR、商品的价格 P 和需求的价格 d 三者之间的关系为：$P > MR = MC$

（三）完全垄断市场的供给曲线

由于垄断厂商的需求曲线是向右下方倾斜的，在垄断厂商的短期均衡状态下，有可能出现一个价格水平对应几个不同的产量水平的情况；也有可能出现一个产量水平对应几个不同的价格水平的情况，可见，垄断厂商不存在具有规律性的供给曲线。垄断厂商不是价格接受者，其供给与它所面临的需求曲线分不开。需求曲线的形状决定边际收益曲线的形状，边际收益曲线的形状又决定了垄断者的利润最大化产量。

（四）完全垄断市场的均衡

1. 完全垄断市场上厂商的短期均衡

在短期内，垄断者只能在既定规模的工厂条件下进行生产，因此，各种成本沿短期成本曲线变化。在图 5-10 中，SAC 为垄断厂商的短期平均成本，SMC 为垄断厂商的短期边际成本。垄断厂商在短期内获得经济利润，如图 5-10 中阴影部分 EFC_0P_0 的面积为厂商的经济利润。

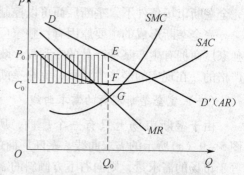

图 5-10　垄断厂商的短期均衡

垄断厂商虽然能够控制供给，但居于垄断地位的厂商也并不是能够为所欲为的，同样受到市场需求的限制。如果定价过高，消费者就会减少需求或寻求替代品。所以，在短期内，厂商产量的调整，也要受到固定生产要素的限制。因而，垄断厂商虽然也是依据利润最大化原则来决定产出数量和价格的，但也要考虑短期市场需求状况。也就是说，垄断厂商也会面临供过于求或供不应求的情况，当出现供过于求时，就会出现亏损；反之，就会获得超额利润；当供求相等时，就会获得正常利润。在这里，对垄断厂商短期均衡的分析，与完全竞争的短期分析基本是一样的。垄断厂商不仅通过调整产量而且通过调整价格来实现利润最大化。

垄断厂商虽然可以通过控制产量和价格实现利润最大化，但在短期内产量的调整要受到固定生产要素无法调整的限制。和完全竞争厂商一样，垄断厂商在短期内可能出现以下三种情况：供不应求状况下的短期均衡——厂商获得超额利润；供求平衡状况下的短期均衡——厂商获得正常利润；供过于求状况下的短期均衡——厂商遭受亏损。所以，垄断市场上的短期均衡条件是：$MR = SMC$。

2. 垄断市场上的长期均衡

垄断厂商的长期均衡是指厂商根据市场需求的变化，不断调整生产规模，在长期内实现利润最大化的均衡生产状态。在长期生产过程中，由于垄断市场上只有一家厂商，没有对手，垄断厂商有能力，也有条件把价格和产量调整到最有利于自己的水平上，从而实现利润最大化。所以，完全垄断市场的长期均衡条件是：边际收益 = 长期边际成本 = 短期边际成本。

即 $MR = LMC = SMC$

在图 5 - 11 中，短期边际成本曲线 SMC、长期边际成本曲线 LMC 和边际收益曲线 MR 三线相交于 E 点，E 点确定的均衡产量为 Q^*，此时，垄断厂商可以在长期内获得最大利润，其垄断利润为 $GFHP$。由于垄断市场上只有唯一的一个厂商，所以，垄断厂商的短期和长期的均衡产量和均衡价格，就是垄断市场的短期和长期的均衡产量和均衡价格。

（五）垄断厂商的定价策略：价格歧视

在许多情况下，厂商努力以不同价格把同一种物品卖给不同顾客。这种做法被称为价格歧视。价格歧视是指垄断厂商为了获得最大利润，在同一时间内对同一种产品向不同的购买者收取不同的价格。价格歧视是利润最大化垄断者的理性战略。常见的价格歧视主要是依据顾客或产品特点的不同，制定不同的价格。

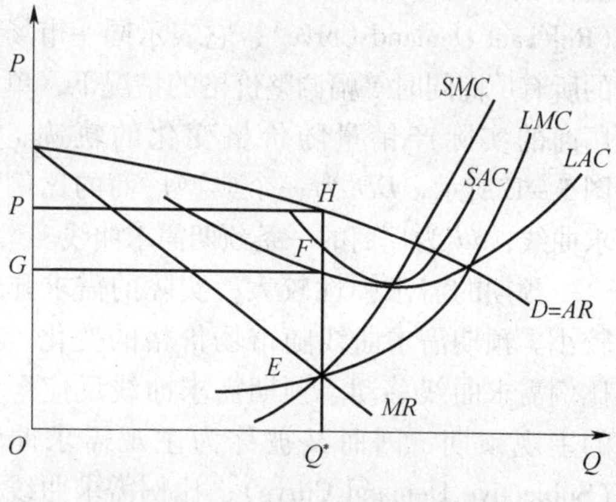

图 5 - 11 垄断市场的长期均衡

1. 实行价格歧视的条件

（1）各个市场对同种产品的需求弹性是不同的。垄断厂商就可以针对需求弹性不同的市场实行不同的价格，在弹性比较小的市场上实现高价格，因为它对价格上升不敏感，从而可以获取高额利润；反之，结果相反。

（2）市场存在着不完善或分割性。即市场不存在竞争，市场信息不畅通，或由于其他原因使市场分割，也就是说，消费者不了解其他市场的价格，这样垄断者就可以实行价格歧视。

（3）企业有定价的权力。在完全竞争市场类型中，企业只是价格的执行者，只有在其他三种市场类型中企业才有定价权力，它是市场给予的权力。

2. 价格歧视的类型

一级价格歧视又称为完全价格歧视，就是垄断厂商对不同的消费者，对每一单位产品都要求取得尽可能高的价格。在一级价格歧视的情况下，每一单位产品都要出售给对其评价最高、愿意支付最高价格的个人。因此，企业可以使消费者得不到消费者剩余，消费者剩余完全被生产者剥夺了。由于很难获得消费者的确切信息，一级价格歧视是一种很少见的情况。

二级价格歧视就是垄断厂商根据不同的购买量或消费量而实行不同的价格。例如，居民用电量在 1 ~ 100 千瓦时实行一种价格，在 100 ~ 200 千瓦时实行一种价格，在 200 千瓦时以上实行另一种价格。与一级价格歧视相比较，二级价格歧视下，消费者剩余要多一些，从而二级价格歧视的实施要更普遍一些。

三级价格歧视就是垄断厂商对不同的市场和不同的消费者实行不同的价格。实行三级价格歧视需要具备两个重要条件：一是存在着可以分割的市场；二是被分割的各个市场上需求价格弹性不同。例如，电力部门针对不同部门，分为工业用电、农业用电、商业用电、居民用电，其价格就各不相同。在这种情况下，厂商就可以在实行高价格的市场上获得超额利润，即把这个市场上的消费者剩余变为超额利润。

二、垄断竞争市场

（一）垄断竞争市场的需求曲线

在垄断竞争条件下，厂商面临着两条需求曲线：一条叫做预期需求曲线（Expectant Demand Curve），它表示在其他厂商保持现行价格不变的情况下，个别厂商的预期产销量随价格变化的关系；另一条叫做比例需求曲线（Relevant Demand Curve），它表示同一市场上的所有厂商同时等幅调整价格的情况下，单个厂商的实际产销量随价格变化的轨迹。如图 5 - 12 所示，DD' 为一个典型厂商的比例需求曲线，dd' 为厂商的一条预期需求曲线。

预期的需求弹性较大，实际的需求弹性较小。预期需求曲线随市场价格的变化，沿比例需求曲线移动。预期需求曲线反应厂商的主观预期，因而又被称为主观需求曲线（Subjective Demand Curve）；比例需求曲线反应实际产销量的变化，所以又被称为客观需求曲线（Objective Demand Curve）。如果说主

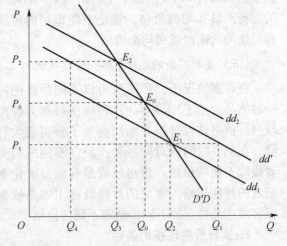

图 5 - 12　垄断竞争厂商的需求曲线

观需求曲线反应厂商改变价格的动机，那么客观需求曲线反应厂商改变价格的结果。

1. 当某厂商降价时，它设想其他厂商都不会采取降价措施

这样，该厂商不仅可能增加对原有顾客的销售量，而且还能把较多的顾客从其他厂商那里吸引过来，厂商的销售量可望有较大幅度地增加，用 dd_1 来表示，dd_1 较为平坦，表示需求曲线弹性较大，厂商一旦降价，就可以增加很大的销售量。例如，P_0 降至 P_1，Q_0 增至 Q_1，由于 dd_1 曲线出现的情况仅存在于厂商的设想之中，因此被称为"想象"需求曲线。

2. 当某厂商降价时，其他厂商也会作出同样的反应

这样，该厂商就无法从其他厂商那里吸引新的顾客，而只可能增加对原有顾客的销售量，因此增加的销售量是十分有限的，反映在图中就是 DD'，DD' 较为陡峭，表示需求弹性较小，厂商一旦降价，可以增加的销售量有限，在同样的降价幅度下，厂商只能由 Q_0 增加到 Q_2，由于假定所有厂商的销售量都以同样幅度增加，因此，每个厂商所占有的市场份额将不会改变，所以 DD' 曲线也被称为"市场份额"需求曲线。

（二）垄断竞争市场上的均衡

1. 垄断竞争市场的短期均衡

在短期均衡实现过程中，垄断竞争市场同垄断市场一样，也会出现超额利润、收支相抵、亏损三种情况。与垄断市场的不同之处在于，垄断竞争厂商面对的市场需求曲线斜率较小。在考虑生产成本因素之后，垄断竞争厂商会选择边际成本与边际收益相等的条件下生产，即图 5 - 13 中的 E 点。E 点所决定的产量为 OQ^*，价格为 OP^*。由于此时的短期平均成本为 OG，所以，垄断竞争厂商是有利润的，其利润为 $GFHP^*$。所以，垄断竞争市场的短期均衡条件是：$MR = SMC$。

垄断竞争厂商在决定产量和价格的方式时与垄断厂商完全相同。另外，垄断竞争厂商也

可能会有损失出现。在图 5 – 13 的产量 OQ^* 下，如果短期平均收益低于短期平均成本，垄断厂商就会亏损。但无论是有利润还是亏损，在短期内都不会吸引其他厂商加入或使原有厂商退出。长期的情形则不同，因为在垄断竞争市场下，每家厂商的规模都不大，而且厂商数目很多，厂商进出市场都非常自由。所以，当厂商在短期内有利润存在时，就会吸引新的厂商加入，当厂商有亏损时，就会有厂商退出。

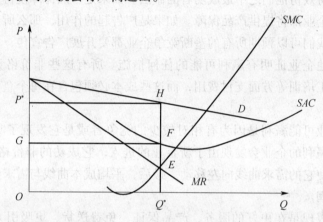

图 5 – 13 垄断竞争市场的短期均衡

2. 垄断竞争市场的长期均衡

在长期，厂商可以任意变动一切生产投入要素。如果一行业出现超额利润或亏损，会通过新厂商进入或原有厂商退出，最终使超额利润或亏损消失，从而在达到长期均衡时整个行业的超额利润为零。因此，垄断竞争与垄断不同（垄断在长期拥有超额利润），而是与完全竞争一样，在长期由于总收益等于总成本，只能获得正常利润。如图 5 – 14 所示。

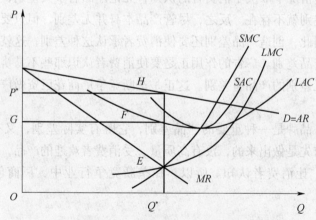

图 5 – 14 垄断市场的长期均衡

在图 5 – 14 中，在长期内垄断竞争厂商仍然会维持在 $MR = SMC$ 条件下生产，即图 5 – 14 中的 E 点。E 点所决定的产量为 OQ^*，价格为 OP^*。在长期均衡时，平均收益等于平均成本，因此，利润为零。此时不会有新的厂商加入，也不会有旧的厂商退出，市场达到长期均衡。因此，垄断竞争市场的长期均衡条件是：$MR = MC$ 和 $P = AR = AC$。

（三）垄断竞争市场上的非价格竞争

在垄断竞争市场中，企业之间不仅存在着价格竞争，而且存在着非价格竞争。非价格竞争的结果使垄断竞争企业在长期中获得的经济利润为零，从而只能获得正常利润。如果有一家创新的企业发现一种把它的需求曲线向右移动的方法，比如说提供更优质的服务或更吸引人的广告，于是在短期中它可能获得利润。这意味着其他缺乏创新的企业的需求曲线将向左移动，他们损失的销售额转向了创新的竞争对手。

所有的企业都将效仿他们之中最成功者的做法。如果是产品保障使得某些企业取得了经济利润，那么所有企业都将提供产品保障。如果是广告起的作用，那么所有企业都将卷入广告战。在长期中，我们可以预期所有的垄断竞争企业都要开展广告宣传，关心他们的服务以及采纳行业中被其他企业证明有赢利可能的任何措施。所有这些非价格竞争都要在企业广告、产品保障、员工培训等方面支付费用，而这些成本必须包含在每个企业的向上移动的平均成本曲线之中。

在短期中，企业可能赢利是因为有相对较少的竞争者或是它发现了吸引消费者的新方法。但在长期中，赢利的企业会发现由于新企业的进入，它成功的非价格竞争做法被仿效，或两者兼而有之，使它的需求曲线向左移动。最后，平均成本曲线与需求曲线相切，该企业仍将取得零经济利润。

非价格竞争的表现是在更好的服务、产品保证、免费送货、更吸引人的包装、广告等方面。

1. 实际产品差别的创造

厂商创造产品差别就要使自己产品的质量、外形、包装不同于同类其他产品。这些不同差别的产品如果能满足消费者的不同偏好，就可以在一部分消费者中形成垄断地位。

2. 广告与营销手段的运用

产品差别在许多情况下取决于消费者的认知，无论产品有多大差别，但如果消费者不承认这种差别，这些差别就不存在。反之，尽管产品本身并无差别，但只要消费者认为它有差别，它就有差别。因此，创造产品差别还要使消费者承认这种差别，这就要靠厂商通过广告等营销手段来创造产品差别。广告的作用正是要使消费者认识那些不易辨认的产品差别，甚至使消费者承认本无差别的产品有差别。这正是垄断竞争厂商花巨资做广告的重要原因。

3. 创造名牌

在产品差别中，品牌是一种重要的产品差别，它既有实际差别，又有消费者对它的认知。就是说，名牌首先是做出来的，没有高质量、受消费者欢迎的产品，就没有名牌。但名牌还要靠广告宣传，让消费者认知。所以，在垄断竞争行业中，厂商创造名牌是十分重要的。

三、寡头垄断市场

寡头市场的成因和垄断市场是相似的，只是程度上有所差别。寡头市场是比较接近垄断市场的一种市场组织。寡头行业可以按不同的方式分类。根据产品有无差异，可以分为纯粹寡头行业和差别寡头行业；根据厂商的行动方式，可以分为有勾结行为的寡头行业和独立行动的寡头行业。寡头厂商的价格和产量的决定是一个很复杂的问题。其主要原因在于：在寡头市场上，寡头厂商之间的行为是相互影响的。每个寡头厂商在采取某项行动之前，必须首先要推测或掌握竞争对手对于自己这一行动的反应，然后，才能在考虑到这些反应方式的前提下采取最有利的行动。所以，每个寡头厂商的利润都要受到行业中所有厂商的决策的相互作用的影响。寡头厂商们的行为之间相互影响的复杂关系，使得寡头理论复杂化。而且，由于寡头厂商的千变万化的实际行为远远超过理论分析的假设条件所涉及的范围，所以，一些有关寡头厂商的理论往往缺乏实际意义。

（一）寡头垄断决策模型

1. 古诺模型

古诺模型又称古诺双寡头模型（Cournot Duopoly Model），或双寡头模型（Duopoly Model），古诺模型是早期的寡头模型。它是由法国经济学家古诺于 1838 年提出的。是纳什均衡应用的最早版本，古诺模型通常被作为寡头理论分析的出发点。古诺模型是一个只有两个寡头厂商的简单模型，该模型也被称为"双头模型"。古诺模型的结论可以很容易地推广到三个或三个以上的寡头厂商的情况中去。

古诺模型假定一种产品市场只有两个卖者，并且相互间没有任何勾结行为，但相互间都知道对方将怎样行动，从而各自确定最优的产量来实现利润最大化，因此，古诺模型又称为"双头垄断理论"。

古诺模型假定：市场上只有 A 和 B 两个成本为零的生产和销售相同矿泉水的厂商，他们共同面临一条线性的市场需求曲线，A 和 B 两个厂商都是在已知对方产量的情况下，各自确定能够给自己带来最大利润的产量。A 厂商首先进入市场，它的最优产量为市场总容量的 1/2，如图 5－15 所示，因为该矩形面积即厂商利润量是直角三角形中面积最大的内接矩形。之后，B 进入市场，B 在已知 A 的产量之后决定根据剩余市场容量决定最优产量是全部市场

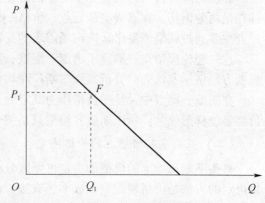

图 5－15　古诺模型

容量的 1/4。之后，当 A 知道 B 留给它的市场容量为 3/4 时，为了利润最大化，A 将产量调整至总市场容量的 3/8。如此等等，经过一系列的产量调整后，A 的产量逐渐减少，B 的产量逐渐增加。最终，当 A 和 B 的产量分别达到市场总容量的 1/3 时，市场处于均衡。

2. 斯威齐模型

斯威齐模型是由美国著名经济学家保罗·斯威齐（Paul Sweezy）于 1939 年提出来的，用以解释寡头垄断市场产品价格刚性（Price Rigidity）。

斯威齐认为：在产品无差别的寡头垄断市场上，如果某寡头降价，其竞争对手也会争先恐后地降低价格，每个寡头的产销量都不可能大幅度上升；但是他提价，其竞争对手却会保持原价不变，提价的厂商的产销量将大幅度下降，因此，寡头垄断厂商面临一条弯折的需求曲线，如图 5－16 中折线 DVD' 所示。V 点为拐点，V 点以上的 DV 段的斜率大于 V 点以下的 VD' 段的斜率。它表明 DV 段的需求价格弹性大于 DV' 段的需求价格弹性。也就是说，厂商提高价格，需求弹性较大；厂商降低价格，需求弹性较小。

正因为寡头厂商面临的需求曲线由两段不同斜率的需求曲线所组成，所以，厂商的边际收入曲线为 $RABR'$，其中 RA 对应于需求曲线 DV，BR' 对应于需求曲线 VD'。边际收入曲线 MR 在拐点 V 处出现了一个垂直线段 AB。

如图 5 – 16 所示，当边际成本曲线为 MC_1 时，根据厂商利润最大化原则所确定的均衡价格和产量分别为 P_0 和 Q_0。即使科学技术进步，生产成本有所下降，边际成本曲线从 MC_1 移动到 MC_2，最有利的产量和价格仍然为原有水平。

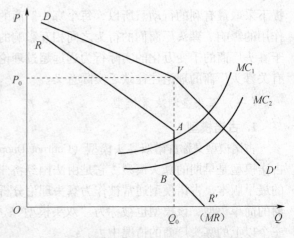

图 5 – 16 斯威齐模型：价格刚性的解释

只有当生产技术出现重大突破，成本变化超过一定的范围，厂商边际成本曲线与边际收入曲线的交点不在 AB 垂线上时，厂商才可能改变产量和价格。否则，将保持原有价格不变。因为在寡头垄断市场上，厂商数量极少，每个厂商的一举一动都会被竞争对手观察到。

合理的降价行为可能被竞争对手误解，而引发价格战。大厂商之间一旦展开价格竞争，往往是两败俱伤。在寡头垄断行业，价格一旦确定，总是在相当长的一段时间内保持稳定。厂商主要通过调整产量来适应市场需求的变化。

这一理论模型正好解释了出现于钢铁、汽车等寡头垄断市场的价格刚性问题，曾经一度被西方经济学家认为是分析寡头垄断厂商均衡的一般理论。

在斯威齐模型中，是把价格作为既定的条件来说明价格刚性的问题。模型中并没有说明价格是怎样形成的，所以斯威齐模型只是关于寡头定价行为的未完成的模型。

（二）寡头垄断市场上的价格决定

寡头垄断市场上的价格的决定也要区分存在或不存在勾结。在不存在勾结的情况下，价格决定的方法是价格领先制和成本加成法；在存在勾结的情况下，则是卡特尔。

1. 价格领先制

价格领先制（价格领导制）是指一个行业的价格通常由某一寡头率先制定，其余寡头追随其后确定各自价格。领价者往往既不是自封的，也不是共同推陈出新的，而是自然形成的。这种自然形成的领价者或者说价格领袖，一般有三种情况：

（1）支配型价格领袖。领先确定价格的厂商是本行业中最大的、具有支配地位的厂商。它在市场上占有份额最大，因此对价格的决定举足轻重。它根据自己利润最大化的原则确定产品价格及其变动，其余规模较小的寡头就像完全竞争厂商一样，是价格的接受者，需根据支配厂商的价格来确定自己的价格以及产量。

（2）晴雨表型价格领袖。这种厂商并不一定在本行业中规模最大、成本最低、效率最高，但它在掌握市场行情变化或其他信息方面明显优于其他厂商。这种厂商价格的变动实际上是首先传递了某种信息，因此，它的价格在该行业中具有晴雨表的作用，其他厂商会参照这家厂商的价格变动而变动自己的价格。

（3）效率型价格领袖。领先确定价格的厂商是本行业中成本最低，从而效率最高的厂商。它对价格的确定也使其他厂商不得不随之变动。如果高成本厂商按自己利润最大化的原则确定价格，将会丧失自己的销路，得不偿失。

2. 成本加成法

成本加成法是寡头垄断市场上最常用的定价方法。就是在核定成本的基础上，加上一个百分比或预期利润额来确定价格。这是按利润最大化原则事先确定利润目标的定价。它能为市场所接受，是因为垄断组织控制着生产和市场销售的最大份额。

3. 卡特尔

卡特尔（Cartel）是生产同类产品的厂商，在划分销售市场、规定商品产量、确定商品价格等方面签订协定而成立的同盟。通过建立卡特尔，几家寡头企业协调行动，共同确定价格，就有可能像垄断企业一样，使整个行业的利润达到最大。但由于卡特尔各成员之间的矛盾，有时达成的协议也很难兑现，或引起卡特尔解体。在不存在公开勾结的卡特尔的情况下，各寡头还能通过暗中的串通（Collusion）来确定价格。

（三）现代寡头理论：博弈论的运用

博弈论（Game Theory）是研究人们在各种策略的情况下如何行事。这里的"策略"是指每个人在决定采取什么行动时，必须考虑其他人对这种行动会作出什么反应的状况。由于寡头垄断市场上厂商数量很少，每家厂商都必须按策略行事。每个厂商都知道，它的利润不仅取决于它生产多少，而且还取决于其他厂商生产多少。在作出生产决策时，寡头市场上的每个厂商都必须考虑到它的决策会如何影响所有其他厂商的生产决策。

"囚徒困境"是博弈论中最经典的例子之一。讲的是 A 和 B 两名嫌疑犯作案后被警察抓住，隔离审讯。警方的政策是"坦白从宽、抗拒从严"，如果两人都坦白则各判 8 年；如果一人坦白另一人不坦白，坦白的放出去，不坦白的判 20 年；如果都不坦白则因证据不足各判 1 年。由此可以推想，如果 A 和 B 之间互不合作，他们很快就会发现，无论对方选择坦白还是抗拒，自己总是选择坦白最有利；如果对方坦白，则自己坦白要比抗拒少判 12 年徒刑；如果对方抗拒，则自己坦白便可无罪释放，如表 5 - 2 所示。显然，两个囚徒最终都会"聪明"地选择坦白。"囚徒困境"反映了个人理性追求利益最大化的自利行为将导致集体非理性的矛盾。

表 5 - 2 囚徒困境

		囚犯 B	
		坦白	抵赖
囚犯 A	坦白	-8, -8	0, -20
	抵赖	-20, 0	-1, -1

囚徒困境反映了个人理性和集体理性的矛盾。如果 A 和 B 都选择抵赖，各判刑 1 年，显然比都选择坦白各判刑 8 年好得多。当然，A 和 B 可以在被警察抓到之前订立一个"攻守同盟"，但是这可能不会有用，因为它不构成纳什均衡，没有人有积极性遵守这个协定。

寡头在力图达到垄断结果时的博弈也类似于两个处于困境的囚徒的博弈。垄断结果对寡头是共同理性，但每个寡头都有违背协议的激励。正如利己使囚徒困境中的囚犯坦白一样，利己也使寡头难以维持低产量、高价格和垄断利润的合作结果。

（四）不同市场的基本比较

1. 不同市场的利弊

（1）完全竞争市场的优点：可以实现社会的供给与需求的大体均衡；通过完全竞争和

资源的自由流动，生产要素能够得到比较有效的利用；消费者在既定收入下能够得到较多的消费者剩余。缺点：各个厂商最低的平均成本并不一定就是最低的社会成本；产品没有差别这一假设是不现实的。

（2）垄断竞争市场的优点：在平均成本上，垄断竞争市场的平均成本高于完全竞争市场而低于垄断市场；在价格上，垄断竞争市场的价格水平高于完全竞争市场而低于垄断市场；在产量上，垄断竞争市场的产量水平高于垄断市场而低于完全竞争市场；垄断竞争有利于刺激厂商的创新。缺点：垄断竞争条件下会使销售成本增加，从而使总成本和平均成本增加。

（3）寡头垄断市场的优点：可以实现规模经济，降低成本，提高经济效益；可以促进科技的进步。缺点：寡头之间往往达成价格协议，共同抬高价格，使消费者利益和整个社会的经济福利受损。

（4）垄断市场的优点：垄断厂商的经济实力雄厚，可以促进技术的进步。尤其是政府对某些公用事业的垄断，并不是追求垄断利润。缺点：垄断市场上可以通过高价销售获得超额利润，但其销量较少，会使资源无法得到充分利用；垄断厂商完全左右市场价格，使消费者剩余减少；垄断利润是垄断厂商对整个社会的剥削，会引起社会居民收入分配的不公。

2. 不同市场的经济效率比较

经济效率是指利用经济资源的有效性。西方经济学家通过对不同市场的厂商的长期均衡状态的分析得出结论：完全竞争市场的经济效率最高，垄断竞争市场较高，寡头市场较低，垄断市场最低。

通过对不同市场条件下厂商的需求曲线的形状及其在长期均衡时与长期平均成本 LAC 曲线的关系的分析，西方学者比较不同类型的厂商的长期均衡价格水平和长期均衡产量水平。一般来说，就长期均衡价格水平而言，完全竞争厂商最低，垄断竞争厂商较低，寡头厂商较高，垄断厂商最高；就长期均衡产量水平而言，完全竞争厂商最高，垄断竞争厂商较高，寡头厂商较低，垄断厂商最低。一个行业在长期均衡时是否实现价格等于长期边际成本即 $P = LMC$，也是判断该行业是否实现了有效的资源配置的一个条件。完全竞争厂商在长期均衡时实现了 $P = LMC$，而在其他类型市场的厂商长期均衡时都是 $P > LMC$，意味着这些行业的商品供给不足。此外，西方经济学家对不同市场的经济效率的比较还涉及以下几个方面：

（1）关于垄断市场与技术进步的关系。有的西方经济学家认为，垄断厂商利用垄断地位就可长期获得利润，所以垄断是不利于技术进步的。但也有的西方经济学家认为，高额的垄断利润所形成的从事科学研究的、技术创新的、雄厚的经济实力以及垄断地位对垄断利润的保持，都是有利于技术进步的。

（2）关于规模经济。在有些行业的生产中，寡头厂商和垄断厂商的大规模生产所带来的规模经济的好处，有利于经济效率的提高。

（3）关于产品的差异。一般认为，完全竞争市场上完全相同的产品无法满足消费者的各种偏好，垄断竞争市场上多样化的产品有利于消费者的选择。在产品差别方面，寡头市场的情况与垄断竞争市场相似。

（4）关于广告支出。垄断竞争市场和产品差别寡头市场上都有大量的广告。一方面，广告可以为消费提供大量的信息；另一方面，过于庞大的广告支出浪费了资源和提高了销售价格，且有些夸张的广告还给消费者带来不利的影响。

案例分析 5 – 3 　　　　　　　**欧佩克和世界石油市场**

　　"欧佩克"即世界石油输出国组织（OPEC）是由世界主要产油国自愿结成的一个政府间组织。在 1960 年最初成立时，欧佩克包括伊朗、伊拉克、科威特、沙特阿拉伯和委内瑞拉。到 1973 年，又有其他 8 个国家加入：卡塔尔、印度尼西亚、利比亚、阿联酋、阿尔及利亚、尼日利亚、厄瓜多尔和加蓬。这些国家控制了世界石油储藏量的 3/4。和其他卡特尔一样，欧佩克力图对其成员国的石油政策进行协调，以通过控制产量来维持石油价格的稳定，从而保证各成员国在任何情况下都能获得稳定的石油收入。为此，欧佩克对石油生产实行配额制。如果石油需求上升，或某些产油国石油产量减少，欧佩克将增加其石油产量，以阻止石油价格飙升。石油价格下滑，欧佩克根据市场形势减少石油产量。

　　然而，欧佩克并不能完全控制国际石油市场。首先，自实行原油生产配额制以来，欧佩克从未有效杜绝过其成员国的超产行为。欧佩克的成员受到增加生产可得到更大利润份额的诱惑，他们常常就减少产量达成协议，然后又私下违背协议。为限制成员国超产，欧佩克不得不一再调低生产限额，因此形成了一个"超产—限产—再超产—再限产"的怪圈。其次，欧佩克成员国的财政预算绝大部分依赖以美元结算的财政收入，在美元汇率持续下滑的情况下，虽然欧佩克毅然决定按期履行减产承诺，但为减少美元汇率下跌造成的巨大损失，并非每个欧佩克成员国都愿意埋单。现在，欧佩克依然每两年开一次会，但作为一个各怀想法的利益聚合体，欧佩克很难再通过达成或实施协议来控制产量和价格了。其成员国基本上是独立地作出生产决策。世界石油市场具有相当大的竞争性。在稳定世界石油市场价格方面，欧佩克已不再能起到任何实质性的作用。

　　问题：试分析不同市场类型的厂商为实现利润最大化，其商品的价格与数量如何决定？

本章知识小结

　　（1）市场结构按垄断程度的高低分为四种类型：完全竞争市场、垄断竞争市场、寡头市场和垄断市场。完全竞争市场是指不受任何阻碍和干扰的市场结构。完全垄断市场是指完全由一家厂商或公司所控制的市场结构。垄断竞争市场是指一种由大量通过生产相似而略有差别的产品相互竞争的厂商构成的市场结构。寡头垄断市场是指几个相互竞争的生产者构成的市场结构。

　　（2）在完全竞争条件下，单个厂商只能按整个行业的供求关系所决定的价格出售他愿意卖出的任何数量的产品。厂商的需求曲线、平均收益曲线和边际收益曲线都是水平线并且重合。为了实现利润最大化，厂商必须选择使边际收益等于边际成本的产量。垄断者是其市场的唯一卖者，它可以自行定价。厂商的需求曲线与平均收益曲线重合并且都向右下方倾斜，边际收益曲线位于平均收益曲线之下，也向右下方倾斜。厂商也通过生产边际收益等于边际成本的产量来实现利润最大化。垄断厂商可根据需求量选择价格。

　　（3）厂商的供给曲线是指在每一价格水平下厂商愿意并且能够提供的商品数量。在完全竞争市场上，根据 $P = MC$ 或 $MR = MC$ 的短期均衡条件，即厂商选择的最优的产量。

商品的价格和厂商愿意提供的产量的组合都出现在 SMC 曲线在 AVC 曲线最低点以上的部分，而 AVC 曲线最低点是停止营业点，在低于 AVC 的价格水平上，厂商会选择停工，不提供任何商品。因此，SMC 曲线在 AVC 曲线最低点以上的部分，就是竞争厂商的短期供给曲线。

（4）价格是市场经济中厂商竞争的重要决策变量，不论是价格不变条件下的市场或是价格变化条件下市场，价格竞争定价都是最主要的定价方法。

习 题

一、单项选择题

1. 在完全竞争的条件下，如果厂商把产量调整到平均成本曲线最低点所对应的水平（　　）。

   A. 他将取得最大利润 　　　　　B. 他没能获得最大利润

   C. 他是否能获得最大利润仍无法确定 　　D. 他一定亏损

2. 垄断竞争市场上厂商的短期均衡发生于（　　）。

   A. 边际成本等于实际需求曲线中产生的边际收益时

   B. 平均成本下降时

   C. 主观需求曲线与实际需求曲线相交，并有边际成本等于主观需求曲线中产生的边际收益时

   D. 主观需求曲线与平均成本曲线相切时

3. 一完全竞争厂商在短期均衡时可能是（　　）。

   A. AVC 下降 　　　　　　　　　B. AC 下降

   C. MC 下降 　　　　　　　　　D. 一可变要素的平均产量上升

4. 垄断竞争厂商短期均衡时，（　　）。

   A. 厂商一定能获得超额利润 　　　B. 厂商一定不能获得超额利润

   C. 只能得到正常利润

   D. 取得超额利润，发生亏损及获得正常利润三种情况都可能发生

5. 若在最优产出水平上，市场均衡价格 P 超过 AVC，但小于 AC 时，则企业是在（　　）。

   A. 获取利润 　　　　　　　　　B. 亏损，但继续生产

   C. 亏损，生产与否都可 　　　　　D. 获利，继续生产

6. 假定不完全竞争的条件下，如果厂商把产量调整到短期平均成本曲线最低点所对应的水平（　　）。

   A. 他将取得最大利润 　　　　　B. 他没能获得最大利润

   C. 他是否获得最大利润仍无法确定 　　D. 他一定亏损

7. 垄断竞争厂商实现最大利润的途径有（　　）。

   A. 调整价格从而确定相应产量 　　B. 品质竞争

   C. 广告竞争 　　　　　　　　　D. 以上途径都可能用

8. 只要（　　），厂商进入市场就可获利。

   A. 市场价格超过厂商能够进行生产的最小生产成本

   B. 厂商所获得的收益大于任何不可收回的成本

C. 价格大于平均可变成本曲线的最低点

D. 价格等于边际成本　　　　　　　E. 边际收益等于边际成本

9. 只要（　　），厂商就应该退出市场。

A. 厂商不能获得至少与他的不可收回成本相等的效益

B. 价格小于边际成本　　　　　　　C. 价格小于平均成本曲线的最小值

D. 价格小于平均可变成本曲线的最小值　　E. 以上各项皆是

10. 如果在需求曲线某一点上的需求的价格弹性 $E_D = -2$，商品的价格 $P = 20$，则相应的边际收益 MR 为（　　）。

A. 30　　　　　　B. 10　　　　　　C. 60　　　　　　D. -10

11. 垄断厂商实现长期均衡的条件（　　）。

A. $MR = MC$　　　　　　　　　　B. $MR = SMC = LMC$

C. $MR = SMC = LMC = SAC$　　　D. $MR = SMC = LMC = SAC = LAC$

12. 垄断利润或者说超额利润（　　）。

A. 不是一种成本，因为它不代表生产中使用的资源所体现的替换成本

B. 不能为垄断者在长期中获取，因为价格在最优产出水平上必须等于长期平均成本

C. 为保证资本继续进入该行业所必需

D. 能为完全竞争者和垄断者一样在长期中获取

13. 某厂商的平均收益曲线从水平线变为向右下方倾斜的曲线，这说明（　　）。

A. 有厂商进入该行业　　　　　　B. 完全竞争被不完全竞争所取代

C. 厂商间的竞争趋于激烈　　　　D. 原厂商退出了该行业

14. 如果垄断者的长期平均成本超过市场价格，则厂商将（　　）。

A. 停留在这一营业水平上，因为它使资本得到了一个正常报酬

B. 停留在这一营业水平上，尽管其固定成本没有得到补偿

C. 歇业并清理资产　　　　　　　D. 暂时停业

15. 要能有效地实行差别定价，必须具备的条件是（　　）。

A. 分割市场的能力　　　　　　　B. 一个巨大的无弹性的总需求

C. 每个分市场上有不同的需求价格弹性

D. 保持市场分割以防止商品在较有弹性的需求时被顾客再售卖

二、判断题

1. 在完全竞争的行业中，企业的价格是由市场决定的，所以，企业的价格是完全缺乏弹性的。　　　　　　　　　　　　　　　　　　　　　　　　　　　　（　　）

2. 如果市场价格低于厂商的平均成本，或总收益小于总成本，厂商将停止营业。（　　）

3. 只要在完全竞争行业中存在利润，原来的企业就会扩大规模，新的企业就会进入。（　　）

4. 完全垄断厂商拥有控制市场的权力，这意味着对于它的产业，它可以任意制定一个价格。　　　　　　　　　　　　　　　　　　　　　　　　　　　　　（　　）

5. 价格领先制定价方式与卡特尔定价方式的区别在于后者存在着完全的串谋。（　　）

三、思考题

1. 为什么完全竞争中的厂商不愿为产品做广告而花费任何金钱？

2. "在长期均衡点，完全竞争市场中每个厂商的利润都为零。因而，当价格下降时，所有这些厂商就无法继续经营。"这句话对吗？

3. 既然厂商知道在长期内他们的经济利润都将为零。他们为什么还会进入一个行业？

4. 为什么完全竞争厂商的需求曲线、平均收益曲线和边际收益曲线是重叠的？

5. 完全竞争在现实经济生活中存在吗？为什么西方经济学家首先需要研究完全竞争模型？

6. 为什么垄断厂商的需求曲线是向右下方倾斜的？并解释相应的 *TR* 曲线、*AR* 曲线和 *MR* 曲线的特征以及相互关系。

7. 养鸡场和服装业都是小企业，为什么养鸡场是完全竞争的，服装业是垄断竞争的？

8. 如果听讲座的门票实行实名制，这种门票能否实行歧视定价？为什么？

四、计算分析题

完全竞争行业中某厂商的成本函数为：$STC = Q^3 - 6Q^2 + 30Q + 40$，假定产品价格为 66 元，试求：

（1）利润最大化时的产量及利润总额；

（2）由于竞争市场供求发生变化，商品价格变为 30 元，在新的价格条件下，厂商是否会发生亏损？如果会，最小的亏损额是多少？

（3）该厂商在什么情况下会退出该行业（停止生产）？

阅读思考 >>>

石油输出国组织（OPEC）：卡特尔的兴衰

若干具有垄断地位的经济主体（厂商或国家组织）结成行业内的"卡特尔"（Cartel）是当代经济生活中利益共谋的一种形式。OPEC 是世界上最著名的卡特尔组织形式，我国在彩电行业、汽车行业也都曾经出现过类似的卡特尔组织形式。但卡特尔组织很不稳定，容易短命，这或许是各个利益主体"谎言""欺骗"作怪的结果。

石油输出国组织（OPEC）是世界上最著名的卡特尔。它建立于 1960 年，由 5 个主要的石油出口国组成：沙特阿拉伯、伊朗、伊拉克、科威特和委内瑞拉。该组织确定的目标如下：

（1）协调并统一各成员国的石油政策。

（2）采取措施确保价格稳定、消除有害而又不必要的价格波动。

在 1960 年以前，这些石油生产国与国际石油公司的冲突越来越激烈，它们根据"让步的协议"进行石油开采。根据这份协议，石油公司有权开采石油，并为此支付特许权使用费。这意味着石油生产国在石油产品的产量和价格方面几乎没有发言权。

尽管 1960 年成立了石油输出国组织，但直到 1973 年石油生产的控制权才由石油公司转到石油生产国，由 OPEC 决定石油的产量并以此决定其石油收入。此时，OPEC 已拥有 13 个成员国。

在整个 20 世纪 70 年代，石油输出国组织的定价政策包括以下几方面：把沙特阿拉伯（它是市场领导者）原油价设定为市场价，然后其他各成员国依据这个价格设定它们自己的石油价格，成为支配型"企业"价格领导地位的一种形式。

只要需求一直保持上升态势，同时价格又无弹性，那么这项政策就会导致价格大幅度提高，从而收入大量增加。1973 年和 1974 年，在阿拉伯—以色列战争过后，OPEC 把石油价格从每桶 3 美元左右提高到每桶 12 美元以上。这个价格一直延续到 1979 年，而石油的销售量并没有明显下降。

可是，1979 年之后，石油价格进一步由每桶 15 美元左右提高到每桶 40 美元，需求开始下降。这主要是因为 20 世纪 80 年代初期发生了经济衰退。

面临着需求的持续下降，OPEC 在 1982 年之后同意限定产量并分配产量定额，试图维持这个油价。1984 年达成协议，最高产量为每天 1 600 万桶。然而，由于下列原因，卡特尔开始被瓦解：

（1）全球性经济不景气，导致石油需求下降。

（2）非 OPEC 成员国的石油产量上升。

（3）某些 OPEC 成员国"采取欺骗行为"，产量超过分配给它们的限额。

由于石油供过于求，OPEC 再也不能维持这个价格了。石油的"现货"价格（公开市场上石油交易的每天价格）不断下降。

20 世纪 80 年代末期，石油价格下降的趋势有所逆转。随着世界经济开始复苏并繁荣起来，石油的需求也开始上升，它的价格也开始上涨。1990 年，伊拉克入侵科威特，海湾战争爆发。由于科威特和伊拉克停止了石油供应，石油供应量开始下降，石油价格急剧上涨。

随着这场战争的结束，再加上 20 世纪 90 年代初的经济不景气，石油价格又开始快速下跌，并随着世界经济开始再次扩张而只是缓慢恢复。

第六章

收入分配理论

* 掌握生产要素的需求、供给及其决定。
* 理解工资、地租、利息和利润有关概念及原理。
* 了解基尼系数的含义。
* 了解引起收入不平等的原因及收入分配平等化政策。

经济学家：维尔弗雷多·帕累托（Vilfredo Pareto，意大利，1848.7.15—1923.8.19）

简介： 维尔弗雷多·帕累托，意大利经济学家、社会学家，对经济学、社会学和伦理学作出了很多重要的贡献。1892 年，瓦尔拉斯（边际效用价值论创建人之一，详见第三章经济学家介绍）推荐帕累托接替他在洛桑大学开设的政治经济学教职。1893 年，帕累托被任命为洛桑大学政治经济学教授，并开始发表作品。他的理论影响了墨索里尼和意大利法西斯主义的发展。

主要贡献： 著有《政治经济学讲义》《政治经济学提要》《普通社会学》《社会主义体系》。提出了帕累托最优的概念，并用无异曲线来帮助发展了个体经济学领域。帕累托因对意大利 20% 的人口拥有 80% 的财产的观察而著名，后来被约瑟夫·朱兰和其他人概括为帕累托法则（80/20 法则），后来进一步概括为帕累托分布的概念。

**导入案例 **

工作与收入分配

当你参加工作后，你的收入高低将主要由你从事哪一类工作来决定。如果你成为一家公司的基层营销人员，你赚的钱很可能比装修公司的工人师傅要少。这个事实并不让人吃惊，但原因并非显而易见。进一步说，一国一年的居民总收入是一个庞大的数额，人们以各种方式获得这些收入。各种行业、岗位的员工工资和福利津贴在总收入中占一定比例，其余部分则以租金、利润和利息形式归土地所有者和资本所有者。什么因素决定总收入在工人、土地所有者和资本所有者之间的分配？为什么一些传统行业普通工人的工资比一些具有更高学历的高校毕业生的工资要高？为什么一些土地所有者赚的租金比另一些土地所有者要高？特别是，为什么装修工人赚的钱比大学毕业生要多呢？

收入分配问题之所以重要在于它涉及经济学中一个最基本的问题——公平与效率。收入分配理论要解决为谁生产的问题，即生产出来的商品按什么原则分配给社会各阶层。对上述问题的回答仍取决于供求关系。劳动、土地和资本的供给与需求关系，决定了支付给工人、土地所有者和资本所有者的报酬，即这些生产要素的价格。

第一节　收入分配理论

一、生产要素的需求

（一）生产要素需求的特点

我们知道，产品的价格（和产销数量）是由产品的需求和供给共同决定的。同样，生产要素的价格（和使用量）是由生产要素的需求和供给共同决定的。但是同产品的需求和供给相比，生产要素的需求和供给又具有不同的性质。

就要素的需求来说，生产要素的需求来自厂商。厂商对要素的需求不同于一般消费者对消费品的需求。消费者对消费品的需求是一种直接需求，也就是为了直接满足自己的欲望。厂商购买要素不像消费者购买商品那样是为了直接满足消费的需要，而是为了用要素来生产产品以供应市场。所以，同消费者对产品的需求是取决于产品的效用和边际效用不同，厂商对生产要素的需求是取决于生产要素所具有的生产出产品的能力。换言之，厂商对要素的需求反映了或根源于人们对产品本身的需求，所以，经济学把厂商对生产要素的需求称为派生的需求（Derived Demand），指厂商对要素的需求是人们对要素所产出的产品的需求派生出来的。

生产要素的需求不仅是一种派生的需求，也是一种联合的需求（Joint Demand）或相互依存的需求。这就是说，任何生产行为所需要的都不是一种生产要素，而是多种生产要素，这样各种生产要素之间就是互补的。如果只增加一种生产要素而不增加另一种，就会出现边际收益递减现象。而且，在一定的范围内，各种生产要素也可以互相替代。生产要素相互之间的这种关系说明它的需求之间是相关的。例如，只有工人，没有厂房、原材料、加工设备等，无法生产出产品，只有把工人、厂房、原材料、加工设备等生产要素相互结合起来，才能生产出产品。因此，生产要素的联合性和派生性决定了它的需求比消费者对一般产品的需求要复杂得多。

（二）影响生产要素需求的因素

由以上生产要素需求的特点可以看出，影响生产要素需求的因素主要有以下几方面。

第一，市场对产品的需求及产品的价格。这两个因素影响产品的生产与企业的利润，从而也就要影响生产要素的需求。一般而言，市场对某种产品的需求越大，该产品的价格就越高，则生产这种产品所用的各种生产要素的需求也就越大；反之，市场对某种产品的需求越小，该产品的价格就越低，则生产这种产品所用的各种生产要素的需求也就越小。

第二，生产技术状况。生产的技术决定了对某种生产要素需求的大小。如果技术是资本密集型的，对资本的需求大；如果技术是劳动密集型的，则对劳动的需求大。

第三，生产要素的价格。各种生产要素之间有一定程度的替代性，如何进行替代在一定范围内取决于各种生产要素本身的价格。企业一般要用价格低的生产要素代替价格高的生产要素，从而生产要素价格本身对其需求就有重要的影响。

二、生产要素的供给

从生产要素的供给来看，它不是来自厂商，而是来自个人或家庭。个人或家庭在消费理论中是消费者，在要素价格理论中是生产要素所有者。个人或家庭拥有并向厂商提供各种生产要素。

生产要素主要有四种，即劳动、资本、土地与企业家才能。这四种要素的所有者分别是劳动者、资本所有者、土地所有者和企业家，他们为厂商提供这些生产要素而分别取得工资、利息、地租和利润。工资、利息、地租和利润就是这些生产要素的价格。我们前面说过，产品价格取决于它的效用和边际效用，而厂商需要这些生产要素则是因为它们能生产产品，因此是取决于它们各自对生产产品所作出的贡献。

在商品经济条件下，产品市场和生产要素市场是相互依存、相互制约的。厂商作为产品的生产者需求要素而供给产品。与此相对应，生产要素的所有者则供给要素而需求产品。厂商在生产要素市场上买进要素时付出的价款形成要素所有者的收入，同时也构成产品的成本；生产要素的所有者出卖要素取得的收入成为厂商出卖其产品的销售收入的源泉。所以，从整个社会生产过程来看，成本、收入和价值这三个经济范畴具有如下恒等关系：

$$产品成本 = 要素收入 = 产品价值$$

同产品的价格（和产销数量）是由产品的供给和需求共同决定的一样，生产要素的价格（和使用量）也是由生产要素的需求和供给共同决定的。产品的供求关系与要素的供求关系在逻辑上是完全对称的，只要掌握了前面分析产品的问题时的各个概念和推理，对于生产要素的供求问题的理解，应该是并不困难的。但由于厂商对要素的需求取决于人们对产品的需求，而产品的供求与要素的供求关系存在着如上所说的相互依存和相互制约的关系，所以对要素的需求的分析要比对产品的需求的分析复杂一些，在概念的理解方面有时容易混淆不清，这是初学者必须注意的一点。同时，我们知道，产品价格的决定因市场的结构不同而不同。因此，对要素需求进行分析时还必须区分更加复杂的各种不同情况。

三、生产要素市场的利润最大化原则

在分析商品的均衡价格和产量的决定时，我们已经指出，为了实现最大限度的利润，厂商需要作出决策，是把他的产量调整到这样的水平，即该产量的边际收益 MR 等于该产量的边际成本 MC。现在考察的问题是厂商对生产要素的需求，因而需要回答的问题是厂商将怎样调整其某种生产要素的投入量，以便由此所产产品的销售价值与成本之差，即利润总量达到极大值。

在这里，厂商之所以要增加某种生产要素的投入，是因为增加它可以增加产品，相应地增加收益。在其他条件不变的情况下，增加一单位某种生产要素所带来的收益（$\Delta TR/\Delta F$）叫做该生产要素的边际生产力。每增加一单位某种生产要素所增加的产品（$\Delta Q/\Delta F$）叫做边际物质产品（Marginal Physical Product，MPP），有时被简称为边际产品（MP）。而每增加一单位产品所增加的收益（$\Delta TR/\Delta Q$）叫做边际收益（MR）。因此，这里需要引进一个新的概念，厂商每增加一单位某种生产要素所增加的收益，或者说厂商每增加一单位某种生产要素所增加的产品所带来的收益（$\Delta TR/\Delta F$），叫做边际收益产品（Marginal Revenue Product，MRP），它等于边际产品与边际收益的乘积，即 $MRP = MPP \times MR$（按照定义，$MRP = \Delta TR/\Delta F$，而 $\Delta TR/\Delta F = \Delta Q/\Delta F \times \Delta TR/\Delta Q = MPP \times MR$）。

和厂商通过调整产出量以实现最大利润所需具备条件是 $MC = MR$ 完全一样，厂商通过调整某种生产要素投入量以实现最大利润的条件，是他把投入某种生产要素最后一个单位带来的收益（边际收益产品 MRP）恰好等于他增加最后那个单位的生产要素投入所增加的成本，叫边际要素成本（Marginal Factor Cost，MFC），即 $MRP = MFC$。其道理相同，假如 $MRP > MFC$，这表示继续增加该种生产要素的投入带来的收益会超过为此付出的成本，因而增加投入量可以使利润总量有所增加；反之，假如 $MRP < MFC$，这表示最后增加的那单位生产要素反而造成损失，从而导致利润总量的减少。因此，无论是 $MRP > MFC$，还是 $MRP < MFC$，厂商的利润都不是最大的。只有在 $MRP = MFC$ 时，利润才达到最大。也就是说，$MRP = MFC$ 是要素市场的厂商均衡的一般条件。

四、生产要素价格的决定

（一）完全竞争市场上的厂商行为

在具体分析要素市场上的厂商行为时，需要联系市场结构类型来考虑。这里我们先来分析无论是在产品市场上还是在生产要素市场都为完全竞争时的厂商行为。

1. 完全竞争下的厂商供给

在生产要素市场为完全竞争的条件下，厂商无论购买多少某种要素都不影响该要素的价格，要素的价格是由市场的供求关系决定的，个别厂商只能接受市场价格。因此在市场决定的价格水平上，个别生产要素的供给曲线是一条水平线。如图 6－1 所示。

在图 6－1 中，横轴表示一种要素的数量，纵轴表示该要素的价格。S 是厂商对该要素的供给曲线，它是一条平行于数量轴的直线，表示厂商无论购买多少要素都不影响该要素的市场价格，换言之，要素所有者

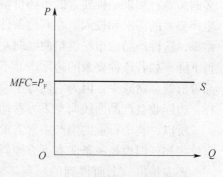

图 6－1　完全竞争下的要素供给

可以按照现行市场价格供给该厂商任何数量的要素。供给曲线 S 与横轴的距离即表示该要素的市场价格，它是由该要素的市场总供给与总需求的均衡所决定的。这与商品市场的价格决定完全是一样的。

由于厂商购买和使用该种生产要素并不影响该要素的价格，因此，它每增加一个单位要素的投入所增加的成本就等于该要素的价格。这样，在完全竞争市场上，厂商的供给曲线 S 与它的边际要素成本曲线 MFC 重合，边际要素成本（MFC）也就等于这种生产要素的价格，即 $MFC = P_F$。

2. 完全竞争下的厂商需求

之前已指出，边际收益产品等于边际产品与边际收益的乘积。这里我们只考察完全竞争条件下，一种要素可变而其他要素不变的情况。由于收益递减规律的作用，要素的边际产品以及相应的边际收益产品是递减的，因而要素的需求曲线是从左上方向右下方倾斜的曲线，如图 6 - 2 所示。MRP 即为边际收益产品曲线。

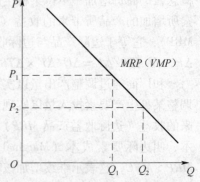

在完全竞争商品市场上，由于商品价格是不变的，边际收益始终等于商品价格，即 $MR = P$。因此，边际收益与边际产品的乘积始终等于价格与边际产品的乘积，即 $MR \times MPP = P \times MPP$。价格与边际产品的乘积叫做边际产品价值（Value of Marginal Product，VMP）。所以在完全竞争下，一种要素的收益产品曲线 MRP 与其边际产品价值曲线 VMP 重合。如图 6 - 2 所示。

图 6 - 2　完全竞争下的要素需求

由于要素的边际收益产品是下降的，因此，以追求最大利润为目标的厂商只有在该要素的价格下降（意味着成本下降）时才愿意增加对该要素的需求。例如，在图 6 - 2 中，当某种要素投入为 Q_1 时，边际收益产品或边际产品价值为 P_1。当该生产要素价格也为 P_1 时，厂商才愿意使用该生产要素 Q_1 个单位。当某种要素投入增加到 Q_2 时，边际收益产品或边际产品价值下降到 P_2，这时，只有当该生产要素价格相应地降到 P_2 时，厂商才愿意增加使用该生产要素到 Q_2 个单位，即增加 $Q_2 - Q_1$ 个单位。由此可见，厂商对一种生产要素的需求曲线就是该种要素的边际收益产品曲线。在完全竞争下，它也是该要素的边际产品价值曲线。

以上讨论的要素需求曲线只局限在一个厂商内。在完全竞争市场上，一种要素往往有很多购买者。如果一种要素的市场价格下降了，使用该种生产要素生产的厂商们都会增加这种生产要素的需求和投入。在其他条件不变的情况下，厂商们的产量由于成本的降低而扩大。结果，这种产品的市场供给曲线向左下方移动。假若需求仍然不变，这种产品的市场价格就得下降。如若该种要素的边际产品不因使用量的增加而下降，那么，边际收益产品和边际产品价值就必然减少，因为它们等于一个既定的边际产品乘以一个较低的价格和边际收益。这样，边际收益产品曲线向左下方移动，厂商对该要素的需求又转而减少。

所以，整个行业的生产要素需求曲线并不是直接将该行业中所有的个别厂商的需求曲线简单相加，但也是一条向右下方倾斜的线。

还需指出，上面得到的厂商需求曲线是以一种要素可变而其他要素固定为假设条件的。假若不止一种要素可变，那么，对厂商需求曲线还需要作出修正。

3. 完全竞争下的厂商均衡

把厂商的要素供给曲线与需求曲线结合在一起就可以建立完全竞争下的厂商均衡。在图 6 - 3 中，S 为一种要素的供给曲线，在完全竞争下，它就是厂商的边际成本曲线 MFC。D 是行业对该要素的需求曲线，它也是边际收益产品曲线 MRP，同时也是边际产品价值曲线 VMP。

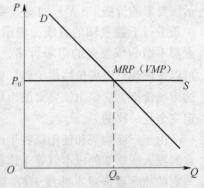

图 6 - 3　完全竞争下的厂商均衡

从图 6-3 中可见，在要素价格为 P_0 的条件下，边际要素成本与边际收益产品在 Q_0 水平上相等，从而 Q_0 是厂商使用该要素的最优数量。因为 $VMP = MRP$，所以 $MRP = MFC = VMP$ 就是在完全竞争下厂商均衡，也即实现最大利润的条件。

（二）非完全竞争市场上的厂商行为

这里所说的非完全竞争包括除完全竞争以外的所有含有或多或少垄断因素的产品市场结构。其中包括：

（1）产品市场不完全竞争——要素市场完全竞争；

（2）产品市场完全竞争——要素市场不完全竞争；

（3）产品市场和要素市场均为不完全竞争。

在不完全竞争（即垄断竞争、完全垄断、寡头垄断）市场上，对一个厂商来说价格并不是不变的，因此，边际收益也不等于价格。边际收益取决于生产要素的边际生产力和价格水平。这时生产要素的需求仍要取决于 $MRP = MFC$。因此，生产要素的需求曲线仍然是一条向右下方倾斜的曲线。这两种市场上的差别在于需求曲线的斜率不同，从而在同一生产要素价格时，对生产要素的需求量是不同的，一般而言，同一价格时完全竞争市场上的生产要素需求量大于不完全竞争市场。

五、工资、地租、利息、利润理论

生产要素按其价格参与分配，具体表现为工资、地租、利息和利润四种形式。

（一）工资理论

工资被解释为劳动的价格，或劳动这一要素所提供的劳务的报酬。在这一过程中，劳动者提供了劳动，获得了作为收入的工资。劳动价格是在劳动市场上形成的。同一般商品的价格决定一样，在完全竞争市场和不完全竞争市场，工资的决定也有不同的情况。

1. 完全竞争条件下工资的决定

完全竞争劳动市场具有以下特征：所有劳动都是同质的、无差别的，该种劳动的供给者很多，劳动要素的需求者也很多，因而，任何单个劳动的供给者和需求者都不能影响劳动的价格；每个供给者和需求者都不可能形成各自的垄断，但可以自由地进入或退出市场。

完全竞争劳动市场的均衡工资是由劳动的需求和劳动的供给相互作用的结果。劳动需求是指在各种可能的工资下，企业愿意雇用的劳动数量。对于每一个具有理性的企业而言，总是根据利润最大化的原则来选择使用劳动的数量。当工资水平提高时，所有企业使用劳动的数量将减少，从而劳动的市场需求量减少；反之，当工资水平降低时，单个企业对劳动需求量的增加将导致劳动的市场需求量增加，如图 6-4 所示（纵轴为工资水平，横轴为劳动需求量），劳动需求曲线 D_L 自左上方向右下方倾斜。

劳动供给指在各种可能的价格水平（工资）下，人们愿意提供的劳动数量。劳动供给有自己特殊的规

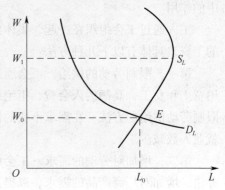

图 6-4　劳动的供求曲线

律，一般来说，当工资增加时，劳动会增加，但工资增加到一定程度后，如果再继续增加，劳动不但不会增加，反而会减少。这是因为，工资收入增加到一定程度后，货币的边际效用递减，足以抵制劳动的负效应，从而劳动会减少，如图 6-4 所示，S_L 为劳动供给曲线，当工资低于一定水平（W_0）时，工资越高，劳动供给量越大；当工资越过一定水平（W_0）后，工资越高，劳动供给量越小。

在完全竞争市场条件下，劳动供求关系决定了均衡工资，如图 6-4 所示，劳动需求曲线 D_L 与劳动供给曲线 S_L 相交于 E 点，该点对应的工资是劳动市场均衡工资，即能使劳动市场供求相等的工资，此时，劳动的供给量和需求量都是 L_0。现实生活中，市场工资是围绕均衡工资而上下波动的，当劳动的需求大于供给时，工资会上升，从而增加劳动的供给，减少劳动的需求；当劳动的需求小于供给时，工资会下降，从而减少劳动的供给，增加劳动的需求。正如价格的调节使物品市场实现供求平衡一样，工资的调节也使劳动市场实现供求平衡，并保证充分就业。

2. 不完全竞争条件下工资的决定

现实生活中，劳动市场存在不完全竞争的情况，主要表现在：

第一，自由进入某一职业劳动市场的条件存在限制。如接受训练的能力有限，工会的反对或其他的阻碍，因而，能够进入该市场的人，总是比希望进入该市场的人少。

第二，雇主的市场力量。当某一劳动市场的雇主只是少数几个厂商时，就会形成买方垄断。这些雇主可以通过协议或单方面的行动，把工资压到低于竞争性市场通常的水平。

第三，工会的力量。通过组织工会，工人能够对抗雇主的买方垄断，使工资接近甚至高于竞争性的工资水平。

第四，工资法律的限制，如政府实行的最低工资标准。

第五，习惯的限制，如种族、性别等方面的歧视。

不完全竞争市场有两种不同的情况：一种是买方垄断的市场，劳动的供给是由众多的相互竞争的劳动者提供的劳动所形成，而购买劳动的厂商只有一家，即对劳动的需求是垄断购买的情况；另一种是卖方垄断的市场，对劳动的需求是由众多的相互竞争的厂商购买形成的，而劳动者却由工会组织在一起，成为要素市场的卖方垄断者。在这种不完全竞争的劳动市场上，工会对工资的决定通常起着重大的作用，这里，我们重点介绍一下工会在工资决定中的作用。

工人通过工会组织在一起，集体出售他们的劳动。工会组织会尽量采取措施以提高工人的工资，具体有以下几种方法：

第一，限制劳动的供给。工会通过支持移民限制，缩短每周工时，延长休假期，限制雇用童工和女工，高额的入会费，拒绝接受新会员，降低劳动强度等，这些都是曾经使用过的限制劳动供给的方法。在需求不变的情况下，通过减少劳动的供给，可以提高工资，但会使就业人数减少。

第二，增加对劳动的需求。工会可以使劳动需求增加。通过支持保护关税、广告竞争等办法，增加对厂商产品的需求，以提高对劳动的需求。在劳动供给不变的条件下，工会通过增加对劳动的需求，改变市场上劳动的供求关系，使需求大于供给，从而使工资上升，这样不但会使工资增加，而且还可以增加就业。

第三，最低工资法。工会通过其强大的力量迫使政府通过法律形式规定最低工资，这样即使在劳动供给大于需求的情况下，也可以使工资维持在一定水平上。但这种方法可能会带来一定的失业人口。

工会虽然在工资的决定中起了很重要的作用，但它的影响程度同时也受到一些因素的限制。例如，整个经济形势的好坏，劳资双方力量的对比，政府干预的程度与倾向性，工会的斗争方式与艺术，社会对工会的同情和支持程度等。工会只有善于利用各方面的条件，才能尽可能多地争取为工人提高工资。

从长期看，由于劳动者可以自由流动或更换行业，又有新劳动者加入，所以，劳动者数量是可变的。这种可变性导致劳动供给曲线的弹性较大。

案例分析6-1　　劳动供给决策中的替代效应与收入效应——收入与闲暇的替代

假定汤普森在年轻时是一个职业高尔夫球手，同时他又非常爱好读书。汤普森最好的工作机会是去当高尔夫球教练。在缴纳了所得税及与职业相关的各种费用之后，他发现通过当高尔夫球教练，每天可以挣到100元。进一步地，如果汤普森扩大招收学生的数目，则他就得增加工作天数。假设他可以在0~365天的任何时候工作，他是否就会不断扩大学生数量，不断增加工作，直到再也不能增加了为止呢？这里有一个约束，他每多工作一天，就不得不减少一天投入到他的爱好，即读书中去。因此，他所面对的问题是，究竟把多少时间投入于工作，把多少时间投入于读书中去，换言之，选择多少时间工作、多少时间闲暇？

要解决这个问题，汤普森的思路是，从经济意义上考虑，怎样的选择能让我更快乐？经过一些思考，他觉得他的满足度或效用取决于他在现期和未来所能消费的商品与劳务的数量以及他能够悠闲地去读书的时间。这样，汤普森的问题可以表述为："我需要工作多少天，才能得到最大可能的效用？"为了找到能够使他的效用最大化的劳动供给，他必须比较他每多工作一天的成本与收益。

替代效应与收入效应作用的方向相反，在实际工资增加的情况下，替代效应趋向于增加劳动供给，而收入效应则趋向于减少劳动供给。

1. 单纯替代效应：实际工资增加一天

现在，设定某一个星期六，有一个球手找到汤普森，希望汤普森能够在星期天给他指导，以便在一次业余比赛中取得好成绩。

由于一个非常高的报酬的吸引，汤普森破例决定在这个星期天去工作，而不去读书，也就是说，决定以工作来替代闲暇，这显然是替代效应的作用。

2. 单纯的收入效应：得到一笔礼物

假定某一天，一个由汤普森指导的学生得到了高尔夫球锦标赛的冠军，为了感谢汤普森的指导，他寄给汤普森一张30 000元的支票，这差不多相当于汤普森一年的收入。这时，汤普森可能会考虑把每周的工作天数由6天减少到5天。

消费者财富的意外增加和未来预期收入的增加都会引起劳动供给的减少。

3. 替代效应与收入效应的混合：实际工资的长期增长

假定另外一个高尔夫球俱乐部聘请汤普森作职业教练，每天工资为200元，即相当于汤普森以前工资的两倍，每周工作的天数仍然由他决定。汤普森自然会欣然应聘，但是在这个新工作岗位上，他的工作天数是会增加，还是会减少呢？

这里，两种效应的作用方向相反。一方面，由于工作的报酬更丰厚了，汤普森会尝试着更多地工作；另一方面，由于工资比以前翻了一倍，他现在只需要工作三四天就足以应付日常生活之需，并享受读书的效用，因此他可以减少工作天数。从绝对值来看，如果替代效应大于收入效应，则最终汤普森会选择多工作，如果替代效应小于收入效应，则最终他会选择减少工作。那么是什么在决定这两种效应的相对强度呢？一个重要因素是汤普森对于这个新的高薪工作能够持续多久的预期。这个新工作预期持续的时间越长，则它对汤普森的一生资源的现值的影响越大，收入效应越强；反之，如果这个新工作的预期持续时间不长，则替代效应就会大一些。

在现实中，这两种方向相反的效应的作用导致的结果如何呢？考察美国、英国、加拿大等国60多项关于劳动供给的研究结果，尽管这些研究在许多方面都有不同，但它们得出了相同的结论，即劳动供给相应于实际工资的短期上升会出现增加，而相应于实际工资的长期上升则会出现减少。在过去的一个世纪中，随着工资水平的普遍上升，我们可以清楚地看到，人们的劳动供给已经大大减少了。

（二）地租理论

土地的价格是土地所有者对生产过程的贡献而获得的收入。我们需要区分两种土地的价格：购买价格和租赁价格。土地的购买价格是个人为了无限期地拥有一定量的土地生产要素而支付的价格。租赁价格是个人为了在一定时期内使用一定量土地生产要素而支付的价格。

从一般意义上说，土地购买价格的决定与其他商品的价格一样，在此不再分析，下面着重分析土地的租赁价格，即地租。

所谓地租就是指作为生产要素的土地的价格，土地所有者（地主）提供了生产服务的土地，得到了地租。地租由土地的供给与需求决定，土地的需求取决于土地的边际生产力即土地的边际产品价值，土地的边际生产力也是递减的。因此，土地的需求曲线同样也是一条向右下方倾斜的曲线。但土地的供给是固定的，因为一个地区，它可以利用的土地总有一定的限度，这样，土地的供给曲线就是一条与横轴垂直的线。将向右下方倾斜的土地的市场需求曲线与土地供给曲线结合起来，即可决定使用土地的均衡价格。

如图 6-5 所示，横轴为土地量，纵轴为地租，垂直于横坐标线的 S_N 为土地的供给曲线，向右下方倾斜的线 D_N 为土地的需求曲线，D_N 与 S_N 相交于 E 点。从图 6-5 中可以看出，土地的供给量固定为 N_0，需求曲线与供给曲线的交点所对应的均衡价格即为地租 R_0。

然而随着经济的发展，生产力水平的不断提升，人们对土地的需求也在不断增加，但由于土地供给的特殊性使得土地的供给是固定的，因此，地租有不断上升的趋势。如图 6-6 所示。

图 6-6 中，当土地的需求增加时，土地的需求曲线由 D_0 向上移至 D_1，土地的供给曲线不变。D_0、D_1 分别与 S_N 相交于 E_0、E_1 两点，所决定的地租分别为 R_0、R_1，$R_1 > R_0$。这就说明了地租是随着土地的需求增加而增加的。

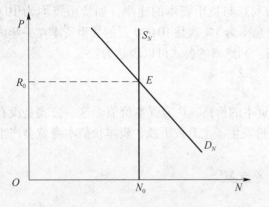

图6-5 土地的均衡价格曲线

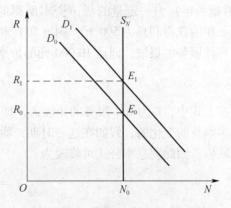

图6-6 地租随需求量的变化曲线

案例分析6-2 **房地产价格上涨对收入分配的影响**

1998年之前,土地是政府无偿划拨的,土地没有价格,因此,土地作为生产要素不参与社会财富的再分配。住房制度改革之后,土地作为生产要素开始参与社会财富的再分配,其结果是财富通过土地向政府与企业集中。

住房制度改革之后,我国的土地出让制度相应发生变化,政府可以通过出让土地获得越来越多的收入。在1999年之前,只有深圳等个别城市的政府通过出让土地使用权获得城市开发的资金来源,但1999年之后,政府在土地使用权出让的过程中获得的资金越来越多。1998年,全国土地出让收入仅68亿元,到2010年就变成了2.7万亿元。在不少城市,土地出让金占预算外收入的比例超过50%。

房地产开发商也是这个土地价格上涨过程主要的受益者,从每年发布的财富排行榜中就可以看出来,最近几年在财富排行榜中的前100位富豪里,70%以上与房地产有关。由此可以看出,随着土地价格的大幅度上涨,土地作为生产要素参与社会财富分配的程度越来越深,极大地改变了中国社会的财富分配格局,通过土地这个媒介越来越多的财富从居民手里转移到政府与企业手里。

土地价格快速上涨不仅导致收入的再分配,也对经济运行产生了巨大的副作用,最值得关注的是企业家精神的泯灭。当囤积土地成为最赚钱的行为时,通过技术革新、强化管理等途径来获利的行为变得几乎没有意义。因此,我们看到各路产业资本纷纷云集房地产市场,在小商品生产领域有绝对优势的江浙资本开始大规模从制造业撤退。

(三)利息理论

1. 利息的概念

资本是一种重要的生产要素,是由经济制度本身生产出来并被用做投资要素以便进一步生产更多的商品和劳务的物品。其可以与其他要素一样在市场上被租借出去,因此,作为生产服务资本也有一个价格,即个人为在有限时期内使用资本要素而支付的价格,或者说,资本所有权所得到的价格,这一价格通常称为利息。

资本所有者提供了资本,就可以获得利息。在计算利息时,要与工资的计算方式区别开来,因为利息不是用货币的绝对量来表示,而是用利息率表示。所谓利息率是指在一定时期

（通常指一年）内一定量的货币资本所得的利息与货币资本的比率。如货币资本为 10 000 元，一年内获得利息为 500 元，则（年）利息率为 5% 就是 10 000 元的货币资本在一年内提供生产性服务的报酬，即这 10 000 元的价格。利息率的公式可以表达为：

$$r = \frac{Z}{P}$$

在上式中，Z 为资本服务的年收入，即资本的价格，P 为资本价值。这一公式是没有考虑资本本身的变化的，假如在这一时期，物价发生了上升或下跌，资本价值本身就会产生增值或减值，因此利息率公式可修改为：

$$r = \frac{Z + \Delta P}{P}$$

式中，ΔP 为资本价值的增量，可以大于、小于或等于零。

2. 利息价格的决定

利息率也是一种价格，即资本的借方使用这部分资本时向资本所有者支付的价格。正因为利息率也是一种价格，所以它本质上与商品价格以及生产要素价格的决定没有区别。在资本市场上，利息率也是取决于资本的需求和供给。

资本的供给主要来源于家庭的储蓄，储蓄可以获得利息，于是人们放弃现期消费而进行储蓄。而且人们的储蓄欲望会随着利息率的变动而同方向变动，因此，如果用曲线表示资本供给，应是一条向右上方倾斜的曲线。

资本的需求由两部分组成，一是居民的需求，如居民的个人消费贷款等。居民的这种需求与利息率呈反向变动，利息率越高，居民消费所借资本付出的代价越大，欲望则被抑制；反之，利息率越低，居民的借款成本越低，消费欲望则越强。二是企业的需求，企业借入资本主要是用来投资，以实现利润最大化。我们这里所讲的资本需求主要是企业投资的需求。根据生产要素需求原理，企业对资本的需求量取决于资本的边际生产率，即资本的边际产量价值，企业总是根据资本的边际产量价值等于借贷资本利率的原则确定资本的需求量。因此，企业的需求与利息率同样呈反方向变动，利息率越高，考虑到利润率，企业的净现值越小，企业投资欲望则降低；相反，利息率越低，投资欲望越强。因此，资本的需求曲线是一条向右下方倾斜的曲线，它表示与每一借贷利息率相应的投资者对投资资金的需求量，如图 6-7 所示，D 代表企业对资本的需求，S 代表资本的供给。资本的需求与供给的交点 E，决定了利息率水平为 R_0。

应当注意的是，这里所说的由资本供求关系所决定的利息率一般称为"纯粹利息率"，是一种理论分析的利息率水平，它反映了资本的净生产力。

在现实生活中，由于不同的资本借贷市场的特点不同，它们的资本的需求与供给也不同，因此，各种资本实际利息率与纯粹利息率并不完全相同。利息率的差异主要由以下原因造成：

第一，贷款的风险程度。在资本市场上债权人对债务人所收取的利息中包括有贷款风险的收入，如不能偿还的风险、通货膨胀使货币贬值的风险等，对这些风险，债权人要收取一定的费用。而

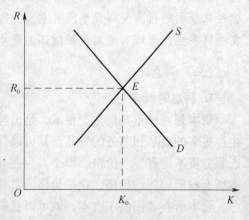

图 6-7　利息率的决定曲线

且，贷款风险越大，债权人为弥补风险所要求的利息率就越高。通常公司债券的利息率高于政府债券的利息率，其原因是政府债券有较高的信誉，其风险小，一般不会发生到期不能还本付息的情况。而公司债券的风险较大，一旦公司倒闭，债权人将受到损失。

第二，贷款的期限长短。贷款的时间越长，利息率就越高。这是因为，债权人一旦发放了长期贷款，在这段时间内即使存在更有利的机会，他也不能收回这笔贷款。为了弥补可能受到的损失，他会要求更高的利息率。而债务人由于能够在较长的时间内使用这笔贷款，他也愿意为此支付较高的利息率。

第三，管理成本。债权人发放任何一笔贷款都要付出一定的成本，而且，每一笔数量不等的贷款的管理成本基本相同。这样，数额较小的贷款利息率高于数额较大的贷款的利息率。

利息理论认为利息是使用货币资本的报酬，由借贷资本的需求和供给决定的。实际在资本主义条件下，利息是剩余价值的转化形式，是借贷资本家把货币资本贷给职能资本家而分到的剩余价值的一部分。如果不把借贷资本投放到生产领域，没有雇用劳动者的创造性劳动，借贷资本自身不会发生增值也不可能产生利息。这种利息理论掩盖了利息的本质、歪曲了利息的来源。

（四）利润理论

利润通常指的是企业总收益与总成本的差额，即企业出售产品和服务所获得收入扣除全部费用（包括工资、薪金、租金、利息、材料、货物税和其他支出等）后所剩的余额，利润又称为会计利润或企业利润。

1. 正常利润与超额利润

经济学上一般把利润分为正常利润与超额利润。一个企业要进入一个行业就必须维持一定的最低利润，而这个利润就称为正常利润。从另一个角度分析，正常利润也可称为企业家才能的价格，即企业家才能这种生产要素所得到的收入。

在经济学中，通常将正常利润视为企业成本的一个组成部分，而且往往作为一种隐含的成本，所以，收支相抵就是获得了正常利润。在完全竞争市场条件下，利润最大化实际上就是获得正常利润，超过正常利润以后的那一部分利润在完全竞争之下并不存在。因此，只有在不完全竞争条件下，才存在超过正常利润以后的那一部分利润即超额利润。

超额利润是指超过正常利润的那部分利润，或者说超过使企业继续处于该行业所必需的最低限度利润之上的利润，又称为纯粹利润或经济利润。在完全竞争条件下，在静态社会里，不会有这种利润产生。只有在动态的社会中和不完全竞争条件下，才会产生这种利润。

经济学家认为，尽管利润的来源问题有待于深入研究，但利润存在是经济生活中的事实，并且经济利润存在是现代经济社会必不可少的动力。经济利润刺激投资，并促使投资者愿意承担风险，经济利润是创新的动力，并鼓励企业提高经济效率，经济利润鼓励厂商去取得并且巩固垄断地位。在一定程度上，保持技术进步。总之，没有经济利润，经济资源就不可能得到有效的配置。

2. 利润在经济中的作用

从上述的分析中，可以知道经济利润可以刺激投资，维持技术创新，促进社会进步。原因为：

第一，正常利润作为企业家才能的报酬，企业家为获得丰厚利润，就要更好地管理企业，努力提高经济效益。

第二，企业要获得超额利润必须要进行创新，这种创新有利于社会的进步；由风险而产生的超额利润能够鼓励企业家勇于承担风险，从事有利于社会经济发展的风险事业。

第三，追求利润的目的是使企业按社会的需要进行生产，努力降低成本，有效地利用资源，从而在整体上符合社会的利益；整个社会以利润来引导投资，使投资与资源的配置符合社会的需要。

第二节　社会收入分配

前面分析了经济学的生产要素价格决定理论，这些理论构成经济学中分配理论的重要基础。但是还有一个重要的问题，那就是每个人在经济社会中所拥有的资本不一样，所拥有的土地资源不一样，所拥有的土地资源也存在极大的差别；每个人的天赋和从小所受的教育不同，勤劳的程度不同，因而在经济社会中人们所能得到的收入存在很大的差别，这就是收入分配的不平等问题。一个经济社会如果收入分配过于不平等，国民收入的大部分落到少数人手里，而大多数人一贫如洗，这样的社会必然是一个不稳定的社会。反之，如果一个经济社会收入分配过于平均化，人们无论工作的勤劳程度如何、工作业绩如何，都得到同样的收入，这个社会一定是一个缺乏效率的社会。正因为如此，建立一个能够衡量一个国家收入分配不平等程度的标准或指标就是至关重要的。

本节主要对社会分配问题进行探讨。社会收入分配主要是指收入分配是否平等的问题，衡量是否平等的标准主要为洛伦兹曲线与基尼系数。另外，在社会收入分配的问题中，还要注意平等和效率。

一、洛伦兹曲线与基尼系数

（一）洛伦兹曲线

洛伦兹曲线是由美国统计学家洛伦兹于 1905 年提出来的，旨在比较和分析一个国家在不同时代，或者不同国家在同一时代的收入和财富的平等情况。具体做法是：首先，按照经济中人们的收入由低到高的顺序排队；其次，统计经济中收入最低的 10% 的人群的总收入在整个经济中的总收入所占的比例；最后，统计经济中收入最低的 20% 的人群的总收入在整个经济的总收入中所占比例，依此类推。洛伦兹统计的人口百分比和收入百分比在统计时都是累积百分比。将得到的人口累计百分比和收入累计百分比的统计数据投影在图 6-8 中，得到一系列的点，将这一系列的点用平滑的曲线连接得到一条曲线，就是图中的 ODC 曲线，这条曲线就叫做洛伦兹曲线。我们可以通过该曲线直观地观察一个经济社会的收入分配状况，如图 6-8 所示。

图 6-8 中，横轴表示人口比例，纵轴为收入比例，弧线 ODC 即为洛伦兹曲线，45°线 OC 表示等比的人口拥有等比的收入，在这条线上横坐标与纵坐标相等，即经济中收入最低的 10% 的人得到社会 10% 的收入，收入最低的 20% 的人得到社会总收入的 20%，依此类推，也就是人口累积百分比等于收入累积百分比，因此 OC 表示经济社会中每个人得到了同样的收入，因而 OC 又被叫做绝对平均线。而折线 ONC 则表示了相反的收入分配状况，它意味着经济中极少数的人得到了社会 100% 的收入，因而这条线又叫做绝对不平均线。一个

国家的收入分配状况既非绝对平均，又非绝对不平均，因而实际的洛伦兹曲线位于绝对平均线与绝对不平均线之间。洛伦兹曲线将 ONC 三角形分成了两部分，一部分为 A，另一部分为 B，显然 A 的面积越小，洛伦兹曲线与绝对平均线越接近，说明收入分配越均等；A 的面积越大，即洛伦兹曲线弯曲的弧度越大，它与绝对不平均线就越接近，它所代表的收入分配就越不平等。如果把收入改为财产，洛伦兹曲线反映的就是财产分配的平均程度。在实际收入线即弧线 ODC 上，这种收入分配就表现出了不平等性，如20%的人口只拥有大约3.5%的收入，60%的人口只拥有大约21%的收入。显而易见，洛伦兹曲线的弯曲程度具有重要意义。一般来说，它反映了收入分配的不平等程度，弯曲程度越大，收入分配程度越不平等。

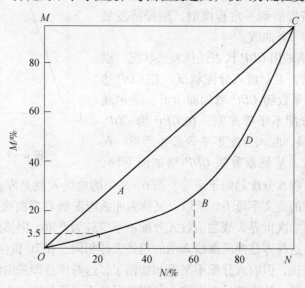

图 6 - 8　洛伦兹曲线

（二）基尼系数

根据洛伦兹曲线可以计算出反映收入分配平等程度的指标，这一指标称为基尼系数。在图 6 - 8 中，弧线 ODC 与完全平等线 OC 之间的面积用 A 来表示，弧线 ODC 与完全不平等线 ONC 之间的面积用 B 来表示。计算基尼系数的公式为：

$$基尼系数 = \frac{A}{A + B}$$

根据这一公式可知，基尼系数不会大于1，也不会小于0。当 A 为 0 时，弧线 ODC 与 OC 重合，此时基尼系数为0，表示收入分配绝对平等；当 B 为 0 时，弧线 ODC 与折线 ONC 重合，基尼系数为1，表示收入分配绝对不平等。

国际上存在利用基尼系数判断社会收入分配平等与否的通用标准。基尼系数小于0.2，表示绝对平均；0.2～0.3 表示比较平均；0.3～0.4 表示基本合理；0.4～0.5 表示差距较大；0.5 以上表示收入差距悬殊。

二、收入分配不平等的原因

（一）社会的经济发展状况

在任何一个社会都存在程度不同的收入分配不平等的问题，市场经济社会中这一问题更加突出。各个社会引起收入分配不平等的原因既有共同之处，又有不同之处。研究引起收入分配不平等的原因，对解决这一问题是十分必要的。

首先，收入分配不平等的状况与一个社会的经济发展状况相关。库兹涅茨曲线（见图6-9）是20世纪50年代诺贝尔奖获得者、经济学家库兹涅茨用来分析人均收入水平与分配公平程度之间关系的一种学说。研究表明，收入不均现象随着经济增长先升后降，呈现倒U形曲线关系。

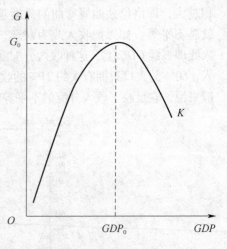

图6-9 库兹涅茨曲线

库兹涅茨曲线是表示随经济发展，收入分配不平等程度加剧，但经济发展到一定程度时，随经济发展收入分配逐渐平等的一条曲线。

在图6-9中，横轴用GDP代表经济发展状况，纵轴用G代表基尼系数，表示收入分配状况。在GDP达到GDP_0之前，基尼系数随GDP增加而上升，表示随着经济发展，收入分配不平等加剧。在GDP为GDP_0时，基尼系数G_0最高，收入分配不平等最为严重。在GDP超过GDP_0之后，基尼系数随GDP增加而下降，表示随着经济发展，收入分配趋向于平等。图6-9中的曲线K就是库兹涅茨曲线。因为这条曲线像一个倒过来的英文字母U，所以，又称为库兹涅茨倒U形曲线。

在发达国家，第二次世界大战之前收入分配不平等较为严重，但第二次世界大战后收入分配有平等的趋势，这与库兹涅茨曲线表示的趋势大体相同。在20世纪80年代以后，发达国家尽管经济发展较快，但收入分配不平等却加剧了，这与库兹涅茨曲线并不一致。在发展中国家，随着经济发展，的确都呈现出收入分配状况的不平等加剧。由此看来，经济发展程度的确与收入分配状况相关，但是否能成为收入分配平等或不平等的原因还要具体分析。不过在经济发展过程中，各国都出现过收入分配不平等加剧的现象，这的确是事实。

承认差别，才会有经济效率的提高。效率的发挥要建立在承认差别或者说不平等的基础上。有差别才有运动，才有发展，才有进步。正如水流的条件是有水位落差一样，没有差别就没有变化和效率。如果不允许人们为经济利益而竞争，就不可能有劳动生产率的进步和提高，不可能有社会财富的积累和经济的增长。经济学家认为，效率来自个人的努力和勤奋，不重视和不承认有差别，就是鼓励懒惰，社会经济就难以发展，平等只能成为普遍贫困。

为了提高经济效率，就要承认差别，不能搞绝对平均主义。但是，如果差距过大，贫富悬殊，也会造成严重的社会问题。社会上少数人极富有，大部分人极贫困，基本生活毫无保障，不仅影响劳动力的再生产，而且无法生活下去的人们必然铤而走险，扰乱社会秩序，造成社会动荡。

市场经济要求按效率优先的市场原则进行个人收入分配，不可避免地会造成收入差别悬殊。为此就有必要通过政府的收入分配政策来缓和收入分配不公平的现象。

（二）要素所有权的分布不均

如前所述，市场经济是按照生产要素的边际生产率决定个人收入的。而生产要素所有权分布不均，必然会造成收入分配的不均等。在市场经济中，国民收入分配问题实际上就是要素价格或者说要素报酬决定问题。在现实世界中，人们占有要素的状况是不一样的。有的人占有的资本、土地等要素多些，有的人则少些，甚至完全不占有；有的人劳动力强些，有的人差些。根据要素在生产中的贡献来分配收入，人们收入必然有差别，或者说不均等。

（三）制度的不平等

各国收入分配不平等与制度上存在的问题相关。比如，一些国家存在的户籍制度、受教育权利的不平等；由于制度或社会习俗，一部分人对另一部分人的歧视，等等。在发达国家，工会制度的存在也是引起不平等的原因，工会会员受工会保护获得较高工资，而非工会会员则无力与雇主抗争，工资较低。如加拿大这类传统上工会力量强大的国家，工会在引起收入分配不平等中所起到的作用还是相当大的。

（四）个体差异

引起收入分配不平等的还有个人原因。这就是说，收入分配不平等与个体差异是相关的。每个人的能力、勤奋程度、机遇并不相同。就能力而言，既有先天的才能，也有后天受教育程度的不同。经济学家认为，人的受教育程度与个人收入之间有强烈的相关性。受教育越多，能力越强，收入水平就越高，这已是一个不争的事实。在现实中，有人吃苦耐劳又勤奋，愿意从事较为艰苦的工作，愿意从事较多的工作，收入自然也高。也有些人怕苦、怕累或在工作中懒惰，这也引起收入不同。此外，不可否认，有的人运气好，赶上了好机会，而另一些人没有发挥才能的机会，或者有机会自己没抓住，这也引起收入有差别。当一个经济开始发展时，总有少数能力强、勤奋、又善于抓住机会的人成功了，成为富人。在市场竞争中，能力差、不勤奋、不善于抓住机会的人，会相对贫穷下去。这就是每一个社会在经济发展初期贫富差距较大的原因。

（五）其他因素

如地区之间经济发展不平衡、二元经济结构的存在、经济政策的倾斜、经济体制的不完善以及市场经济中风险与机遇的存在，都可能导致人们在收入上的巨大差异。

第三节　收入分配平等化政策

一、收入再分配政策

在市场经济中，是按照效率优先的市场原则进行个人收入分配的。但每个人在进入市场之前所拥有的生产要素数量不同，即每个人的能力与资产不同。在市场竞争中，每个人的机遇也不同。如果收入分配差距过大，甚至出现贫富两极分化，既有损于社会公正，又成为社会动乱的根源。政府是现代社会中收入再分配最重要的主体。因此，各国都采用收入再分配政策纠正收入分配中较为严重的不平等问题。通过政府的收入政策来缓和收入分配不公平的现象，以在一定程度上实现收入分配平等化。为了正确协调平等与效率的关系，政府必须采取相应的政策。主要包括税收政策和社会福利政策。

（一）税收政策

个人所得税是税收的一项主要内容，它是一种累进税。即根据收入的高低确定不同的税率，对高收入者按高税率征税，目前，法、德、比、荷、西班牙的最高税率分别达57％、53％、55％、60％和56％；而对低收入者按低税率征税，若收入达不到规定水平，可免于征税，甚至给予补贴。一般认为，这种累进所得税有利于缩小成员之间的收入差距，从而有助于实现收入分配的平等。

除了个人所得税之外，政府还对一些人征收遗产税、赠予税、财产税、消费税等。征收遗产、赠予和财产税，是为了纠正财产分配的不平等。因为财产分配不平等是收入分配不平等的一个重要原因。征收这些税，也有利于收入分配的均等化。对奢侈性商品和劳务征收消费税，同样是实现收入分配平等化的一种手段。政府通过税收手段，在一定程度上可以实现收入分配的平等，但是作用并不明显。因为富人可以用各种办法逃税。此外，对高收入者征收累进税，不利于有能力的人充分发挥自己的才干，对社会来说也是一种损失。

（二）社会福利政策

如果说税收政策是要通过对富人征收重税来实现收入分配平等化的话，那么，社会福利政策则是要通过给穷人提供补助来实现收入分配的均等化。福利政策的内容主要包括：各种形式的社会保障与社会保险，包括失业保险、工伤保险、养老保险、医疗保险等；保护劳动者的各种立法，包括最低工资法和最高工时法以及环境保护、食品和医药卫生等相关法律；各种福利设施和公共工程的建设，包括住房建筑、教育、文化等各种社会服务设施建设。这些福利政策的实施，对于改善穷人的地位和生活条件，提高他们的实际收入水平，起到了相当大的作用；对于社会的安定和经济的发展也是有利的。但是，这些政策也导致了社会生产效率降低和政府财政负担加重等问题。

（三）实施收入再分配政策的原则

经济学家认为，收入分配有三种标准：第一个是贡献标准，即按社会成员的贡献分配国民收入，这种分配标准能保证经济效益，但由于各成员能力、机遇的差别，又会引起收入分配的不平等；第二个是需要标准，即按社会成员对生活必需品的需要分配国民收入；第三个是平等标准，即按公平的准则来分配国民收入。后两个标准有利于收入分配的平等化，但不利于经济效益的提高。有利于经济效益则会不利于平等，有利于平等则会有损于经济效益，这就是经济学中所说的平等与效率的矛盾。要解决这对矛盾，在收入分配中必须实施兼顾公平与效率的原则。公平是指各社会成员收入分配平均，效率是指资源配置有效，并得到充分利用。

收入分配要有利于经济效益的提高，则要按效率来分配，这样，有利于鼓励每个社会成员充分发挥自己的能力，在竞争中取胜。这就是效率优先的分配原则。但这种分配方式使不平等加剧，甚至会出现严重的贫富两极分化。因此，在收入分配中，不仅要效率优先，而且要兼顾公平。效率优先，兼顾公平是许多国家收入分配的原则。但在现实中做起来却颇为困难。以收入分配平等化政策为例，应该承认，各种收入平等化政策对于缩小贫富之间的差距，对改善穷人的地位和生活条件，提高他们的实际收入水平，确实起到了相当大的作用，对于社会的安定和经济发展也是有利的。但是这些政策有两个严重的后果，一是降低了社会生产效率。增加个人所得税和各种各样的社会保障使人们的生产积极性下降，社会生产效率下降；二是增加了政府负担。从美国来看，1980 年，福利支出在联邦政府支出中已占到56.8%，超过了军费支出的比例，在国民生产总值中占了 18.7%。近年来，联邦政府和地方政府用于福利支出的钱已达 4 000 亿美元左右。以 1975 年不变价格计算，每户美国公民得到的社会福利支出已达 2 279 美元。再以最著名的福利国家瑞典为例，公共支出（包括公共投资在内，但最主要是福利支出）在 1981 年已占国民生产总值的 66%。这种巨额的福利支出成为各国财政赤字的主要原因。

收入分配不平等是世界各国尤其是新兴发展中国家面临的主要社会问题。如何解决社会发展中公平与效率的矛盾问题，已成为经济学研究的中心之一。

二、公平与效率

（一）公平和效率的内涵

在经济学中，公平是指一定社会中人们之间利益和权利分配的合理化，社会公平则是指收入与投入的对称性和一致性。但公平不是指平均。

公平是一个社会历史范畴，不同的社会具有不同的公平标准。不同的社会经济中，存在着性质不同的平等观。公平是一种价值判断，不同的社会制度，社会发展的不同阶段，对公平的价值判断也不相同。公平是相对的，绝对的公平是不存在的。

所谓效率是指在资源有效配置的前提下，经济能够保持较高增长，即产出与投入的比率。对于既定的产出来说，投入越少，效率越高；对于既定的投入来说，产出越多，效率越高。提高经济效率也就是用尽量少的投入取得尽量多的产出。

效率原则是遵循价值规律的重要体现，反映了人与自然之间的物质变换关系。在分配中重视效率就是要贯彻正确的分配政策，鼓励和保证企业和个人充分发挥积极性、创造性，在促进整个社会经济活动的效率不断提高的基础上使个人收入增多。

（二）公平与效率之间的关系

公平和效率一直是经济学家争论不休的问题。两者之间是存在矛盾的，为了效率就要牺牲某些平等，同时，为了平等也要牺牲某些效率。

在市场经济中，要获得效率，就必须付出报酬作为代价，即给生产要素所有者以相应报酬，这些报酬构成他们的收入。而生产要素的占有状况是不一样的，有人占有的资本、土地要多些，有人则少些，甚至完全不占有；有人劳动能力强些，有人则差些。因此，如果根据这种要素的供给情况分配收入，则人们的收入必然有差别，相反，为实现收入均等化如果取消或缩小这种差别，则必然损害效率。例如，工资上实现平均主义，就会降低人们的工作积极性；过高的社会保障会使人们负担过高的税，也会在一定程度上降低积极性，降低效率。因此，公平与效率两者之间存在着矛盾。由于公平和效率的矛盾存在或相互交替的关系，在处理两者之间的关系时，一般来说，要效率优先，兼顾公平。

实例链接

我国高收入行业的变迁

2000 年，我国行业最高人均工资水平是行业最低人均工资水平的 2.63 倍，到 2005 年，这一比例已增至 4.88 倍。而国际上公认的行业间收入差距的合理水平在 3 倍左右，超过 3 倍则需要加以调控。纵观 30 年来我国职工平均工资的变化，我国的高收入行业经历了一系列的变迁。

1978 年改革之初，电力、煤气及水的生产和供应业、建筑业、地质勘察业和水利管理业为高收入行业，而这一时期金融保险、房地产等行业的收入甚至低于全国平均水平。因为全社会总体收入都不高，高低收入之间的差距不是十分明显。最高人均工资水平是行业最低人均工资水平的 1.8 倍左右。此后直到 1992 年，采掘业一直成为高收入行业。1993 年，高收入行业转变为电力、煤气及水的生产和供应业、交通运输仓储和邮电通信业以及房地产行业。这也反映出我国房地产业和邮电通信业开始崛起。1994年以后，电力、煤气及水的生产和供应业以及房地产业仍是高收入行业，金融保险业、科学研究和综合技术服务业开始加入到高收入行业。

2002年，电力、煤气及水的生产和供应业，交通运输仓储和邮电通信业，金融保险业，科学研究和综合技术服务业，房地产行业成为高收入行业。高收入行业的平均工资高出全国平均工资约5 000元，最高人均工资水平与最低人均工资水平的比例为2.99∶1。

2003年以后，我国对行业划分进行了调整，在2003—2007年的5年间，高收入行业集中在电力、煤气及水的生产和供应业，金融业，科学研究、技术服务和地质勘察业，信息传输、计算机服务和软件业等几大行业。据人力资源和社会保障部统计，目前，电力、电信、金融、保险、烟草等行业职工的平均工资是其他行业职工平均工资的2～3倍，如果再加上工资外收入和职工福利待遇上的差异，实际收入差距可能在5～10倍间。

最近10年来，我国行业间收入分配总的趋势是向技术密集型、资本密集型行业和新兴产业倾斜，某些垄断行业的收入更高，而传统的资本含量少、劳动密集、竞争充分的行业，收入则相对较低。

（资料来源：《瞭望》新闻周刊）

本章知识小结

（1）生产要素的需求是派生的需求，市场对产品的需求决定了企业对生产要素的需求，要素价格决定于该要素在市场上的供给与需求，即由要素市场上的需求曲线和供给曲线的交点所决定。

（2）在完全竞争市场，利润最大化的企业按照要素的边际产量价值等于要素价格的原则确定生产要素的使用量。

（3）当劳动、资本和土地的供给和需求处于均衡状态时，工人、资本所有者和地主根据各自对物品和劳务生产的边际贡献的价值得到报酬。

（4）在劳动市场上，有许多因素影响劳动的边际产量值。企业对那些从事较艰苦、乏味的工作；较有才能、较勤奋、较有经验而受教育较多的劳动者支付较高的工资，因为这些劳动者的边际生产率较高。

（5）洛伦兹曲线和基尼系数是衡量收入分配平等程度的指标。

习　题

一、名词解释

工资　地租　洛伦兹曲线　基尼系数

二、选择题

1. 某工人在工资水平为每小时30元时挣了1 200元，工资水平为每小时50元时挣了1 500元，下列描述正确的是（　　）。

　A. 收入效应起主要作用　　　　　　　B. 替代效应起主要作用

　C. 收入效应和替代效应均未发生作用　D. 上述三者都不对

2. 假定某偶像派歌手今天的演出收入为 3 000 万元，若他从事其他职业，最多只能得到 10 万元，那么该偶像派歌手所获得的"经济租金"为（   ）。

    A. 3 000 万元   B. 2 990 万元

    C. 10 万元   D. 难以确定

3. 如果某个国家居民收入是绝对平均分配的，则该国实际的洛伦兹曲线与（   ）。

    A. 横轴重合   B. 纵轴重合

    C. 45°线重合   D. 难以确定

4. 洛伦兹曲线用来表示（   ）。

    A. 居民的贫困程度   B. 税收体制的效率

    C. 居民的富裕程度   D. 收入分配不平等的程度

5. 在其他条件不变的情况下，随着工资水平的提高（   ）。

    A. 劳动的供给量增加到一定程度后就不会再增加也不会再减少了

    B. 劳动的供给量会一直增加

    C. 劳动的供给量会先增加，但当工资水平提高到一定程度后，劳动的供给量不仅不增加，反而随着工资水平的提高会减少

    D. 劳动的供给量会一直减少，直至减少为零

6. 基尼系数在减少，则表明（   ）。

    A. 洛伦兹曲线更加偏离45°线   B. 收入分配不平等增加

    C. 收入分配不平等减少   D. 不平均没有改变

7. 如下图所示，曲线 a、b、c 分别代表三个国家的洛伦兹曲线，则下面的分析正确的是（   ）。

    A. c 国的收入分配最平均，b 国的收入分配次之，a 国的收入分配最不平均

    B. b 国的收入分配最平均，c 国的收入分配次之，a 国的收入分配最不平均

    C. a 国的收入分配最平均，b 国的收入分配次之，c 国的收入分配最不平均

    D. 不能确定

8. 在市场经济条件下，（   ）。

    A. 后三项都对   B. 劳动获得工资   C. 资本获得利息   D. 土地获得地租

9. 劳动的供给曲线向后弯曲的原因是（   ）。

    A. 工资上升的替代效应大于收入效应

    B. 工资上升的收入效应大于替代效应

    C. 劳动者喜欢劳动

    D. 以上都不对

10. 根据生产要素理论，下列生产中生产效率最高的是（   ）。

    A. 不利用任何生产工具，直接徒手去耕种

    B. 利用简单的农业工具去耕种

    C. 先制造出犁等工具，再饲养牛、马等牲畜，最后去耕种

     D. 先找到矿山，制造机械，再生产出拖拉机、化肥和农药等生产资料，最后再去耕种

三、判断题

1. 在完全竞争的劳动市场，则工资水平由厂商决定。   （   ）

2. 如果劳动者的工资提高，替代效应会引起劳动者将更多的时间用于工作，这样就会减少其休闲娱乐的时间。   （   ）

3. 如果劳动者的工资提高，收入效应会使劳动者增加对闲暇的需求。   （   ）

4. 基尼系数越小，说明收入分配的平等程度越高。   （   ）

5. 如果收入是绝对均等的，则此时基尼系数为零。   （   ）

6. 用先进的机器设备替代工人的劳动，这会使劳动的需求曲线向左移动。 （   ）

7. 在其他条件不变的情况下，低工资标准有助于增加就业。   （   ）

四、简答题

1. 土地的供给曲线为什么垂直？地租上升的原因？

2. 假定在一个 10 人的社会中，存在两种可能的收入分配，第一种收入分配方式是 9 个人中每个人的收入为 4 万元，另外一个人的收入为 8 万元；第二种收入分配方式是 10 个人每个人的收入为 4.4 万元。请问哪种收入分配更平均并解释原因。

3. 某国一个行业面临的是一个竞争的劳动市场，劳动的供给来源于两个来自本国和外国的雇工，假定该国实行自由贸易，该行业生产的产品要与进口的产品竞争，所有的工人的基本情况相同。

  （1）请作图说明最初的竞争劳动市场，标示出劳动的需求曲线、供给曲线、均衡点处的工资水平和就业量。

  （2）假定在工会的支持下，该国政府通过一项凡是对该行业产生竞争的进口品征收报复性关税的法律，请作图说明工资与就业量的变动情况。

  （3）假定该国工人组成了工会，工会支持禁止企业雇用外国工人的法律，请作图说明工资与就业量的变动情况。

4. 国家实施最低工资标准的目的是什么？有什么负面效应？

5. 1993 年，党的十四届三中全会提出，"建立以按劳分配为主体，效率优先、兼顾公平的收入分配制度，鼓励一部分地区一部分人先富起来，走共同富裕的道路"。请分析我国贫富差距的现状并提出合理化建议。

6. 企业家才能应当获得的报酬是否应当包含创新、承担风险所获得的超额利润？为什么？

五、阅读思考题

资料一 \\\\

公平与效率是漏桶里的水吗？

    西方学者普遍把公平与效率的关系看做是对立的。例如，美国经济学家阿瑟·奥肯认为，公平与效率存在着交替关系，为了效率就要牺牲某些公平，而为了公平就要牺牲某些效率。他还提出"漏桶理论"来说明这种对立，大意是：如果对富裕家庭征收一定的附加税，来资助贫困家庭，那么，贫困家庭得到的资助总量一定小于富裕家庭所缴纳的税收总量，因

为这笔资助在转交过程中要经过一系列的中间环节，要花费成本，如行政管理成本；同时，这种政策又会对人们的工作积极性、储蓄和投资等产生影响。

这样，这种政策就成了一个漏桶，而这种漏出则代表了效率的损失。现今，在我国也有些人持类似观点，自觉不自觉地把效率与公平看做是此消彼长的关系。

然而，这个"漏桶理论"难以解释我国改革开放以来的实践。从促进社会公平方面看，2003年，全国财政用于企业职工基本养老保险基金补助、下岗职工基本生活保障和城市居民最低生活保障方面的支出比1998年增长了6倍。1998—2003年，中央财政安排的上述三项资金合计超过2 600亿元。从影响起点公平的受教育机会来看，2004年，我国高等教育平均毛入学率达19%，已进入大众教育阶段。此外，社会流动性的增强、人们身份界限的模糊、选择机会的增多……都表明我们在促进社会公平方面的努力和进展。此外，效率的提高也非常明显。从电话的普及、汽车进入家庭、高速公路飞速发展到国有企业利润率的提高、多种经济成分的快速发展、综合国力的大幅跃升，大家看在眼里，创造在忙碌的岗位上，享受在便捷的生活中。这表明，把奥肯的漏桶放在我国，虽仍然在漏，而且考虑到我国相关体制的不完善，可能漏得更多，但里面的水非但没有减少，反而越来越多——随着政府和社会采取越来越多的促进公平的措施，经济社会效率非但没有下降，反而越来越高。这该如何解释呢？

其实，任何一种理论都有其适用条件，所针对的都是一定经济社会条件下的问题。所谓"尽信书不如无书"，指的就是这种情况。奥肯的理论是在美国提出来的，针对的是美国的问题，而美国经济是成熟的市场经济。在那里，形式上的公民权利平等久已取代等级、身份壁垒，市场规则的公平早已确立，人们为所谓"前程为人才开放"的机会平等也进行了长期的奋斗。因而，分配结果的不公平基本来自竞争，来自对效率的追求。所以，公平与效率的矛盾非常突出，成了一种此消彼长的对立性关系。而在我国，社会主义市场经济体制尚不完善，市场竞争规则有待健全，诸如行政性垄断、教育资源配置不均衡、身份界限等依然存在，因而非竞争性因素还是导致分配不公平的重要原因。

在这样的现实状态下，公平与效率的关系就更多地表现为辩证统一、互相促进。一方面，提高效率的过程就是促进公平的过程。且不说效率是对个人才能和努力的肯定，它本身就包含着一种公平，仅就深化改革的过程来说，打破既不公平也无效率的平均主义，打破垄断，完善市场经济规则，整顿和规范市场秩序……如果我们的眼光不局限于结果公平（片面强调结果公平只能导致平均主义），那么，这既是提高效率的过程，也是促进公平的过程。

另外，促进公平的努力也极大地提高了效率。因为有公平才有竞争，有竞争才有效率。只有在同样的权利、机会、规则下展开的竞争，才是真正的市场竞争，才能带来效率的提高。而促进分配公平，有利于人际关系和社会的和谐，也能增进效率。我国经济体制改革从一定意义上说，就是在致力于实现市场参与者在权利、机会、规则等方面的公平，并最终实现共同富裕。

可见，漏桶里的水之所以会越来越多，根源就在于促进公平的努力激发了社会经济活力，从而打开了桶上创造财富的水龙头，使得流入的水远多于漏出的水。

在我国现阶段，公平与效率的一致性远大于对立性，实现它们的统一和双赢正是改革开放的追求目标。有了这样的认识，我们对一些问题的看法可能会更为客观。比如，当前收入差距拉大，公平问题凸显，并不意味着效率问题已解决了；相反，在一些领域通过改变不公平竞争提高效率的潜力还很大，我们在提高效率和促进公平两方面都还须付出不懈的努力。

（资料来源：《人民日报》2005 年 05 月 13 日 第十四版）

思考：

1. 中国与美国在影响公平与效率的因素上存在哪些差异？
2. 在中国目前阶段，公平与效率的矛盾主要体现在哪些方面，我们应如何看待和解决？

 资料二

美国不同教育程度人群收入的差距

在美国接受过大学教育的人，一生工作的收入要比高中毕业的人多出百万美元，这一趋势在 20 世纪 70 年代就已显现，到了 20 世纪 90 年代，由于高科技产业的兴起和经济全球化的结果，社会对高科技、商业管理人才的需求量大增，大学毕业生收入增长的幅度远远超过高中毕业生收入的增长幅度，也使得教育与收入成正比成为普遍现象。

教育程度与收入成正比是社会发展的趋势，这也反映出 21 世纪经济发展中高科技产业和管理人才对社会生产力提高所起的重要作用，劳动密集型产业虽然可以为文化程度不高的人群提供大量就业机会，但在竞争力和经济产值上却难以成为朝阳工业。

美国人口普查局和许多机构的研究表明，民众接受教育的程度越高，其收入也就越高，这一趋势从 20 世纪末就变得更加突出。

根据美国人口普查局的统计，在 1992 年美国约有 60% 的高中毕业生进入大学。虽然人们进入大学的动机不一样，但其中最引人注目的动机是期待在接受高等教育后能够奠定自己未来的经济地位。

教育的经济价值是什么，过去很少有人谈及，似乎一谈及教育的经济价值就是忽略了教育培养人才的真正目的。但在全球经济陷入危机、大学生失业率攀升、大学生工资向体力劳动者接近的时候，教育作为最宝贵的人力资源投资，如果没有回报率或是回报率极低，社会就应当去反思，因为这是关系到人们素质的大问题。教育的经济价值是指一个人高中毕业或是大学毕业，他在这种教育中所得到的附加值，教育与收入的关系以及这两者关系的结果对人力资源素质的影响。

在 2000 年，美国人的教育水平按统计学的意义来说已经很高了，25 岁以上的成年人有 84% 高中毕业，26% 的人有大学以上学历。相比之下，在 1975 年，25 岁以上的成年人有 63% 高中毕业，14% 的人有大学以上学历。越来越多的人获得大学学历表明，受过高等教育的人更易于进入收入较高的行业，而教育程度的不同也使人们在收入上拉开差距。

在美国 25～65 岁人群中，他们的平均年收入为 34 700 美元，没有高中毕业的人群，平均年收入为 23 400 美元，高中毕业生的平均年收入为 30 400 美元，上过大学但没有毕业者的平均年收入为 36 800 美元，大专毕业生的平均年收入为 38 200 美元，大学毕业生的平均年收入为 52 200 美元，硕士毕业生的平均年收入为 62 300 美元，博士毕业生的平均年收入为 89 400 美元，而像医生、律师这样职业性学位获得者的平均年收入为 109 600 美元。

在过去 30 多年里，接受不同程度教育的人群在收入上的差距明显拉大。在 1975 年，一个全职的大学毕业生的年收入是一个全职高中毕业生收入的 1.5 倍，到 1999 年，这一比例上升到 2.6 倍。这反映出，一方面接受高等教育的人数增多；另一方面说明就业市场更加青睐接受过高等教育者。而随着新兴产业的发展，具有高技能的人才愈加具有竞争力，而且在收入上也大幅提高。

接受教育程度的不同，不仅会产生短期的收入差异，更重要的是对人一生的收入产生的影响更大。2000 年，美国人口普查局在对教育程度与收入情况经过统计后预测，在人的一生中（按工作 40 年计算），一个大学毕业生的总收入会比一个高中毕业生高出近百万美元。一个没有高中毕业的人，其一生的收入约在 100 万美元，高中毕业生一生的收入约在 120 万美元，上过大学但没有毕业的人一生的收入约在 150 万美元，大专毕业生一生的收入约在 160 万美元，大学毕业生一生的收入约在 210 万美元，硕士毕业生一生的收入约在 250 万美元，博士毕业生一生的收入约在 340 万美元，职业性学位获得者一生的收入约在 440 万美元。

思考：

1. 不同教育程度导致工资报酬差距的主要原因是什么？
2. 受教育程度是否也存在公平与效率的问题？

第七章

国民收入核算理论

学习目标

* 了解宏观经济运行的基本条件。
* 掌握国内生产总值计算方法及恒等关系。
* 掌握各国民收入总量的基本概念及其相互关系。
* 学会应用基本的概念和原理对我国国民经济变量进行分析。

经济学家：保罗·萨缪尔森（Paul A Samuelson，美，1915—2009）

经济学像睡美人，它的苏醒正有待新方法、新典范、新好手与新问题的一吻。

——保罗·萨缪尔森

简介： 保罗·萨缪尔森是在 1970 年被宣布荣获诺贝尔奖的首位美国经济学家，他是美国最著名的经济学家之一。萨缪尔森出生于印第安纳州的加里，是波兰移民的后裔，他的父亲是一位药剂师，他的侄子正是美国总统奥巴马的首席经济顾问萨默斯，而兄弟罗伯特、妹妹安妮塔也都是知名的经济学家。

萨缪尔森在芝加哥大学获得学士学位后，进入哈佛大学学习经济学的研究生课程。作为一位数学方面的天才，很早以前萨缪尔森就决定将数学应用到经济理论主体中。他将当时的经济理论描述为："一个肮脏的马厩，充满了继承来的冲突、重叠和错误。"他早期努力的结果是他的博士论文《经济分析的基础》，1947 年出版。在这部为他赢得学术声誉的著作中，他使用数学方法来提出和证明了经济学中的主要命题。

1948 年，萨缪尔森出版了他的经济学入门教科书《经济学》。这本经典著作以 40 多种语言在全球销售超过 400 万册，是全世界最畅销的教科书，影响了整整一代人。也正是他的这本著作，将西方经济学理论第一次系统地带进中国，并使这种思考方式和视野在中国落地生根。

主要贡献： 萨缪尔森在经济学领域中可以说是无处不在，被称为经济学界的最后一个通才。他的研究涉及经济学众多领域，如消费者行为、线性规划、资本与增长、经济学方法论、经济理论史、福利经济学、公共支出理论、国民收入的决定以及财政政策与货币政策。他总集后重新出版的论文达到 5 卷之多。

导入案例 ////

2010 年，是中国经济"最为复杂的一年"。这一年，中国面对的是全球经济发展模式、供需关系、治理结构的调整变化，外部环境更趋复杂的世界经济格局。防通胀，扩内需、调结构成为宏观政策和百姓生活的新命题。在此背景下，中央果断出手，宏观调控政策从容应对，"见招拆招"，取得了令世界瞩目的成就：2010 年前三季度 GDP 同比增长 10.6%，经济的稳定与发展进一步巩固。更主要的是，经过国际金融危机的磨砺，中国宏观调控政策积累了新经验，铸造了新优势，为保持经济全面快速增长提供了重要保障。

第一节 宏观经济运行

一、国民经济

国民经济是指一个国家社会经济活动的总称，是由互相联系、互相影响的经济环节、经济层次、经济部门和经济地区构成的。国民经济这一概念突出强调经济的整体性和联系性。

国民经济由众多机构单位组成，是各机构单位相互依存、互为条件、共同发展的有机整体。机构单位是国民经济的微观基础。机构单位是指有权拥有资产和承担负债、能够独立从事经济活动和与其他实体进行交易的经济实体。在现实生活中，机构单位可以分为五类：居民、厂商、金融、政府、国外。

厂商、金融和居民作为独立决策的单个经济单位而存在，是一国的常住单位。厂商是独立地利用资源而生产产品与提供服务的组织，遵守生产者行为法则，以利润最大化为目的；金融是从事货币媒介活动的经济组织，以利润最大化为目的的同时注意全社会货币供求平衡；居民则是作为一个决策单位生活在一起的一些人的集团，遵守消费者行为法则，以满足最大化为目的。政府是作为提供公共产品和服务并通过收入与支出调节国民经济的组织。国外是指从事经济活动的全部非常住单位。常住单位是一国或地区经济领土内具有一定场所（住房、厂房、仓库、办公楼等）、从事一定规模经济活动并超过一定时期的经济单位，是划分国内经济活动和国外经济活动的基本依据。

二、国民经济与宏观经济的关系

国民经济是人类赖以生存和发展的有机整体，是企业和居民相互依存、互为条件、共同发展的有机整体。

厂商、金融和居民的经济行为，构成微观经济。政府通过政策服务和对国民经济的调节职能，连同被调节的对象共同构成宏观经济。

微观经济是指单个经济单位的经济行为，以及与该行为相应的经济变量的决策和实现目标的最大化及资源的合理配置。单个经济单位相互依存、互为条件、共同发展，表现为宏观经济，也构成国民经济的整体，成为国民经济的基础。

宏观经济是指整个国民经济，以及由政府的经济行为引起的各有关总量的决定和实现资源的充分利用。宏观经济是国民经济现状的体现，考察宏观经济的目的是分析总供求是否均衡，国民经济则说明各微观经济单位之间的构成，考察国民经济的目的是分析社会再生产比例关系。

三、国民经济的运行

国民经济循环运行可以从社会再生产的过程来看。作为社会再生产过程的国民经济，由生产、分配、交换（流通）和消费（使用）各过程组成，如果从各过程循环流动的角度看，不外乎是生产部门（厂商）、消费部门（居民）和政府部门在商品市场和要素市场之间的流动。

生产部门通过要素市场购买生产要素，生产出商品通过商品市场向消费部门提供消费品，表现为生产过程。消费部门通过要素市场卖出生产要素获得收入，通过商品市场购买消费品进行消费，表现为消费过程。要素市场和商品市场的运行，表现为交换（流通）过程。政府部门向消费部门和生产部门征收税款获得政府收入，通过商品市场向生产部门购买，向消费部门和生产部门转移支付而获得政府支出，表现为分配过程。因此，这种国民经济的循环流动，反映了国民经济的内在联系，反映了生产、分配、交换（流通）和消费（使用）的总过程，如图 7 - 1 所示。

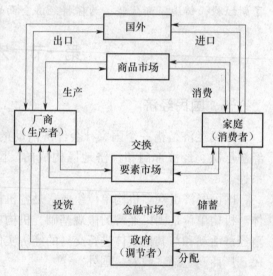

图 7 - 1　宏观经济运行

四、宏观经济运行的基本模式

宏观经济运行模式分为两部门经济、三部门经济和四部门经济三类。

（一）两部门经济

两部门经济是指社会经济中只存在厂商和居民两个部门，不考虑政府和对外贸易部门的经济结构。两部门经济模型：居民向厂商提供生产要素，得到相应的收入，并用这些收入购买各种产品和服务；厂商购买居民提供的各种生产要素进行生产，并向居民提供产品和服务。如果居民得到的收入与厂商提供的产品和服务相等，或居民购买产品和服务的支出与厂商购买各种生产要素支付的费用相等，两部门经济以不变的规模运行。如果居民将部分收入储蓄起来，或者厂商得到其他来源的投资，那么，只要金融机构将全部的储蓄转化为投资，即储蓄＝投资，这个经济仍然可以平衡地运行下去。因此，储蓄＝投资，是经济正常循环运行的条件。

（二）三部门经济

三部门经济是指厂商、居民和政府三种单位所组成的经济结构。三部门经济是为了弥补两部门经济的缺陷而产生的。在两部门经济中，如果储蓄不等于投资，经济循环失去平衡，必然要由政府出面干预经济，使之平衡。

三部门经济模型：在两部门经济模型的基础上，政府通过财政税收和财政支出，与厂商和居民发生联系。政府支出为厂商和居民及整个社会提供公共物品，同时从厂商和居民那里获得财政税收。如果储蓄等于投资，同时政府的财政税收等于政府的财政支出，三部门经济平衡运行。如果储蓄不等于投资，则要通过政府的财政税收不等于政府的财政支出来调节，通过调节，储蓄加上财政税收等于投资加上财政支出，即储蓄＋财政税收＝投资＋财政支出，这个经济仍然可以平衡地运行下去。因此，储蓄＋财政税收＝投资＋财政支出，是经济正常循环运行的条件。

（三）四部门经济

四部门经济是指厂商、居民、政府和国外（进出口）四种单位所组成的经济结构。世界上任何一国的经济都不是封闭的，或多或少地与国外有经济联系，即四部门经济。

四部门经济模型：在三部门经济模型的基础上，还有来自国外的产品和服务（即进口）和卖给国外的产品和服务（即出口）。如果储蓄加上政府税收等于投资加上政府支出，同时进口等于出口，四部门经济平衡运行。如果储蓄加上财政税收不等于投资加上财政支出，可以让进口不等于出口来实现平衡运行，即：

$$储蓄 + 财政税收 + 进口 = 投资 + 财政支出 + 出口$$

这样整个经济仍然可以平衡地运行下去。因此，不论是两部门经济运行，三部门经济运行，还是四部门经济运行都包含储蓄与投资的恒等关系，因此，储蓄与投资的恒等关系是经济运行的基本条件，也就是说，两部门经济模型是各种经济模型的基础。

第二节　国民收入总量及其相互关系

一、国内生产总值

国内生产总值（Gross Domestic Product，GDP），是指一国或一地区在一定时期（通常为一年）内运用生产要素所生产的最终产品和服务的市场价值的总和。它是衡量一个经济体中产出价值的标准指标。它把特定时期一国境内的最终产品和服务的货币价值加总。GDP包括从面粉到铁路运输服务、从美容到桶装石油的每一种产品和服务。国内生产总值是根据国土原则统计的，不论生产是在私人企业或公共部门进行，也不管产品是被家庭、政府或国外机构购买，只要是在本国领土内生产的产品和服务都要计算在内。

国内生产总值的概念，包括以下具体含义：

第一，国内生产总值是指一年内生产出来的价值总和。在计算国内生产总值时不应包括以前所生产的产品价值和当年正在生产的产品价值。

第二，国内生产总值是指最终产品的价值总和。在计算时不应包括中间产品的价值，以避免重复计算。最终产品是指最后供人们使用的产品。中间产品是指在以后的生产中作为投入的产品。在实际中区分最终产品和中间产品十分困难，为解决这一问题，在具体计算时采用了增值法，即只计算在生产各阶段上所增加的价值。

第三，国内生产总值中的最终产品包括有形产品和无形产品。在计算国内生产总值时，把旅游、服务、卫生、教育等行业提供的服务，按其所获得的报酬计入国内生产总值中。由于全部的生产部门包括物质部门和非物质部门，因此，国内生产总值不仅包括有形产品的价值而且包括无形产品的价值。

第四，国内生产总值一般仅指市场导致的价值，不经过市场销售的最终产品（如家务劳动、自给性产品）不计入国内生产总值中。计算国内生产总值时会受最终产品数量和市场价格水平变动的影响。按照现价计算的国内生产总值会受到现行价格水平变动的影响，称为名义国内生产总值。按照不变价格计算的国内生产总值可以排除价格水平变动的影响，称为实际国内生产总值。

第五，国内生产总值是按照国土原则计算的最终产品的价值总和。国土原则是指生产总值的计算按一国经济领土范围内本国居民和外国居民生产的物质和服务的价值进行计算的原则。所以，国内生产总值既包括本国国民在本国领土内生产活动的产值，也包括外国居民在本国领土内生产活动的产值，但不包括本国居民在国外生产活动的产值。

二、国民生产总值与国内生产总值

国民生产总值（Gross National Product，GNP），是指一个国家（或地区）常住居民在一定时期内所生产的全部最终产品（包括产品和服务）的市场价值总和。GNP 是对常住居民整体的经济活动情况的度量，是在核算期内所有常住居民生产的最终产品的价值总和。

国民生产总值与国内生产总值的概念既有联系，又有区别，主要包括以下几点：

第一，国民生产总值与国内生产总值在核算的时期、价值构成等方面相同。也就是说，它们都是指一年内生产出来的价值总和；都是指最终产品的价值总和；最终产品都包括有形产品和无形产品；都是按市场价格计算。

第二，国民生产总值与国内生产总值在核算范围上不同。国民生产总值依据国民原则进行核算，国内生产总值依据国土原则进行核算。国土原则，是指本国领土范围内生产的物质和服务的价值，都要计入生产总值的原则。国民原则，是指本国国民生产的物质和服务的价值，都要计入生产总值的原则。这里的本国国民既包括本国国内公民，又包括旅居外国的本国公民和取得居住权的外国公民。也就是说，国民生产总值应包括该国公民在本国和外国所生产的最终产品的价值总和。

国民生产总值与国内生产总值的相互联系在于：

国民生产总值 = 国内生产总值 + 国外要素净收入 = 国内生产总值 + 本国公民投在国外的资本和服务的收入 – 外国公民投在本国的资本和服务的收入

示例 7-1

国内生产总值为 116 898.4 亿元，国外要素净收入为 – 648.8 亿元，问国民生产总值为多少？

$$国民生产总值 = 国内生产总值 + 国外要素净收入$$
$$= 116\,898.4 + （-648.8） = 116\,249.6（亿元）$$

上面提到的国外要素净收入，指本国公民投在国外的资本和服务的收入与外国公民投在本国的资本和服务的收入的差额，可以在《中国统计年鉴》中的国际收入平衡表中查到。

如果国外要素净收入大于零，本国公民投资在国外的资本和服务的收入大于外国公民投在本国的资本和服务的收入，则国民生产总值大于国内生产总值；反之，如果国外要素净收入小于零，本国公民投在国外的资本和服务的收入小于外国公民投在本国的资本和服务的收入，则国民生产总值小于国内生产总值。

依据上述统计资料，可以进行国民生产总值与国内生产总值的比较分析。近几年，我国国民生产总值总是小于国内生产总值，并呈增幅的趋势。说明本国公民投在国外的资本和服务的收入小于外国公民投在本国的资本和服务的收入，反映了我国近年加大了引进外资的力度，对外开放幅度加大。

三、国内生产净值、国民生产净值与国民收入

（一）国内生产净值

国内生产净值（Net Domestic Product，NDP）是指一个国家在一定时期生产的最终产品与服务的净增加值，即国内生产总值中扣除了折旧以后的产值。国内生产净值不同于国内生产总值，它反映的是社会经济在当年扣除了消耗掉的折旧之后的国民经济活动水平，同时也影响到当年新创造出来的财富的计算。国内生产净值的计算公式为：

$$国内生产净值 = 国内生产总值 - 折旧$$

示例 7－2

2003 年，国内生产总值为 129 822.21 亿元，折旧为 20 511.9 亿元，问国内生产净值为多少？

$$国内生产净值 = 国内生产总值 - 折旧$$
$$= 129\ 822.21 - 20\ 511.9 = 109\ 310.31 \ （亿元）$$

（二）国民生产净值

与国内生产净值相对应的是国民生产净值（Net National Product，NNP），计算公式为：

$$国民生产净值 = 国内生产总值 - 折旧 + 国外要素净收入$$

示例 7－3

国内生产总值为 129 822.21 亿元，折旧为 20 511.9 亿元，国外要素净收入为 -648.8 亿元，问国民生产净值为多少？

$$国民生产净值 = 国内生产总值 - 折旧 + 国外要素净收入$$
$$= 129\ 822.21 - 20\ 511.9 + （-648.8） = 108\ 661.51 \ （亿元）$$

（三）国民收入

国民收入（National Income，NI）指一个国家在一定时期的生产中所使用的各种生产要素所得到的全部收入，即工资、利息、租金与利润之和。国民收入直接体现了各项生产要素的收入，国民收入总是依据国民原则进行统计的。因此，如果从国内生产总值统计国民收入时，必须进行调整。国民收入的计算公式为：

$$国民收入 = 国内生产净值 - 间接税 + 国外要素净收入$$

示例 7-4

国内生产净值为 109 310.31 亿元，间接税为 18 533.36 亿元，国外要素净收入为 −648.8亿元，问国民收入为多少？

国民收入 = 国内生产净值 − 间接税 + 国外要素净收入
= 109 310.31 − 18 533.36 + (−648.8) = 90 128.15（亿元）

依据上述统计资料，可以进行国内生产净值占比和国民收入占比分析。近几年，我国国内生产净值占国内生产总值的比重逐年上升，反映了新创造的价值增加，经济效益好转。我国国民收入占国内生产总值的比重也逐年上升，反映了各项要素收入增加，经济实力增强。

四、名义国内生产总值与实际国内生产总值

由于国内生产总值（GDP）是用货币来计算的，因此，一国国内生产总值的变动受两个因素的影响：一是生产的物品和服务数量的变动；二是物品和服务的价格的变动。因此，同样的最终产品实物量按不同的价格计算会得出不同的国内生产总值。用当年价格计算的全部的最终产品和服务的市场价值的总和称为名义国内生产总值。用从前某一年作为基期的价格计算出来的全部最终产品和服务的市场价值总和称为实际国内生产总值。名义国内生产总值与实际国内生产总值之比，称为国内生产总值折算数。

国内生产总值折算数 = 某年名义国内生产总值/某年实际国内生产总值 × 100%

如果知道了国内生产总值折算数，就可以将名义的国内生产总值折算为实际的国内生产总值。其公式为：

实际国内生产总值 = 名义国内生产总值／消费价格指数

国内生产总值折算数是重要的物价指数指标，反映一国某年的通货膨胀情况。但是，我国由于长期以来都不是使用国内生产总值折算数反映通货膨胀的物价指数，所以，国内生产总值折算数对于我国国民经济分析的意义不大。除国内生产总值折算数外，反映物价指数的还有消费价格指数和零售价格指数。消费价格指数，反映不同时期的生活消费品价格和服务项目价格变动趋势和程度的物价指数。零售价格指数，反映不同时期市场零售物价总水平变动趋势和程度的物价指数。消费价格指数从买方和生活费用的角度考察物价指数，符合通货膨胀特征，因此，我国长期使用消费价格指数作为反映通货膨胀的物价指数。

例：如表 7-1 所示，2003 年名义国内生产总值为 116 898.4 亿元，消费价格指数为 101.2，则实际国内生产总值 = 名义国内生产总值/消费价格指数 = 116 898.4/101.2 = 115 512.25（亿元）

表 7-1   1998—2003 年的名义与实际国内生产总值的统计表

亿元

年份	1998	1999	2000	2001	2002	2003
名义国内生产总值	78 345.2	82 067.5	89 468.1	97 314.8	105 172.3	116 898.4
消费物价指数	99.2	98.6	100.4	100.7	99.2	101.2
实际国内生产总值	78 977.02	83 232.76	89 111.65	96 638.33	106 020.46	115 512.25

资料来源：依据中经专网《中国经济年鉴》整理计算，在此基础上计算实际国内生产总值。

依据上述统计资料，可以进行名义国内生产总值与实际国内生产总值的比较分析。如果实际国内生产总值与名义国内生产总值相差不大，说明国民经济处于良性运行，物价指数较为平稳，通货膨胀率和失业率没有太大变化，市场平稳。

五、国内生产总值与人均国内生产总值

国内生产总值有助于我们了解一国的经济实力与市场规模，而人均国内生产总值则有助于了解一国的富裕程度与生活水平。人均国内生产总值是指当年的国内生产总值除以同一年的人口数量的结果。其计算公式为：

$$某年人均国内生产总值 = 某年国内生产总值/年末人口数$$

近几年，我国人均国内生产总值有所上升，这是因为我国人口增长减缓，国内生产总值增长，必然使人均国内生产总值增长，说明我国的经济实力有所增强。从世界各国经济发展的经验看，当一个国家人均国内生产总值处于 3 000 ~ 10 000 美元间时，说明国民经济已具备了相当实力。

案例分析

中国 GDP 超过日本有何意义?

一、GDP 居世界第二

日本内阁府 14 日发布的数据显示，2010 年日本名义 GDP 为 54 742 亿美元，比中国少 4 044 亿美元，排名全球第三。至此，中国正式超越日本，成为世界第二大经济体。中日两国的 GDP 竞赛自去年开始成为公共话题。去年二季度中国曾以微弱优势超越日本，尽管日本宣称按照以美元计算的名义 GDP，日本仍然高于中国，但在 2010 年第三季度，中国 GDP 再次超越日本。也就是从那时开始，中国在 GDP 总量上超越日本从而成为世界第二大经济体，已经几乎无悬念。

中国的 GDP 超日本有何意义? 对这个问题的回答不可能是单向的，关键在于你采取何种角度去看待这一问题。

50 年前中国提出"超英赶美"的目标时，曾被国际上认为是"天方夜谭"。

值得关注的是，从政府到民间，面对这样的成绩却似乎"无动于衷"，世界第二的位置，不仅不值得炫耀、自夸，甚至被普遍认为"意义不大"。

尽管中国 GDP 超过日本成为"世界第二"，但与全球第一的美国仍相差甚远。据统计，中国和日本 GDP 总量相加，远低于美国 2010 年的 14.66 万亿美元。

世界银行 2009 年的数据显示，全球 213 个国家和地区，中国的人均 GDP 排名在 124 位。此前，国家统计局局长马建堂表示，按人均计算，中国仍然是世界上较贫穷的国家之一。商务部新闻发言人姚坚表示，中国的人均 GDP 为 3 800 美元，"在全球排在 105 位左右"。

事实上，除了人均指标在世界排名靠后，中国在医疗、教育以及环境等较多领域仍比较落后。以医疗为例，根据世界卫生组织对成员国卫生筹资与分配公平等综合性评估排名，中国位居第 188 位，在 191 个成员国中倒排第 4 位。

日本经济财政相与谢野馨就"2010 年日本名义 GDP 被中国赶超"回应称："日本将不会与中国竞争 GDP 排名，我们搞经济不是为了争排名，而是为了使日本国民过上幸福的生活。"

毫无疑问，在下一个五年，中国经济发展有了新目标，衡量发展成果的指标也应顺时

而变。

二、GDP 的高速跨越

最近 10 年，中国经济总量在世界上的排名大跨步前进。

2005 年年底，中国 GDP 增加 16.8%，超过意大利，成为世界第六大经济体。2006 年，中国经济规模超过英国，成为仅次于美国、日本和德国的世界第四大经济体。2007 年，中国 GDP 增速为 13%，超过德国成为全球第三大经济体。仅仅 3 年之后，中国 GDP 便超越日本，成为"世界第二"。

中国的 GDP 从 1978 年的 2 683 亿美元，猛增到 2010 年的 5.879 万亿美元，30 多年间增长了 20 余倍，平均增速接近 10%，开创了中国经济发展史上前所未有的"高速"时代。

从多省区市的情况看，GDP 超万亿（人民币）的省份迅速增加，有些省份"富可敌国"，甚至赶超当年的"亚洲四小龙"。在 2009 年 14 个省（市、区）GDP 总量超万亿元后，2010 年"万亿俱乐部"新增加 3 名成员，达到 17 个。其中，东部的广东、山东已经超过 4 万亿，中西部地区增长也十分强劲：内蒙古、黑龙江和陕西迈入"万亿俱乐部"，辽宁和四川超过上海跃居第七位和第八位。

在全国各地正在制定和实施的"十二五"规划中，尽管为"规划"定调的中共中央有关建议明显淡化了 GDP 指标，但多个省市仍然抛出了雄心勃勃的 GDP 增长计划。重庆市确定未来五年 GDP 年均增长目标为 12.5%，在 2010 年的基础上地区生产总值翻一番，人均地区生产总值翻一番，达到 8 000 美元。安徽省力争到 2015 年地区生产总值、财政收入比 2010 年翻一番，GDP 破 2 万亿元，主要指标增速位居中部前列。广西也提出了"十二五"时期地区生产总值年均增长 10% 的目标，力争"十二五"期末实现翻一番。黑龙江省规划：到 2015 年，全省地区生产总值和地方财政收入分别比 2010 年翻一番，使"十二五"成为该省改革开放以来发展最快时期。其他如福建、贵州等省区也提出 GDP 总量实现翻一番，甚至连地处较为偏远的西藏亦确定年均增长要达到 12% 以上。地级、县级政府的经济增长目标也"毫不逊色"。如昆明提出的"十二五"目标是：人均 GDP 比 2000 年翻两番，生产总值年均增长 13% 以上；珠海提出的是："十二五"期间 GDP 比 2010 年翻一番，人均超过 2 万美元。

三、"失衡"的增长

目前，我国的经济总量、财政收入位居世界前列，但居民收入水平及增长速度却不能与之匹配。公开数据显示，1978—2007 年，我国工资总额占 GDP 的比重从 15.65% 下降到 11.15%；全国劳动者报酬占 GDP 的比重从 62.34% 下降到 42.60%。与此同时，1978—2007 年的 GDP 年均增长速度是 9.8%，居民收入年均增长速度是 7%，居民消费支出年均增长 8.8%。居民收入增速不仅低于 GDP 增速，还低于消费支出增速。

正是由于这个比重的不断下降，才导致了我国经济的失衡状态，即当下的 GDP 比重中，国内居民消费不到 35%，而投资与净出口却占了 65%，由此形成了典型的投资扩张而内需不足的经济模式。相应的，我国各级部门行政开支比例却不断上升。当前我国行政费用开支占财政收入的 26%，而日本只占 3%，欧洲许多国家也不到 4%。近 20 年来，我国每年的 GDP 增长率不到 10%，而税收和行政费用的开支增长速度都在 20% ~ 30%。

多年来，很多地方政府受"唯 GDP 论"的影响，把过多的资源用于投资拉动经济增长，既影响其提供公共服务的能力，也制造了财政饥渴，还迫使地方政府想方设法拉高财政收入，从而直接影响居民收入。结果使居民收入赶不上 GDP，更赶不上财政收入迅猛的增长。

数据显示，在"十一五"期间，我国 GDP 增速超过 10%，而财政收入年均在 20% 左右，远远高于同期居民收入增速。

全国人大代表、中国社会科学院马克思主义研究院院长、学部委员程恩富认为，在科学发展的前提下，改善民生问题是经济发展的出发点和落脚点，衡量经济发展程度与经济实力，不只是看 GDP 指标，首先应看民众收入多少，生活水平、生活质量的高低，以及"幸福感"的高低，这体现了 GDP 的含金量。否则，单纯的 GDP 增长是毫无意义的，此种 GDP 对公众来说没有多少吸引力。

"当前，中国经济仍然面临着资源、环境、体制、科技等方方面面'瓶颈'因素的制约。"中国科学院研究生院管理学院执行院长吕本富认为，"'十一五'期间，我国先后采取了淘汰落后和过剩产能、实施十大产业振兴规划、发展战略性新兴产业、扩大内需拉动居民消费、制定区域经济发展规划等措施调整和优化经济结构等措施，但短期内不可能有明显效果。"

"中国的经济发展方式并没有发生根本性的转变，依然是比较粗放的，靠拼资源、大量消耗土地、搞人海战术获得快速发展的，经济发展依然面临'不稳定、不平衡、不协调、不可持续'的局面。"吕本富强调。

资料来源：整理自《中国经济周刊》

六、GDP 指标的意义与不足

在宏观经济研究中，GDP 是最为常用且重要的指标，它能够反映一国经济的整体水平，比较不同国家之间的经济发展水平，常常是看这些国家的 GDP、人均 GDP 的大小。它还是反映一国贫富状况和人们生活质量的重要指标，通常富国与穷国人均 GDP 差异极大，人均 GDP 较高的国家，人们的预期寿命、受教育程度较高，拥有电器的家庭多，婴儿死亡率较低。一个国家衡量经济增长速度，也是看两个时期之间的 GDP 增长了多少。但是，GDP 在衡量各国经济活动时，并非是一个完美无缺的指标，因为它不能完全准确地反映出一国的实际经济状况。

（一）GDP 指标的意义

国内生产总值是反映一个国家经济发展和经济实力的综合性指标，它标志着一个国家在一定时期内扩大再生产和提高人民生活水平的能力。国内生产总值增长速度反映着国民经济增长速度。人均国内生产总值反映一个国家经济发展水平和人民生活水平，反映一个国家的富裕程度。

分析国内生产总值不仅有上述意义，还具有如下作用：

第一，作为政府编写经济文件的主要参考依据。政府有关经济的文件和活动，如西方国家的经济咨文、预算咨文、税制变动、就业水平研究等以及我国的经济计划、发展纲要等，几乎没有一项不用国内生产总值统计资料和它的主要项目作为主要参考依据。

第二，作为表明国家经济周期变化的指标。西方国家通常把连续两个季度的国内生产总值停滞或下降视为社会经济出现经济危机的标志，把连续两个季度的国内生产总值高速发展作为社会经济有可能出现通货膨胀的标志。同样，我国也经常根据国内生产总值等总量指标的变化来采取不同的经济政策。

第三，作为学术机构和报刊进行经济预测的依据。学术机构和报刊在对宏观经济进行分析和研究时，总是运用国内生产总值统计资料进行论证，并得出结论和寻找规律。

（二）GDP 指标的不足

第一，GDP 不能反映一个国家的真实产出。在 GDP 计算中，有些经济活动是无法计入的。首先，非市场交易活动得不到反映。GDP 的数据是按照市场价格计算的，但那些没有经过市场交易，又的确能够增加实际产出的经济活动无法计入 GDP，如家务劳动、自给自足的生产、自愿的社会服务等。这些活动也提供物品与服务，但由于不通过市场，没有市场价格，GDP 并没有因此而增加。有一个经典的例子说明了这一点，某位男士雇用了一位保姆为其处理日常生活事务，并向她支付工资，这部分价值要计入 GDP。后来该男士爱上了这位保姆，并和她结婚了，虽然新的女主人还在做同样的工作，但她不能再为 GDP 作贡献了，因为她的工作变成了自给性服务。其次，非法经济活动也无法计入 GDP，如黄、赌、毒活动，为偷税而进行的地下经济活动、黑市交易等。这些经济活动无法用市场价格标价，因此无法纳入官方统计。在不同的国家，这部分未计入 GDP 的活动差别很大，高者达 1/3，低者也有 10% 左右。

第二，GDP 不能衡量人们经济福利的真实状况。GDP 衡量的是一个国家的产出，但是产出的增加并不等于能够改善人们的经济福利状况。例如，用于战争的军火生产增加能够增加 GDP，但并不能给人们带来福利；引起污染的生产也带来了 GDP，但污染大大降低了人们的生活质量；汽车创造了庞大的价值，增加了 GDP，但 GDP 从来不计算严重的交通堵塞占用了人们多少时间；人们加班加点地工作就能增加 GDP，但闲暇的减少引起的福利损失也许抵消了生产更多的物品和服务所带来的福利。

第三，GDP 不能反映增长的代价。采伐树木可以增加 GDP，过度放牧可以增加 GDP，把污染物越多地排放到空气和水中，GDP 就越高。GDP 反映了产出的增长，却不能反映资源消耗和环境损失。

第四，GDP 不能衡量实际的国民财富。例如，洪水泛滥破坏了堤坝、房屋和道路，但 GDP 并不会因此而下降，而灾后重建的大量投资增加了 GDP；城市不断修路修桥盖大楼，由于质量规划等原因，没多久就要推倒拆除重建或翻修；马路"拉链"每次豁开，挖坑填坑，GDP 都增加，但是国家总财富并没有随之而增加。

第五，GDP 不能反映收入分配的差距。两个生产同样 GDP 的国家，一国贫富严重不均，另一国收入分配比较平均，显然，两国的人民的幸福感觉是不同的。

（三）GDP 指标的调整

由于 GDP 指标的上述不足，一些经济学家和联合国都提出对 GDP 的统计项目进行调整。目前经济学界所提出的对 GDP 进行调整的衡量指标主要有以下几种：

第一，经济福利尺度（MEW）和纯经济福利（NEW）。这是在 20 世纪 70 年代，由美国经济学家托宾、诺德豪斯和萨缪尔森提出的概念。这些经济学家认为，经济活动的最终目的是家庭福利的增进，而福利更多地取决于消费，而不是生产。GDP 是对生产的衡量。而 MEW 和 NEW 是要衡量对人类福利作出贡献的消费。因此，MEW 和 NEW 是在 GDP 的基础上减去那些不能对福利作出贡献的项目，如国防、警察等，减去对福利有负面作用的项目，如污染、环境破坏、都市化的影响等，加上那些对福利作出贡献却又没有计入 GDP 的项目，如家务劳动、自给性生产等，加上闲暇的价值（根据闲暇的机会成本计算）。

当然，这些项目应如何进行计算也还是没有完全解决的问题。经济学家根据美国的统计资料指出：人均 MEW 或 NEW 的增长要比 GDP 慢，为了取得 MEW 和 NEW 的增长，往往要牺牲一些 GDP 的增长。

第二，绿色 GDP。为了纠正 GDP 的不足，1993 年联合国提出了"绿色 GDP"的概念，要求把环境改善等因素考虑到经济发展中来。绿色 GDP 是在 GDP 的基础上减去经济增长对环境和生态的影响后得出的数值。它能够比较真实地反映人们福利水平的变化。

第三，国民幸福总值（CNH）。这一概念最早是由邻近中国的小国不丹提出的。它涵盖了政府善治、经济增长、文化发展和环境保护四个方面。经济学家们认为这一指标是一个国家的经济是否成功的最好指示器。它使我们在对国家间进行比较时不再依据所生产的物品和服务水平，而是依据一国国民的幸福程度来判断。幸福生活的基础不是金钱和健康，人们在工作、乘公交车上下班、做家务时可能并不快乐。通过计算幸福总值，可弥补 GDP 的不足。

最早提出 CNH 的不丹，人均 GDP 仅 700 美元，但在追求 CNH 而非 GDP 的指导思想下，竟然成为国民满意度最高的国家之一。目前，美国联合经济学家和心理学家组成研究小组，正在确定国民幸福总值的具体组成元素。

实例链接 7－1 **低碳经济蓝皮书的建议**

社会科学文献出版社发布了《低碳经济蓝皮书：中国低碳经济发展报告（2011）》。蓝皮书建议，设定减排与 GDP 增长挂钩指标。

蓝皮书认为，发展经济、脱贫、提高国民的人均收入仍是中国的头等大事。与此同时，由于中国经济对国际经济特别是国际贸易的影响也越来越大，特别是全球经济危机的发生使得中国在国际社会的重要性日益凸显，保持适度的增长，不仅对中国重要，也是中国对世界经济发展的重要贡献。

蓝皮书指出，中国应当坚持在继续保持适度经济增长的同时实行节能减排。中国是一个发展中的大国，又是一个人口大国，是总体资源丰富但人均资源缺乏的国家。因此，完成工业化、提高城市化、减少贫困、让全民都富起来，仍是中国的主题，这一点不能放松。

对此蓝皮书建议，设定减排与 GDP 增长挂钩指标，实施减排总量控制。放松对 GDP 指标的硬性要求，加强对节能减排和环保指标的要求，提出一个指导性的 GDP 指标，并设定相应的节能减排和环保指标与其挂钩，作为综合考核干部政绩的主要内容。并且实施减排的总量控制是最有效的办法。明确制定节能减排总量指标，实施总量控制，以确保有节能减排效果、有高质量生活环境的适度增长。但是，由于各地区经济发展的水平不同，各产业、各部门的能源使用状况和减排强度有很大差别，不能采取一刀切的方法，而应依据各地区经济发展状况、行业产业排放情况，采取不同的、分级别和等级的排放分解指标。

第三节 国内生产总值的核算方法

用来度量国内生产总值（GDP）的通用核算体系中，有三种方法衡量 GDP，每一种方法都得到同样的计算结果，包括支出法、收入法和部门法。下面分别予以说明。

一、支出法

支出法也称产品流动法、最终产品法，它是按社会最终使用产品的消费支出情况来计算国民生产总值。即将一年内所有社会成员用于最终产品和服务购买支出的市场价格的加总计算的方法。

在用支出法计算国内生产总值时，各个国家的具体统计项目存在一定的差异，一般包括以下四大项：个人消费（C），包括居民的总消费；企业投资（I），包括企业固定资产的投入和产品库存的增加；政府购买（G），包括政府的总消费；净出口额（X−M），指出口额与进口额的差值；统计误差。

总消费（C）是指在一定时期内最终产品和服务消费支出的合计，包括居民个人消费支出和政府消费支出。居民个人消费是指常住居民在一定时期内购买最终产品和服务的消费支出。包括购买耐用品（如汽车、家用电器等）、非耐用品（如食品、服装等）和服务。

总投资（I）是指在一定时期内社会和私人各项投资的合计，包括社会和私人固定资产投资和库存的增加。固定资产投资是指社会和私人生产单位在一定时期内通过购买和自制所形成的固定资产价值，在统计上等于固定资产投资完成额减去不形成固定资产的费用。库存增加是指流动资产中实物增加额，包括：生产单位购入的原材料、燃料和各种储备资料的增加额；在生产单位生产的在制品、半成品和成品。

政府购买（G）是指各级政府在一定时期内购买最终产品和服务的消费支出，如政府花钱开办学校、建设铁路、国防开支等方面的支出。

净出口额（X−M）是指出口减进口的结果。出口（X）是指本国厂商向国外销售的产品和服务。进口（M）是指外国厂商向本国销售的产品和服务。

支出法计算国内生产总值的公式为：

$$GDP = C + I + G + (X - M) = 国民支出$$

这里，国民支出是指一定时期内某个国家购买商品和服务的支出总和。

实例链接 7−2　　2010 年中国香港本地生产总值（GDP）统计数据

三大需求对中国香港本地生产总值增长的贡献率和拉动（按当年市场价格）

项目	金额/百万港元		2010/2009/%	支出法 GDP/%	对 GDP 贡献率/%	拉动/%
	2009r	2010p				
本地生产总值	1 622 203	1 748 090	7.8	100.0	100.0	7.8
最终消费支出	1 155 232	1 226 648	6.2	70.2	56.7	4.4
居民消费	1 012 377	1 079 527	6.6	61.8	53.33	4.1
政府消费	142 855	147 121	3.0	8.4	3.4	0.3
资本形成总额	345 642	418 856	20.6	23.8	56.6	4.4
固定资本	322 734	374 571	16.1	21.4	41.2	3.2
存货增加	22 908	42 285	—	2.4	15.4	1.2
货物和服务净出口	121 329	104 586	−13.8	6.0	−13.3	−1.0
货物和服务出口	3 164 896	3 896 288	23.1	222.9	581.0	45.1
货物出口	2 494 746	3 061 252	22.7	175.1	450.0	34.9
服务出口	670 150	835 036	24.6	47.8	131.0	10.2
货物和服务进口（−）	3 043 567	3 791 702	24.6	216.9	594.3	46.1
货物进口	2 702 966	3 395 057	25.6	194.2	549.8	42.7
服务进口	340 601	396 645	16.5	22.7	44.5	3.5

最终消费支出

按当年价格计算，全年最终消费支出为 12 266.48 亿港元，同比增长 6.2%，最终消费率为 70.2%。其中，居民消费 10 795.27 亿港元，增长 6.6%，占 GDP 的比重为 61.8%；政府消费 1 417.21 亿港元，增长 3.0%，占比 8.4%。最终消费支出对名义 GDP 增长的贡献率为 56.7%，拉动增长 4.4 个百分点。按 2008 年可比价格计算，最终消费支出同比增长 5.4%，对 GDP 增长的贡献率为 57.0%，拉动增长 3.9 个百分点。

资本形成总额

按当年价格计算，全年资本形成总额为 4 168.56 亿港元，同比增长 20.6%，资本形成率为 23.8%。其中，固定资本形成 3 745.71 亿港元，同比增长 16.1%，固定资本形成率 21.4%。资本形成总额对名义 GDP 增长的贡献率为 56.6%，拉动增长 4.4 个百分点。按 2008 年可比价格计算，资本形成总额同比增长 12.3%。其中，固定资本形成同比增长 8.1%。对 GDP 增长的贡献率为 38.1%，拉动增长 2.6 个百分点。其中，固定资本形成贡献率 23.3%，拉动 1.6 个百分点。

货物和服务净出口

按当年价格计算，全年货物和服务净出口为 1 045.86 亿港元，同比下降 13.8%，净出口率为 6.0%。其中，货物和服务出口 38 962.88 亿港元，增长 23.1%；货物和服务进口 37 917.02 亿港元，增长 24.6%。货物和服务净出口对名义 GDP 增长的贡献率为 -13.3%，拉动增长负 1.0 个百分点。按 2008 年可比价格计算，货物和服务净出口同比增长 4.7%，对 GDP 增长的贡献率为 4.9%，拉动增长 0.3 个百分点。

二、收入法

收入法也称为要素收入法或要素支付法，它是指从收入的角度出发，把某国家一年内所有生产要素提供者的收入所得加总计算出该年的国内生产总值的办法。它主要度量企业出售产品或服务所创造的收入，而不是度量产品自身价值。因此，被称为收入法。在用收入法计算国内生产总值时，我们可以先考察某个企业的收入运用情况。首先，企业必须要对雇用的劳动力支付工资；其次，还要对借贷的资金支付利息；再次，必须要对购买的中间产品付款，以及必须向政府交纳税收；再次，企业的收入必须预留一部分，用于更新生产过程中磨损的设备（称为折旧）；最后，剩余的是企业的利润。具体包括以下四大项：

（1）固定资产折旧；

（2）劳动者报酬，包括货币工资（其中包括工资、奖金、津贴、补助和实物工资、社会保险）；

（3）生产税净额；

（4）营业盈余，包括业主收入、净利息、企业利润、公司红利。

这里，固定资产折旧是指一定时期内为在生产中已耗费的固定资产而提取的补偿价值，它是生产经营活动中的转移价值。劳动者报酬是指在一定时期内以各种形式支付给劳动者的报酬。包括货币工资、实物工资和社会保险。货币工资又包括基本工资、奖金、津贴和补贴。

生产税净额是指一定时期内生产单位向政府缴纳的各项生产税与政府向生产单位支付的补贴相抵之后的差额。生产税也就是间接税。间接税是指生产、销售、购买使用货物和服务的税金。

营业盈余是指一定时期内生产要素在生产过程中创造的增殖价值，是企业经营效益的体现。包括业主收入、净利息、企业利润和公司红利等。业主收入是指个体劳动者和私营业主的经营收入。净利息是指借贷利息的差额。企业利润是指企业经营收入中扣除税收、红利、公积金之后的利润。

劳动者报酬、生产税净额、营业盈余和固定资产折旧的合计是一定时期社会所拥有的总供给。如果从各项收入的用途看，固定资产折旧、劳动者报酬、生产税净额和营业盈余可以分解为用于消费的收入和用于储蓄的收入。

国内生产总值又可表示为：

国内生产总值 = 用于消费的收入 + 用于储蓄的收入 = 消费 + 储蓄

三、部门法

部门法又称为增加值法或生产部门法，这种方法直接研究中间产品，即按照产品或服务的产出部门对中间产品价值的增加量来计算 GDP。

多数产品的生产需要经历若干阶段，例如，把小麦加工成面包，其中间环节要经历一个面粉的生产过程，假定小麦为最初产出，其最初的增加值为 4 000 元；如果把它加工成面粉，对面粉而言小麦就是中间产品，其增加值为 2 000 元；对面包而言面粉就是中间产品，其增加值为 4 000 元。最终出售的面包市场价值为 10 000 元。（小麦最初的增加值 4 000 元 + 面粉的增加值 2 000 元 + 面包的增加值 4 000 元），见表 7 – 2。

表 7 – 2　中间产品价值的增加与 GDP　　　　　　　　　　　　元

名称	总支出	中间投入	增加值	GDP
小麦	4 000	—	4 000	
面粉	6 000	2 000	2 000	
面包	10 000	6 000	4 000	10 000

运用生产部门法旨在剔除了中间产品的重复计算影响。面包生产企业支付的中间产品价值与最终面包成品的价值之差，被称为企业的增加值。公式为：

增加值 = 企业的产出 – 中间产品成本

因此，可以通过计算所有企业生产的每一阶段的增加值来度量 GDP，即：

GDP = 所有企业的总产出 – 中间产品总成本 = 所有企业增加值总和

第四节　国民收入核算中的恒等关系

在前面分析的基础上，可以得到国民收入构成的基本公式，并进而得到对分析宏观经济行为十分重要的一个命题，这就是"储蓄—投资"恒等式。

一、两部门经济中的恒等关系

这里所说的两部门系指一个假设的经济社会，只有家庭和厂商两个部门的经济，其中只有消费者（家庭）和企业（即厂商），因而就不存在企业间接税，而且，商品市场和要素市场同时均衡，两部门经济才能正常循环。

为使分析简化，暂先不考虑折旧，这样，国内生产总值等于国内生产净值和国民收入，

都用 Y 表示。在两部门经济中，没有税收、政府支出及进出口贸易，在这种情况下，国民收入的构成情况将是这样：

从支出的角度看，由于把企业库存的变动作为存货投资，因此，国内生产总值总等于消费（G）加投资（I），公式为：

$$Y = G + I$$

从收入的角度看，由于把利润看做是最终产品卖价超过工资、利息和租金的余额，因此，国内生产总值就等于总收入。总收入一部分用做消费（C），其余部分则当做储蓄（S），于是从供给方面看，国民收入构成为：

$$国民收入 = 工资 + 利息 + 租金 + 利润 = 消费 + 储蓄$$

简化为：

$$Y = C + S$$

由于 $C + I = Y = C + S$，就得到 $I = S$。这就是"储蓄—投资"恒等式。

必须明确的是，上述"储蓄—投资"恒等式是根据储蓄和投资的定义得出的。根据定义，国内生产总值等于消费加投资，国民总收入等于消费加储蓄。国内生产总值又等于总收入，这样才有了储蓄—投资的恒等关系。

这种恒等关系就是两部门经济中的总供给（$C + S$）和总需求（$C + I$）的恒等关系。只要遵循这些定义，储蓄和投资一定相等，而不管经济是否处于充分就业，是否处于通货膨胀，是否处于均衡状态。

然而，这一恒等式绝不意味着人们意愿的或者说事前计划的储蓄总会等于企业想要有的或者说事前计划的投资。在实际经济生活中，储蓄主要由居民户进行，投资主要由企业进行，个人储蓄动机和企业投资动机也不相同。这就会形成计划储蓄和计划投资的不一致，形成总需求和总供给的不均衡，引起经济的收缩和扩张。以后我们分析宏观经济均衡时所讲的投资要等于储蓄，是指只有计划投资等于计划储蓄，或者说事前投资等于事前储蓄时，才能形成经济的均衡状态，这和我们这里讲的"储蓄—投资"恒等不是一回事。这里讲的储蓄和投资恒等，是从国民收入会计角度看，事后的储蓄和投资总是相等的。

还要说明，这里所讲的储蓄等于投资，是指整个经济而言，至于某个人、某个企业或某个部门，则完全可以通过借款或贷款，使投资大于或小于储蓄。

二、三部门经济中的恒等关系

三部门经济是指包括家庭、企业和政府三个部门的经济。政府在经济中的作用主要是通过政府收入和支出体现的。政府的税收主要包括两类，一类是直接税，这种税是对财产和收入征收的税；另一种是间接税，这种税是对商品和劳务所征收的税。政府支出包括政府对商品和劳务的购买与转移性支付。政府收入大于支出，出现预算盈余；反之，出现预算赤字。

在三部门经济中，把政府部门引入进来。政府的经济活动表现在，一方面有政府收入（主要是向企业和居民征税）；另一方面有政府支出（包括政府对商品和劳务的购买，以及政府给居民的转移支付）。这样，把政府经济活动考虑进去，国民收入的构成将是这样：

从支出角度看，国内生产总值等于消费、投资和政府购买（G）的总和，可用公式表示为：

$$Y = C + I + G$$

按理说，政府给居民的转移支付同样要形成对产品的需求，从而应列入公式。但可以把这一需求看做已包括在消费和投资中，因为居民得到了转移支付收入，无非是仍用于消费和投资（主要是消费，因为转移支付是政府给居民的救济性收入及津贴）。

从收入角度看，国内生产总值仍旧是所有生产要素获得的收入总和，即工资、利息、租金和利润的总和。总收入除了用于消费和储蓄，还先要纳税。然而，居民一方面要纳税；另一方面又得到政府的转移支付收入，税金扣除了转移支付才是政府的净收入，也就是国民收入中归于政府的部分。假定用 To 表示全部税金收入，Tr 表示政府转移支付，T 表示政府净收入，则：

$$T = To - Tr$$

这样，从收入方面看国民收入的构成将是：

$$Y = C + S + T$$

按照前面说过的社会总产出等于总销售（总支出），总产出价值又构成总收入的道理，可以将三部门经济中的国民收入构成的基本公式概括成为：

$$C + I + G = Y = C + S + T$$

公式两边消去 C，得 $I + G = S + T$ 或 $I = S + (T - G)$

在这里，$(T - G)$ 可看做政府储蓄，因为 T 是政府净收入，G 是政府购买性支出，两者差额即政府储蓄，这可以是正值，也可以是负值。这样，$I = S + (T - G)$ 的公式，也就表示储蓄（私人储蓄和政府储蓄的总和）和投资的恒等。

三、四部门经济中的恒等关系

上述三部门经济加进一个国外部门就成了四部门经济。四部门经济是包括家庭、企业、政府和国外四个部门的经济，即在三部门之外增加了国外部门，四部门经济也叫开放经济。现实经济生活中的经济大都是四部门经济。四部门经济要正常循环，除保证商品市场、金融市场、要素市场和政府收支均衡外，还必须保证国际收支均衡，即国际收支大体相等，出口大于进口，出现顺差，反之则为逆差。

四部门经济中，由于有了对外贸易，国民收入的构成从支出角度看就等于消费、投资、政府购买和净出口的总和，用公式表示为：

$$Y = C + I + G + (X - M)$$

X 代表出口，M 代表进口。

从收入角度看，国民收入构成的公式可写成：

$$Y = C + S + T + K$$

这里，$C + S + T$ 的意义和三部门经济中的意义一样，K 则代表本国居民对外国人的转移支付。例如，对外国遭受灾害时的救济性捐款，这种转移支付也来自生产要素的收入。这样，四部门经济中国民收入构成的基本公式就是：

$$C + I + G + (X - M) = Y = C + S + I + K$$

公式两边消去 C，则得到：

$$I + G + (X - M) = S + T + K$$

或

$$I = S + (T - G) + (M - X + K)$$

这一等式，也可以看成是四部门经济中的储蓄—投资恒等式。这里，S 代表居民私人储蓄，$(T - G)$ 代表政府储蓄，而 $(M - X + K)$ 则可代表外国对本国的储蓄，因为从本国的立场看，M（进口）代表其他国家出口商品，从而这些国家获得收入，X（出口）代表其他国家从本国购买商品和劳务，从而这些国家需要支出，K 也代表其他国家从本国得到收入，可见，当 $(M+K) > X$ 时，外国对本国的收入大于支出，于是就有了储蓄，反之，则有负储蓄。这样，$I = S + (T-G) + (M-X+K)$ 的公式就代表四部门经济中总储蓄（私人、政府和国外）和投资的恒等关系。

上面我们逐一分析了二部门、三部门和四部门经济中的国民收入构成的基本公式以及储蓄和投资的恒等关系。在分析时是把折旧和企业间接税先撇开的，实际上，即使把它们考虑进来，上述收入构成公式及储蓄和投资的恒等关系也都成立。如果上述 Y 指 GDP，则上述所有等式两边的 I 和 S 分别表示把折旧包括在内的总投资和总储蓄。如果 Y 指 NDP，则等式两边的 I 和 S 分别表示不含折旧的净投资和净储蓄；如果 Y 指 NI，则 C、I、G 是按出厂价计量的，等式两边减少了一个相同的等于间接税的量值。可见，不论 Y 代表哪一种国民收入概念，只要其他变量的意义能和 Y 的概念相一致，"储蓄—投资"恒等式总是成立的。

本章知识小结

国内生产总值及国民生产总值是反映国民收入的两个主要统计数据。国内生产总值是指一个国家（或地区）领土范围在一定时期内所生产的全部最终产品（包括产品和劳务）的市场价值总和。国民生产总值是指一个国家（或地区）常住居民在一定时期内所生产的全部最终产品（包括产品和劳务）的市场价值总和。"储蓄—投资"恒等式是国民收入核算中的基本恒等关系，对分析宏观经济行为十分重要。

国内生产总值的计算方法有收入法、支出法和生产法。

在西方国民收入核算体系中，除了要理解和区分国内生产总值和国民生产总值这些概念，还要弄清国内生产净值、国民收入、个人收入和个人可支配收入等概念及其相互关系。

习　题

一、名词解释
国民收入　国内生产总值　中间产品　净投资　政府购买　国民生产净值

二、单选题
1. 下列哪一项不列入国内生产总值的核算（　　）。
   A. 出口到国外的一批货物　　　　　　B. 政府给贫困家庭发放的一笔救济金
   C. 经纪人为一座旧房买卖收取的一笔佣金 D. 保险公司收到一笔家庭财产保险费
2. 一国的国内生产总值小于国民生产总值，说明该国公民从外国取得的收入（　　）外国公民从该国取得的收入。
   A. 大于　　　　　　　B. 小于　　　　　　C. 等于　　　　　　D. 可能大于也可能小于
3. 面粉是中间产品这一命题（　　）。
   A. 一定是对的　　　　　　　　　　B. 一定是不对的
   C. 可能是对的，也可能是不对的　　D. 以上三种说法全对
4. 经济学上的投资是指（　　）。
   A. 企业增加一笔存货　　　　　　　B. 建造一座住宅

C. 企业购买一台计算机　　　　　　　D. 以上都是

5. 在一个由家庭、企业、政府和国外部门构成的四部门经济中，GNP 是（　　）的总和。

A. 消费、总投资、政府购买和净出口　　B. 消费、净投资、政府购买和净出口

C. 消费、总投资、政府购买和总出口　　D. 工资、地租、利息、利润和折旧

6. 下列项目中，不属于要素收入的是（　　）。

A. 总统薪水　　　　　　　　　　　　B. 股息

C. 公司给灾区的捐献　　　　　　　　D. 银行存款者取得的利息

7. 在统计中，社会保险税增加对（　　）有影响。

A. 国内生产总值　　　　　　　　　　B. 国内生产净值

C. 国民收入　　　　　　　　　　　　D. 个人收入

8. 如果个人收入为 570 美元，而个人所得税为 90 美元，消费为 430 美元，利息支付总额为 10 美元，个人储蓄为 40 美元，个人可支配收入则为（　　）。

A. 500 美元　　　　B. 480 美元　　　　C. 470 美元　　　　D. 400 美元

9. 已知某种商品的价格在 1985 年是 20 美元，在 1987 年是 24 美元，如果以 1985 年的价格指数为 100，1987 年这种商品的价格指数是（　　）。

A. 20%　　　　　　B. 120%　　　　　　C. 104%　　　　　　D. 100%

10. 已知某国 1985 年和 1980 年的货币国民生产总值分别是 3 630 亿美元和 910 亿美元，如果以 1985 年的价格指数为 100，1980 年的价格指数为 48。这样，1980 年的实际国民生产总值是（　　）。

A. 910 亿美元　　　B. 1 900 亿美元　　C. 4 368 亿美元　　D. 4 540 亿美元

三、多选题

1. 下列可以列入 GDP 的有（　　）。

A. 购买普通股票　　　　　　　　　　B. 购买当年生产的小汽车

C. 买卖一幢旧房子支付的经纪人费用　　D. 购买棉纱的总价值

2. 用支出法核算 GDP 包括（　　）。

A. 消费　　　　　　B. 投资　　　　　　C. 政府购买　　　D. 净出口

四、分析思考题

1. 为什么政府转移支付不计入 GDP？

2. 如果甲乙两国合并成一个国家，对 GDP 的总和会有什么影响（假定两国产出不变）？

3. 如果政府雇用原来领取失业救济金的人员做工作人员，GDP 会发生什么变化？

4. 五个总量指标存在怎样的数量关系？

5. 为什么西方宏观经济学原来用 GNP 作为产量的主要测量值，而现在大多改用 GDP？

五、阅读思考题

中国是人均中上收入国家?

在过去十几年间，中国人总是不断听到"根据世界银行的排名，中国的人均国内生产总值仍排在世界 100 名之后"一类的说法。中国 2010 年的经济总量成为世界第二之后，这

一类的说法被再一次广泛传播，甚至还出现了"中国是世界第二大经济体，但中国也是世界上最穷的国家之一"的最雷人版本。这样的说法值得更细致地推敲。

事实上，世界银行为每一年编制的并不是人均国内生产总值（GDP）的排名，而是人均国民总收入（GNI）的排名。根据世界银行 2009 年的世界人均 GNI 排名，中国大陆（以下简称中国）在全球除中国台湾以外的 213 个经济体中排名第 125 位。这意味着，在中国以外的 212 个经济体中，124 个（58.5%）的人均 GNI 高于中国，88 个（41.5%）的人均 GNI 低于中国。然而，一直被用于衡量各个国家经济发展相对水平的世界银行人均 GNI 排名存在严重偏差，实际上是一个"不科学"的排名。

首先，世界银行人均 GNI 排行榜中的经济体在人口规模上相差极其悬殊，其中既包括只有 12 373 人的图瓦卢，又包括超过 13 亿人的中国。把中国和在人口规模上仅相当于中国五级行政架构中最低一级的乡的经济体放在一起进行简单的比较，这本身就是一种极端荒谬的做法。

其次，很小的经济体通常都很富裕。根据世界银行 2009 年的分类标准，人均国民总收入 12 195 美元以上的"高收入经济体"有 69 个，3 946～12 194 美元的"中上收入经济体"有 50 个，996～3 945 美元的"中下收入经济体"有 53 个，996 美元以下的"低收入经济体"有 41 个。然而在 58 个人口规模小于 100 万的微型经济体中，29 个属于"高收入"，13 个属于"中上收入"，14 个属于"中下收入"，只有 2 个属于"低收入"。显然，人均 GNI 与人口规模之间存在显著的关联关系。

因此，不考虑人口规模因素的排名是有偏差的排名，世界银行的人均 GNI 排名根本不能准确地反映各个国家的经济发展相对水平。

幸运的是，只要把人口规模的因素考虑在内，准确反映经济发展相对水平的无偏差排名是可以实现的。中国 2009 年的无偏排名指数为 59%，意味着在中国以外的世界人口中有 59% 在人均 GNI 上排在了中国人的后面。这和在中国以外的 212 个经济体中有 41.5% 在人均 GNI 上排在中国的后面形成巨大反差，其原因就是，虽然排在中国前面的经济体数量比排在后面的多，但是排在中国前面的经济体的人口规模通常较小，而排在中国后面的经济体的人口规模通常较大。实际上，自从十几年前的亚洲金融危机导致印尼与中国的人均 GNI 排名顺序逆转以后，中国人在整体上就已经属于世界上较富裕的那一半了。

世界银行的人均 GNI 排名之所以在中国这么有市场，是因为它已经成为中国很多问题的借口。这其中隐含的逻辑就是：因为中国的人均排名仍然在世界 100 名之后，所以中国人享受到更公平的收入分配、更平等的公共服务等的难度就更大。简而言之，世界银行的排名已经成为中国的特殊利益阶层拒绝变革、推迟改革的借口。

当然，只要中国保持和其潜在增长率大致相当的增长速度，就无论如何会在 5 年内进入人均 GNI 的前 100 行列。但是，如果中国由于推迟改革而维持粗放发展方式，就很可能会在进入前 100 行列之前爆发粗放发展的危机。

中国 2010 年的 GDP 和 GNI，总量都接近 6 万亿美元，人均都超过 4 300 美元。这使得中国已经从一个中下收入国家变为一个中上收入国家。中国 2010 年的无偏排名指数预计为 61%，意味着在中国以外的世界人口中有 61% 在人均 GNI 上排在了中国人的后面。如果把范围限制在发展中经济体（就是低收入、中下收入和中上收入这三类经济体）的话，2010 年在中国以外的发展中世界人口中有 77% 在人均 GNI 上排在了中国人的后面。中国仍然是一个发展中国家，但绝对不再是"世界上最穷的国家之一"。中国已经进入一个新的发展阶段，再也承担不起推迟改革的代价。

考虑到中国的经济发展已经大大超出原先的计划和中国人在整体上已经属于世界较富裕的那一半的事实，中国政府必须加快体制改革，加快转变经济发展方式，加快全面建设小康社会，提前实现那些原本许诺在 2020 年或更遥远的未来实现的愿景。

（资料来源：环球网　王建铆　中欧国际工商学院　经济学教授）

思考：GDP 和 GNI 有什么联系？如何准确反映经济发展的相对水平？

第八章

失业与通货膨胀理论

* 了解失业的含义和根源。
* 熟悉失业的类型和原因。
* 了解通货膨胀的含义和成因。
* 掌握通货膨胀的种类及菲利普斯曲线。
* 理解通货膨胀的治理措施。

经济学家：米尔顿·弗里德曼（美，1912.7.31—2006.12.16）

简介： 美国经济学家，以研究宏观经济学、微观经济学、经济史、统计学及主张自由放任资本主义而闻名。他在世期间曾担任多个政府机构的顾问，其学术思想对美国几届政府的经济政策都产生过重要影响。他在消费分析、货币供应理论及历史、稳定政策复杂性等范畴成绩卓著，于1976年获得诺贝尔经济学奖。主要著作有《实证经济学论文集》《消费函数理论》《资本主义与自由》等。

核心观点：

（1）现代货币数量论：认为通货膨胀起源于"太多的货币追逐太少的商品"，政府可以通过控制货币增长来遏制通胀。

（2）消费函数理论：该理论对凯恩斯经济理论中的边际消费递减规律进行驳斥。凯恩斯认为，随着社会财富和个人收入的增加，人们用于消费方面的支出呈递减趋势，与此同时储蓄则越来越多。因此政府可以通过增加公共支出来抵消个人消费的减少，从而保证经济的持续增长。弗里德曼指出，这一理论站不住脚，因为人们的欲望实际上永无止境，原有的得到满足后，新的随即产生。

（3）"自然率假说"理论：认为从长期来看，自然失业率永远存在，是不可消除的。因此政府的宏观调控政策从长期来看是不起任何作用的。

导入案例 \\\\\

1. 失业率不能衡量失业对个人的全部影响

持续的失业不仅意味着失去工资，而且影响着人们的健康和社会关系。在 20 世纪 30 年代的大萧条期间，美国尽其最大的努力来降低失业。1932—1935 年，失业率基本在 20% 或 20% 上。在 1933 年，几乎达到了 25%；大约每 4 个愿意工作的人之中就有 1 人没有工作。这意味着在当时人口不足现在一半的情况下，约有 1 600 万人失业。与之相比，在 1990—1991 年，约有 1 000 万美国人失业。

但是这些统计数据只讲述了这一可怕故事的一部分。上百万人的工人是"失望工人"，由于没有工作可做，所以他们已经放弃了找工作。这些人并没有被计算在失业人口里面。人们在施粥所前排队等候，当街叫卖苹果，睡在薄纸板制的小屋里。"兄弟你能施舍点钱吗？"是一句普通的问候语，一些人跳了楼，另一些人漫步街头，试图勇敢地活下去。例如，约翰·施蒂贝克的著作《愤怒的葡萄》，描述了数以百万计的中西部难民因干旱而逃往加利福尼亚的情景。1992 年的一项研究表明持续失业所带来的可怕影响。这里所指的失业并不是官方的失业数据。玛丽莫娃，犹他州大学的经济学家，与他人一起就 1976—1990 年 30 个大城市的失业情况进行了研究。研究表明，失业率增长 1% 会导致：

谋杀案增长 6.7%；

因罢工引起的死亡超过 3.1%；

致命性心脏病超过 5.6%；

自杀超过 3.9%。

尽管这些数据的可靠性取决于统计的质量，但研究者强调了持续的失业对个人来说确实是危险的。面临解雇、缩减开支或者净资产的突然降低，人们会改变他们的行为，越来越多的美国人发现他们自己变得沮丧。

2. 流通中的钱多了，也会"伤"钱

在第一次世界大战以后的德国，有一个小偷去别人家里偷东西，看见一个箩筐里面装满了钱，他把钱倒了出来，把筐拿走了。

在 1923 年的德国街头，一些儿童用大捆大捆的纸币马克玩堆积木的游戏；一位正在煮饭的家庭妇女，她烧的不是煤，而是本应该用来买煤的纸币……你肯定感到难以置信。但事实确实如此——当时的德国，正在经历人类历史上最疯狂的通货膨胀，货币贬值到了今天看来几乎无法相信的程度：年初 1 马克还能换 2.38 美元，到了夏天 1 美元能换 4 万亿马克！一份报纸从 0.3 马克涨到 7 000 万马克！

当时的德国人民经受了可怕的梦魇。工人和教师一领到工资就要以百米冲刺的速度冲到商店购买面包和黄油，跑得慢一点，面包和黄油的价格就会上涨一大截儿。因为物价上涨的速度实在是太疯狂了！老人们积攒了一辈子的储蓄顷刻间化为乌有，工人罢工，农民罢产。在这样巨大的经济危机中，德国人民遭受了极大的苦难。没有工作、没有粮食，走投无路。德国人民对本国政府极为不满，各地斗争、骚乱不断发生，处于严重的动荡之中。

失业与通货膨胀是经济社会发展中存在的主要问题。无论是发达国家还是发展中国家，都不同程度地存在着这种现象。从一国失业率的高低、通货膨胀的程度就可以推断出这个国家这

一时期经济发展的情况。促进就业、抑制通货膨胀，是国家宏观经济调控的目标之一。西方经济学者对失业和通货膨胀进行了比较系统的研究，本章对这方面的研究成果加以简要说明。

第一节　失业理论

一、失业与充分就业

（一）失业

按《现代经济学词典》的解释，失业是"所有那些未曾受雇，以及正在调往新工作岗位或未能按当时通行的实际工资率找到工作的人。"具体地说，凡是在一定年龄范围内有劳动能力，愿意工作而没有工作，并正在寻找工作的状态就是失业。

各国对工作的年龄和失业的范围有不同的规定。如工作年龄，美国是 16～65 岁，我国目前的法定劳动年龄是 16～60 岁。

衡量一国经济中失业状况的基本指标是失业率。失业率是失业人数占劳动力总数的百分比，用公式表示为：

$$失业率 = \frac{失业人数}{劳动力总数} \times 100\%$$

需要注意的是，失业人数是在失业范围之内的失业者人数，劳动力总数是指失业人数与就业人数之和，而非总人口。

失业率的波动反映了就业和经济的波动情况。当失业率上升时，就业率下降；失业率下降时，就业率上升。一般地，在经济衰退期间，失业率上升，在经济复苏期间失业率下降。1982 年美国的失业率上升到近 10%，1989 年降到了 5%，1992 年再次上升至 8%，1995 年又降到 6% 以下，2008 年的次贷危机再次让美国的失业率超过 7%。

世界各国基本上采用两种方法获得失业率的有关统计数据，一种是抽样调查法，如美国通过每月约对 6 万户家庭进行抽样调查估算出失业率；另一种是以政府登记为基础的行政登记法。目前我国以城镇登记失业率指标代替失业率。

这两种方法得到的数据都不一定能够准确地反应失业的严重程度，但它仍是重要的宏观经济指标。因为失业率不仅在一定程度上反映了失业的严重程度，而且可以反映出失业的特点，从而有利于政府更准确地把握国家的就业状况。

（二）充分就业

充分就业是指在现有的工作条件中，想找工作的人都能找到工作的一种就业状态。即总需求与总供给相等，实现均衡国民收入，此时与总需求相适应的对劳动力的需求刚好能全部吸纳所有愿意工作并正在努力寻找工作的劳动者。一个社会实现了充分就业并不是没有失业者的存在。充分就业与自然失业的存在并不矛盾。这是因为，经济中有些造成失业的原因（如劳动力的流动等）是难以克服的，劳动力市场总不是十分完善的。这种失业的存在不仅是必然的，而且是必须的。因为这种失业的存在，能作为劳动后备军随时满足经济对劳动的需求，能作为一种对就业者的"威胁"而迫使就业者提高劳动生产效率。此外，各种福利支出（失业补助、贫困补助等）的存在，也使得这一定失业水平的存在不会成为影响社会安定的因素，是社会可以接受的。实现了充分就业时的失业率称为自然失业率，或充分就业的失业率。

二、失业的类型与原因

一般来说，根据失业产生的原因，可将其分为自然失业、周期性失业和隐蔽性失业三种类型。

（一）自然失业

自然失业指由于经济中某些难以避免的原因引起的失业。在任何动态经济中，这种失业都不同程度地存在着。现代经济学家按引起失业的具体原因把自然失业分为以下几类。

1. 摩擦性失业

经济中由于正常的劳动力流动而引起的失业称为摩擦性失业。在一个动态的社会里，经济的发展必然引起劳动力的动态需求，导致劳动力在各地区、各行业与各部门之间流动。部分劳动力在流动的过程中就处于失业状态。这种失业在任何时候都是存在的，因为在经济发展过程中劳动力的流动是正常的，所以这种失业的存在也是正常的。

实例链接 8-1　　　　　　我国高校毕业生的"就业慌"

2008 年，金融危机几乎影响了近两年全球经济发展的速度，各大企业都裁员降薪。但是 2010 年，我国有超过 600 万的高校毕业生需要就业。就业形势严峻，致使在求职旺季，有不少毕业生无法在短时间内找到工作。尤其是在每年的 6—8 月，既是求职旺季，也是失业高峰期。

许多毕业生在寻找工作时并没有参考自己的兴趣特长和所求职工作的各项需要，而是为了"找工作"而"找工作"。

现象一：简历海投

"我投了 6 家银行和 2 家证券公司，到目前为止都没有回音。班里大部分同学都在海投简历，没有人收到 offer。"来自某商学院金融专业的毕业生小张说。

现象二：备战大型招聘会

"虽然今年就业形势不佳，但我还没有投简历和参加面试。与其将简历投进网络的茫茫大海，我更有兴趣认真准备接下来的几场大型招聘会。"某师范大学政治学与行政学专业的小王说。

现象三：为工作而迷茫

小陈来自某大学数学与计算科学学院。"我投了 5 份简历，参加了 2 次校园宣传会，还没有收到面试通知，而我们班 55 位同学中有 10 个拿到 offer，5 个考研，剩下的还没有着落"。目前，小陈一直担心自己的将来，因为很多简历都没有消息。

如下图所示：

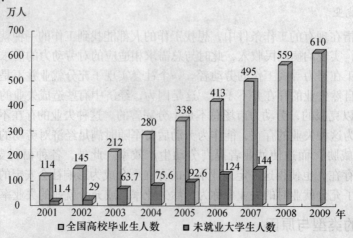

我国 2001—2009 年大学生就业人数趋势图

可见我国大学毕业生的就业问题已经成为严重的社会问题。

2. 求职性失业

劳动者不满意现有的工作，离职寻找更理想的工作所造成的失业即为求职性失业。这种失业的存在，是因为劳动力市场不同质，即存在着诸如工作条件、工资、福利等方面的差异。同时，劳动力市场信息不对称的状况也使得劳动者寻找新的就业机会需要一定的时间。在这种失业中，青年人占的比重较大，因为青年人往往为追求自己的理想，在有心理落差时，渴望找到更合适自己的工作。

3. 结构性失业

由于劳动力的供求不匹配而造成的失业称为结构性失业。其特点是既存在失业，又有职位空缺，即一方面存在着失业的劳动者但无合适工作岗位的"失业"；另一方面又存在着有工作岗位而无合适的劳动者的"职位空缺"。出现这种失业与职位空缺并存的原因，是由于随着经济结构的调整，劳动力的供给结构不能适应劳动力需求结构的变动。如新兴工业部门需要高技术专门人才，而从工业部门转移出的劳动者因不能适应新工作岗位的具体要求而处于失业状态。这种失业在性质上是长期的。

结构性失业有以下两种类型：

（1）技术性失业。由于技术进步所引起的失业。属于这种失业的劳动力大都是文化技术水平低，不能适应现代技术要求的工人。如新兴行业缺乏合格的技术人员，衰退的行业有大量的失业人员。在长期中，这种失业问题比较严重。

（2）季节性失业。由于某些行业生产的季节性变动而引起的失业。在旅游业、农业等行业，这种失业最严重。这些行业生产的季节性是由自然条件决定的，很难改变，因此，这种失业是正常的。

4. 古典失业

古典失业又称工资性失业，是由于工资刚性而引起的失业。按古典经济学家的假设，若工资具有完全的伸缩性，则通过工资的调节，便能实现人人都有工作。这就是说，如果劳动的需求小于供给，则工资下降，直至全部工人均被雇用为止，从而不会出现失业。但由于人类本性不愿意工资下降，而工会的存在和最低工资法又限制了工资的下降，导致工资只能升不能降的所谓"工资刚性"。这种特性的存在，使部分工人无法受雇，从而形成失业。由于这种失业是古典经济学家提出的，所以称为古典失业。凯恩斯也把这种失业称为自愿失业。

（二）周期性失业

由于社会总需求不足而引起的失业称为周期性失业。一般出现在经济周期的萧条阶段。如1982年美国经济大衰退时，全国50个州中有48个州的失业率都上升了。

周期性失业的原因可以用紧缩性缺口来说明。紧缩性缺口是指实际社会总需求小于充分就业的总需求时，实际总需求与充分就业总需求之间的差额。

如图8-1所示：

图中，横轴代表国民收入，纵轴代表总需求，当

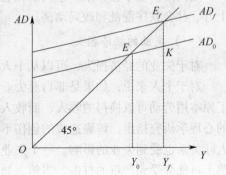

图8-1 紧缩性缺口与周期性失业的关系

国民收入为 Y_f 时，经济中实现了充分就业，Y_f 为充分就业的国民收入。实现这一国民收入水平所要求的总需求水平为 AD_f，即充分就业的总需求。但现在的实际总需求为 AD_0，这一总需求水平决定的国民收入为 Y_0，$Y_0 < Y_f$，这就必然引起失业。$Y_0 < Y_f$ 是由于 $AD_0 < AD_f$ 造成的。因此，实际总需求 AD_0 与充分就业总需求 AD_f 之间的差额（图中的 E_fK），就是造成这种周期性失业的根源。这种失业是由总需求不足引起的，故而也称为"需求不足的失业"。

周期性失业的原因在于社会总需求不足，即有效需求不足。那么社会总需求不足的原因又是什么呢？凯恩斯认为造成社会总需求不足的原因是三大心理规律的作用：边际消费倾向递减规律导致消费不足；资本边际效率的递减造成投资需求不足；流动偏好规律使利率的下降有一个最低限度，无法拉开利润率和利率之间的差距来刺激投资。其结果是总需求不足，出现紧缩性缺口。

周期性失业其实就是凯恩斯分析的非自愿失业。所谓非自愿失业就是与自愿失业相反的概念。自愿失业是指劳动者不愿接受现行工资水平而形成的失业。这种失业在竞争性的经济中一定程度上能促使经济更有效地运行。非自愿失业指劳动者愿意接受现行工资但仍找不到工作的失业。

（三）隐蔽性失业

隐蔽性失业就是指表面上有工作，实际对生产没有作出贡献。如果减少就业人员而生产产量没有下降，就存在着隐蔽性失业。如某一区域经济中有 6 000 万工人。现在减少了 1 200 万工人，但国内生产总值并没有随之减少，则经济中存在着 20%（1 200/6 000 = 20%）的隐蔽性失业。美国著名发展经济学家阿瑟·刘易斯曾指出，发展中国家的农业部门存在着严重的隐蔽性失业。据《人民日报》报道，我国的这种隐蔽性失业约在 2 000 万左右，每年要耗费 500 ~ 600 亿元人民币，造成巨大的经济损失。因此，消灭这种失业是提高经济效率的重要内容之一。

三、失业的影响

美国著名的经济学家保罗·萨缪尔森在他的《经济学》一书中对失业的经济损失进行了这样的描述：高失业伴随着高水平的生产损失或者高水平的生产停顿——就好像干脆把相同数量的汽车、食品和房屋扔进大海……在高失业期间的经济损失是现代经济中有文献记载的最大浪费。它们比垄断或关税和限额导致的浪费所造成的缺乏效率（或"无谓的损失"）据估计要大许多倍。

过高的失业率会带来一系列的社会、个人问题，影响经济正常发展，甚至会导致犯罪率上升、社会秩序混乱和政局动荡。

（一）失业的经济损失

对于失业的经济损失，可以从个人、企业和社会三个层面分析。

对于个人来说，如果是非自愿失业，会给失业者本人及其家庭造成损失。因为他们失去了原本用劳动可以换得的收入，而收入的减少，又造成他们生活水平的下降。同时西方有关的心理学研究指出，解雇造成的创伤不亚于亲友的去世或事业上的失败。此外，家庭之外的人际关系也受到失业的影响。一个失业者在就业的人员当中失去了自尊、自信和影响力，情感上可能会受到严重的打击。当然，如果是自愿失业，则会给失业者带来闲暇的享受。

对于企业来说，失业最大的经济损失是人力资本的损失。人力资本指劳动者受到的教育和获得技能的价值。人力资本来源于劳动者所受到的教育和从工作中获得的经验，还包括长期形成的工作习惯。失业给人力资本造成的损失主要是因为人力资本的价值是企业产品生产的重要因素，能够为产品价值增值作出贡献。同时，失业增加后，厂商产品的销售市场萎缩，有效需求下降，产出降低，生产能力闲置，利润开始下降，厂商只能减少投资需求，减少新生产力的形成。

对于社会来说，失业增加了社会福利支出，造成财政困难，同时，失业率过高又会影响社会的安定，带来一系列的社会问题。西方学者已经发现，高失业率常常与吸毒、高离婚率以及高犯罪率联系在一起。从整个经济看，失业在经济上最大的损失就是实际国民收入的减少。表 8 - 1 给出了 20 世纪中高失业期间，美国实际产出相对潜在 GDP 的减少量。

表 8 - 1　美国高失业时期的经济损失额

时期	产出损失		
	平均失业率/%	GDP 损失/10 亿美元（2003 年价格）	占该时期 GDP 百分比/%
大危机时期（1930—1939 年）	18.2	2 560	27.6
石油危机和通货膨胀时期（1975—1984 年）	7.7	1 570	3.0
新经济跌落后的时期（2001—2003 年）	5.5	220	0.2

从表 8 - 1 中可知，美国最大的经济损失发生在大萧条时期，而 20 世纪 70 年代和 80 年代的石油危机与通货膨胀也使产出损失高达 1 万多亿美元。相比之下，2001—2003 年这一时期，经济周期的损失小了很多。

（二）奥肯定律

失业带来的经济损失究竟有多大？20 世纪 60 年代，美国经济学家阿瑟·奥肯根据美国的数据，提出了奥肯定律，说明了失业率与实际国民收入增长率之间的关系。这一规律表明，失业率每增加 1%，则实际国民收入大约减少 2%；反之，失业率每减少 1%，则实际国民收入大约增加 2%。在理解这一规律时应该注意：一是它表明了失业率与实际国民收入增长率是反方向变动关系；二是失业率与实际国民收入增长率之间 1 : 2 的关系只是一个平均数，是根据经验统计资料得出来的，在不同的时期并不是完全相同。在 60 年代，这一比率是 1 : 3；在 70 年代，这一比率是 1 : 2.5 ~ 2.7；在 80 年代，这一比率是 1 : 2.5 ~ 2.9；三是奥肯定律主要适用于没有实现充分就业的情况，即失业率是周期性失业的失业率。在实现了充分就业的情况下，自然失业率与实际国民收入增长率的这一关系就要弱得多，一般估算在 1 : 0.76 左右。

实例链接 8 - 2　　　　**解读"奥肯定律"在中国失效之谜**

描述实际增长率和失业率之间交替关系的"奥肯定律"一直在中国水土不服，这固然有中国处在重工业发展阶段，导致经济增长与就业脱节即资本替代劳动的因素，但也有失业率和 GDP 统计偏差的因素，而不准确的城镇登记失业人数和城镇登记失业率，也会误导政策的制定。

据《中国新闻周刊》近日报道，中国社科院此前发布的 2009 年《社会蓝皮书》称中国城镇失业率已经攀升到 9.4%，这比人保部公布的截至 2008 年三季度末城镇登记失业率为 4.0% 的统计数据多出一倍多。事实上，对失业率统计的诟病由来已久。诚然，由于人们进入和退出劳动力市场十分频繁以及对失业者和非劳动力的界定十分困难，导致失业率统计存在一定的高估或者低估现象，但官方和学界如此悬殊的差距无法用正常的统计误差来解释，只能说明现行的失业率统计存在遗漏和缺陷。

一般来说，失业率统计有登记失业率和调查失业率之分，都有利有弊，但国际通行的是调查失业率。而目前我国仅仅统计和公布城镇登记失业率，一方面采用登记失业率的统计方法无法与国际接轨进行国际比较；另一方面仅仅统计城镇户籍人口的登记失业率无法描述真实的失业状况，因为它没有包含农村地区农民、进城农民工和在城市间迁徙流动却并未转移户籍的那部分城镇户籍人口的失业状况。

比如，在金融危机的冲击下，很多国家的失业率都不断飙升，但中国在经济增长速度、工业企业增加值和利润大幅下滑以及大量企业破产倒闭的情况下，2008 年前三季度的失业率仍在 4% 的水平，难免令人称奇。更何况农民工返乡潮已经轰轰烈烈，人保部的统计是截至 2008 年 11 月底已经有 485 万民工返乡，但 2008 年 12 月以来已经是愈演愈烈，仅河南省返乡农民工就达到了 377 万，估计全国返乡农民工会达到 1 000 万人以上，但遗憾的是，这些都没有在官方的失业率统计中体现出来，这很难不会对政策的制定产生误导。

总之，城镇登记失业率指标已经无法全面衡量劳动力市场现状，尽快退出历史舞台已经是势在必行。尽管早在 2004 年 9 月，国务院办公厅下发《关于建立劳动力调查制度的通知》，决定建立劳动力调查制度，计算调查失业率。但 4 年过后，调查失业率仍未露出庐山真面目，全口径的调查失业率取代局部性的城镇登记失业率的步伐应当加快，否则统计数据就很难成为经济决策的依据。在即将出台的"十二五"规划中，我国将有可能采用新的更加客观实际的失业率统计方法，让我们拭目以待。

第二节　通货膨胀理论

在实际经济中，大多数商品的价格倾向于一直上升，通货膨胀便一直存在于我们的日常生活中，因此我们有必要去了解它——通货膨胀，一个无时不在的经济现象。

一、通货膨胀的含义及分类

（一）通货膨胀的含义

你了解通货膨胀吗？这个经常出现在我们身边的字眼，也许你可以像说口头禅一样轻松地说出它，但通货膨胀到底是什么意思呢，我们来看下面的例子：在中国的 20 世纪 90 年代初期，用 10 元钱你可以买来 5 本漫画书，而现在呢，10 元钱大概只能买到 1 本，对漫画书价格的上升也许你并不在意，那么住房呢？10 年前花费 10 万元你可以住在一套相当宽敞的房子里，现在呢？也许只能买到一小间书房那么大的地方了，这种差距很明显。

在看了上面的例子后也许你就不难理解在经济学上关于通货膨胀的定义了："通货膨胀是物价总水平在一段时期内持续、明显地上涨的现象。"下面我们就这个定义再作几点相应的说明：

（1）通货膨胀不是指个别商品价格的上涨，而是指价格总水平的上涨，这包括了商品价格和劳务价格。

（2）通货膨胀不是指一次性或短期的价格上升，而是一个持续的过程。同样，也不能把经济周期性的萧条，价格下跌以后出现的周期性复苏阶段的价格上升贴上通货膨胀的标签。只有当价格持续地上涨作为趋势不可逆转时，才可称为通货膨胀。

（3）通货膨胀是价格总水平明显地上涨。轻微的价格水平上升，比如说 0.3%，就很难说是通货膨胀。不过能够冠以"通货膨胀"的价格总水平增长率的标准到底是多少，却没有一定之规，取决于人们的主观观念以及人们对价格变化的敏感程度。

为了较好地计量通货膨胀，一般用物价水平的波动幅度来表示，物价指数是衡量物价水平波动幅度的指标。物价指数是当期物价水平与基期物价水平的比率。它反映出一般物价水平的涨跌波动幅度。常见的物价指数有三个指标：消费者物价指数、生产者物价指数和国内生产总值价格折算系数。

1. 消费者物价指数（*CPI*）

消费者物价指数又称为商品零售价格指数，是反映一定时期内城乡居民的生活消费品和服务项目价格变动趋势和程度的相对数。也就是居民货币收入购买力的升降变化，在一定程度上度量了消费品零售价格和服务价格变动对居民生活消费支出的影响。其计算公式为：

$$CPI = \frac{当期价格指数}{基期价格指数} \times 100\%$$

$$= \frac{\sum P_t q_t}{\sum P_0 q_t} \times 100\%$$

在上式中，P_0 是基期价格水平，P_t 是当期的价格水平，q_t 是当期商品量。

例如，设 1990 年为基期，如果 1990 年某国普通家庭每个月购买一组商品的费用为 857 美元，1993 年购买同样一组商品的费用是 1 174 美元，那么该国 1993 年消费者物价指数就为：

$$CPI_{1993} = \frac{1\ 174}{857} \times 100\% \approx 137\%$$

消费者物价指数突出的优点是：生活消费品的价格变化能及时反映消费品供求关系的变化，直接与居民的日常生活消费紧密相关。不足之处在于：消费品只是社会总产品的一部分，它没有包括生产资料、资本品、进出口商品等其他部分，不能全面、准确地反映出一般物价总水平的波动及其原因。

实例链接 8－3　　　　　　　　**2011 年中国 CPI 统计新方法**

为更好地适应我国经济社会发展和城乡居民消费结构变化，切实保障 CPI 计算的科学性和准确性，2011 年我国对 CPI 调查方案进行了例行调整，涉及对比基期、权数构成、调查网点和代表规格品的调整。

一、从 2011 年 1 月起，我国 CPI 开始计算以 2010 年为对比基期的价格指数序列。这是自 2001 年计算 CPI 定基价格指数以来，第二次进行基期例行更换，首轮基期为 2000 年，第二轮基期为 2005 年。调整基期，是为了更容易比较。因为对比基期越久，价格规格品变化就越大，可比性就会下降。选择逢 0 逢 5 年度作为计算 CPI 的对比基期，目的是为了与我国国民经济和社会发展五年规划保持相同周期，便于数据分析与使用。

二、根据 2010 年全国城乡居民消费支出调查数据以及有关部门的统计数据，按照制度规定对 CPI 权数构成进行了相应调整。其中居住提高 4.22 个百分点，食品降低 2.21 个百分点，烟酒降低 0.51 个百分点，衣着降低 0.49 个百分点，家庭设备用品及服务降低 0.36 个百分点，医疗保健和个人用品降低 0.36 个百分点，交通和通信降低 0.05 个百分点，娱乐教育文化用品及服务降低 0.25 个百分点。

三、根据各选中调查市县 2010 年最新商业业态、农贸市场以及服务消费单位状况，按照国家统一规定的原则和方法，增加了 1.3 万个调查网点。采集全国 CPI 价格的调查网点（包括食杂店、百货店、超市、便利店、专业市场、专卖店、购物中心以及农贸市场与服务消费单位等）达到 6.3 万个。

四、各选中调查市县根据当地居民的消费水平、消费习惯按照国家统一规定的原则和方法，对部分代表规格品及时进行了更新。

2. 生产者物价指数（PPI）

生产者物价指数又称为商品批发物价指数，是根据商品的批发价格编制而成并用以反映各种商品在原材料、半成品和最终产品等不同生产阶段的价格变动情况。生产者物价指数反映了工业企业产品的出厂价格变动趋势和变动程度，是反映某一时期生产领域价格变动情况的重要经济指标，也是政府制定有关经济政策和进行国民经济核算的重要依据。

生产者物价指数的优点表现为：在最终产品价格变动之前就发出生产投入品及非零售消费品的价格波动信息，进而可以判断其价格变动对最终进入流通的零售商品价格变动的影响。不足之处表现在：它只反映了商品在生产与批发环节的价格变动，没有反映劳务产品与商品最终的销售价格波动情况。其反映的价格波动幅度常常小于零售商品的价格波动幅度。

3. 国内生产总值价格折算指数（$GDP_{Deflator}$）

国内生产总值价格折算指数又称为国民生产总值平减指数，是按当期市场物价计算的 GDP 与按基期不变价格计算的 GDP 的比率，即名义 GDP 与实际 GDP 之比来测算通货膨胀的程度。其计算公式为：

$$GDP_{Deflator} = （以当期市场物价计算的 GDP/以基期不变价格计算的 GDP）\times 100\%$$

这种指数用于修正 GDP 数值，从中去掉通货膨胀因素，其统计测算对象包括所有计入 GDP 的最终产品与劳务，因而能较全面反映一般物价水平的变化。

国内生产总值价格折算指数的优点在于：涉及的范围广，可以全面反映生产资料、消费资料、劳务费用的价格变动情况，被认为是测算通货膨胀率的最佳指标。其缺点在于：统计资料的搜集困难，时效性较差，大多一年公布一次。

以上用于测算通货膨胀率的三个常用的指标——物价指数各有优缺点，适用的对象也有差异。消费者价格指数（CPI）与生产者价格指数（PPI）多用于分析通货膨胀对消费者与生产者的影响；国内生产总值价格折算指数（$GDP_{Deflator}$）较适用于分析通货膨胀对社会经济一般物价水平的影响。

（二）通货膨胀的分类

通货膨胀按不同的标准可以划分成不同的类型，常见的划分方法是按照物价上涨速度来划分。

1. 爬行式通货膨胀

爬行式通货膨胀也叫温和型通货膨胀，指每年价格上升的比例在 10% 以内。这种缓慢而逐步上升的价格对经济和收入增长有积极的刺激作用。保持了温和的通货膨胀，也就实现了物价稳定。

2. 奔腾式通货膨胀

奔腾式通货膨胀也叫严重型通货膨胀，指每年价格上升的比例在 10% 以上 100% 以下。这时，货币流通速度的提高和货币购买力的下降均具有较快的速度。由于货币购买力迅速下降，人们更愿意囤积商品而不愿意持有货币，金融市场陷于瘫痪，经济发生严重的扭曲。例如，我国 20 世纪 80 年代左右出现的 30% 左右的通货膨胀就属于奔腾式的通货膨胀。

3. 恶性通货膨胀

恶性通货膨胀也叫超级通货膨胀，指每年价格上升的比例在 100% 以上。发生这种通货膨胀时，物价上涨极快，货币购买力急剧下降、贬值程度惊人，人们对货币失去信心，货币制度体系将要崩溃，甚至出现金融危机和社会动荡。例如，1920—1923 年的德国或者在第二次世界大战以后的中国和匈牙利所发生的各种各样的价格上涨。

二、通货膨胀的成因

经济学家认为，通货膨胀主要有四种成因：需求拉动的通货膨胀、成本推动的通货膨胀、供求混合推动的通货膨胀和结构型通货膨胀。

（一）需求拉动的通货膨胀

需求拉动型通货膨胀是指资源被充分利用或达到充分就业时，总需求继续上升，出现过度需求而导致的通货膨胀。它是从总需求的角度来分析通货膨胀的原因。凯恩斯经济学派认为，当经济发展没有达到实现充分就业的国民收入水平时，总需求的增加会促进产量与就业的增加，不会导致物价持续性地上涨与通货膨胀；但是当经济社会达到或接近充分就业的国民收入水平时，总需求的继续增加对最终产品形成过度需求，进而又导致对生产要素等中间投入品需求的增加，再加之生产过程中的"瓶颈现象"，即由于劳动、原料、生产设备等的不足而使成本提高，从而引起物价水平的上涨，最终产品与中间投入品价格都会上涨，引发通货膨胀。如图8－2所示。

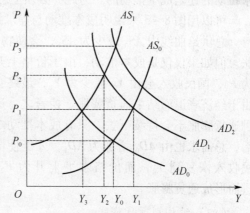

图 8－2 需求拉动的通货膨胀

具体来看，总需求曲线由 AD_0 移动到 AD_1 的位置，使价格由 P_0 上升到 P_1，产生了需求拉动型通货膨胀。作为一个动态的过程，通货膨胀有其自身发展的机制。当要素供给因价格上涨而提高要素价格后。总供给曲线由 AS_0 上升到 AS_1 的位置，使价格水平由 P_1 进一步上升到 P_2。由于总供给减少使国民收入减少到 Y_2 水平，政府不得不采取扩张性的经济政策，当总需求曲线因此右移到 AD_2 的位置后，价格水平进一步上升至 P_3，这就是需求拉动型通货膨胀。

（二）成本推动的通货膨胀

成本推进的通货膨胀，是指在资源尚未充分利用时，因成本因素推进而引起的价格上涨。它是从总供给的角度分析通货膨胀的原因。它认为引起通货膨胀的原因在于成本的增加，成本的增加意味着只有在高于从前价格的水平时，才能达到与以前相同的产量水平（也就是说，由于成本的增加，厂商只有在高于从前的价格水平时，才愿意提供同样数量的产品），从而引起通货膨胀。

对成本推动型的通货膨胀具体分析也可借用图 8 - 2 来解释。期初，总供给和总需求曲线分别为 AS_0 和 AD_0，价格水平为 P_0。生产成本增加使 AS_0 上升到 AS_1 的位置，导致价格水平由 P_0 上升到 P_1。这就使国民收入由 Y_0 减少到 Y_3，为了减少失业和刺激经济，政府使用扩张性的财政政策和货币政策，使总需求曲线由 AD_0 上升到 AD_1 的位置。这种做法虽然使国民收入增加到 Y_2，但是物价进一步上升到 P_2。当然，这种价格水平的上涨将启动新一轮的成本推动型的通货膨胀。从根本上看，成本推动的通货膨胀与需求拉动的通货膨胀的区别在于开始的推动力的差异，具体说是由工资成本、利润目标、进口成本推进的通货膨胀。

（三）供求混合推动的通货膨胀

有些通货膨胀不能简单地理解为需求拉上或成本推进型，而是它们同时发挥作用，并相互影响、互相促进的结果。比如，最初由于政府增加支出造成总需求增加，引起需求拉动的通货膨胀；而工人出于对通货膨胀延续的担忧，会通过工会向企业施加压力，迫使企业增加工资，从而提高了企业的成本，引起成本推动的通货膨胀。物价、工资轮番上涨……如此反复。如果最初通货膨胀是由成本推动开始，也是如此。因此，很难简单地说通货膨胀是由需求拉动的还是成本推动的。为此，必须把总需求和总供给结合起来分析通货膨胀的原因。

可以用图 8 - 3 来说明成本推动与需求拉动如何引起通货膨胀。

总供给曲线由 AS_0 减少为 AS_1，会使物价水平由 P_0 上升到 P_1，这是成本推动的通货膨胀。但如果仅仅是成本推动，由于价格上升为 P_1，国民收入会由 Y_0 减少为 Y_1，最终会由于经济衰退而结束通货膨胀。换言之，这种通货膨胀不会持续下去。只有成本推动之后，总需求也由 AD_0 增加为 AD_1，才能使国民收入恢复到 Y_0，而价格水平上升为 P_2，进而形成通货膨胀。

（四）结构型通货膨胀

结构型通货膨胀是指由于经济结构方面的因素而引起的通货膨胀。它是从社会各生产部门之间劳动生产率的差异、劳动市场的结构特征和各生产部门之间收入水平的赶超速度等角度来分析由于经济结构的特点而引起通货膨胀的过程。由于社会经济发展不平衡、资源分布不均、配置缺乏机制与效率，各地区或部门的社会劳动生产率及其增长率存在着差异。但是社会劳动生产率及其增长率较

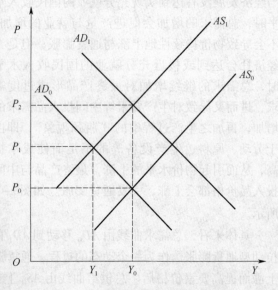

图 8 - 3 供求混合推动的通货膨胀

低的地区或部门要求工资增长向社会劳动生产率及其增长率较高的地区或部门靠近，结果是全社会工资增长速度超过劳动生产率及其增长率的速度，进而引发通货膨胀。

以上介绍了不同的通货膨胀理论，各种理论从不同的角度解释了通货膨胀的原因。但通货膨胀往往不是单个原因造成的，而是由各种因素共同作用所引起的，只不过有时某种因素更加重要，但要具体地确定各种因素在引起通货膨胀时的重要程度，却比较困难。从这种意义上说，各种通货膨胀理论是相互补充的，而不是相互排斥的。

实例链接8-4 　　　　　　　　　　　　**我国经历了多少次通货膨胀**

通货膨胀是现代货币理论中涉及的一个与现实生活最密切的问题，也是世界各国普遍存在的经济现象。通货膨胀是指市场上的货币供应量超过了商品生产和流通对货币的需求量而引起的货币贬值、一般物价水平持续上涨的经济现象。从改革开放以来，我国出现了多次通货膨胀，其各有特点，国家采取了不同的方式进行治理。历次通货膨胀主要表现在以下几方面：

1980 的通货膨胀发生在我国开始改革开放政策初期，宏观上经济增长速度迅猛、投资规模猛增、财政支出加大导致出现较严重的财政赤字、盲目扩大进口导致外贸赤字，外贸储备迅速接近于零。1979 年、1980 年的物价出现了明显上涨，其中 1980 年通货膨胀达到 6%。后来我国经过压缩基本建设投资、收缩银根、控制物价等一系列措施，通货膨胀得到抑制，表现为国务院在 1980 年 12 月发出了《关于严格控制物价、整顿议价的通知》，对通货膨胀进行治理。

1984—1985 年的通货膨胀体现在固定资产投资规模过大引起社会总需求过旺，工资性收入增长超过劳动生产率提高，引起成本上升导致成本推动型通货膨胀，伴随着基建规模、社会消费需求、货币信贷投放急剧扩张，经济出现过热现象，通货膨胀加剧。为了抑制通货膨胀，当时采取了控制固定资产投资规模，加强物价管理和监督管理，全面进行信贷检查等一系列措施。具体表现为从 1984 年 11 月到 1985 年 10 月国务院发布的一系列宏观调控措施。

1987—1989 年的通货膨胀是由于 1984—1985 年中央采取的紧缩政策在未见成效的情况下，1986 年又开始全面松动，导致需求量的严重膨胀。在此期间，1988 年的零售物价指数，创造了新中国成立 40 年以来上涨的最高纪录。物价的上涨和抢购风潮引发了一系列的社会问题。在突如其来的冲击面前，中央迅即作出反应，召开会议整顿经济秩序。于是，1989 年 11 月党的十三届五中全会通过《中共中央关于进一步治理整顿和深化改革的决定》，提出用 3 年或更长一些时间基本完成治理整顿任务，使用大力度的调整措施。

1993—1995 年的通货膨胀表现为邓小平南巡讲话后，中国经济进入高速增长的快车道，起因主要是固定资产投资规模扩张过猛与金融秩序的混乱。有人形象地总结为"四热"（房地产热、开发区热、集资热、股票热）、"四高"（高投资膨胀、高工业增长、高货币发行和信贷投放、高物价上涨）、"四紧"（交易运输紧张、能源紧张、重要原材料紧张、资金紧张）和"一乱"（经济秩序特别是金融秩序混乱）。此次通货膨胀的治理以 1993 年 6 月《中共中央、国务院关于当前经济情况和加强宏观调控的意见》提出 16 条措施为起点，经过 3 年的治理，到 1996 年我国实现经济的"软着陆"。

2003—2004 年的通货膨胀主要表现在国民经济运行中出现了粮食供求关系趋紧，固定资产投资增长过猛，货币信贷投放过多，煤电油运供求紧张等问题。居民消费价格指数自 2003 年 9 月起快速上升，12 月达到 3.2% 的水平；进入 2004 年后继续保持快速上涨态势，从 1 月的 3.2% 升至 6 月的 5.0%，7 月、8 月、9 月三个月均维持在 5% 以上的较高水平。党中央国务院见事早，行动快，于 2002 年中央经济工作会议时就对出现低水平重复建设问题提出预警，2003 年又针对经济生活中的一些苗头性、倾向性问题，见微知著，主动调控，陆续采取了一系列调控措施。2004 年，中央根据经济运行中出现的投资膨胀加剧、物价回升加快等新情况，在"两会"以后果断提出要紧紧把握土地、信贷两个闸门，及时加大了调控力度。2004 年下半年以来，随着加强和改善宏观调控取得积极成效，又明确提出宏观调控仍处于关键阶段，多次强调要防止出现反弹。总的来看，加强和改善宏观调控取得了明显成效，居民消费价格指数出现了一定程度的回落，国民经济继续保持平稳较快的发展。

2007—2008 年上半年，我国经济开始步入通货膨胀，主要表现在：供需失衡——如农产品价格上涨；成本拉动——如原油铁矿等国际价格上升、新劳动法实施、国内某些行业的价格上涨；国内投资过热——大量流动性资金流向楼市股市；国内突发事故灾难——如雪灾、地震等造成短期物价反弹；国际贸易失衡——巨额顺差长期存在、外汇占款严重，人民币投放过多；人民币升值预期使得大量国际资本流入国内，投资的高速增长导致货币超额投放。国家采取的治理措施主要表现在：从 2007 年起央行连续 14 次上调存款准备金率、多次加息、发行央票等从紧货币政策，同时执行稳健的财政政策，主要体现在税收手段的运用，还有对房地产和股市的调控。后来随着全球次贷危机的恶化，国内外经济形势发生了根本性的逆转，世界经济放缓，消费需求急剧下降，我国进出口贸易快速下降，经济出现了严重的下滑风险，原油等国际大宗商品价格快速回落，紧缩政策效果的显现及流动性的收紧，物价得到了控制，逐步回落到了央行目标控制区间。

三、通货膨胀对经济的影响

在通货膨胀的初始阶段，通常表现为短暂的经济繁荣，但经过一段时间的传导，通货膨胀的恶果就开始显露出来。

从长期来看，通货膨胀对经济的危害性极大，对生产、流通、分配和消费都有破坏性作用。

（一）通货膨胀对生产的影响

（1）通货膨胀破坏社会再生产的正常进行。在通货膨胀期间，由于物价上涨的不平衡造成各生产部门和企业利润分配的不平衡使经济中的一些稀有资源转移到非生产领域，造成资源浪费，妨碍社会再生产的正常进行。

（2）通货膨胀使生产性投资减少，不利于生产的长期稳定发展。商品价格的上涨使企业的生产成本迅速上升，资金利润率下降，促使原生产领域的资金流向获利高的流通领域和金融市场，最终导致生产投资规模减小，生产萎缩。

（3）通货膨胀导致企业技术革新成本上升，但是企业不愿意或者没有能力进行技术改造，结果必将导致技术进步变慢，生产效率降低。

（二）通货膨胀对流通的影响

（1）通货膨胀使流通领域原有的平衡被打破，使正常的流通受阻。由于物价上涨不均衡，商品会冲破原有的渠道，向价格上涨快的地方流动，打乱了企业原有的购销渠道，破坏商品的正常流通。

（2）通货膨胀还会在流通领域制造或加剧供给与需求之间的矛盾。由于物价持续上涨，货币贬值，人们不愿意储蓄货币，出现提前消费，疯狂购物，投机者趁机哄抬物价，囤积商品，市场供需矛盾严重，导致流通领域更加混乱。

（3）通货膨胀期间，由于币值降低，潜在的货币购买力会不断转化为现实购买力，进一步加大货币供应，加快货币流通速度，也进一步加剧通货膨胀，流通领域更加混乱。

（三）通货膨胀对分配的影响

（1）通货膨胀改变了社会成员间原有的收入和财富占有的比例。因为通货膨胀发生，虽然人们的名义货币可能在提高，但是由于社会各个阶层收入来源的不同，有的人实际收入会下降，通货膨胀最大的受害者是固定收入者和低收入者，如依靠固定工资、固定退休金和福利救济金生活的人。而这种不公正的国民待遇再分配，很容易引起社会的不稳定。

（2）通货膨胀还使国民收入的初次分配和再分配无法顺利完成。从以企业为主的初次分配看，币值的降低使企业的销售收入不真实，企业据此支付工资、提取折旧、企业留利中就有一部分无法换得相应的生活资料和生产资料，影响企业再生产的顺利进行；从财政再分配来看，由于物价上涨，财政分配的货币资金不足以转化为实际物资，财政分配不能在实物形态上得到最终实现。而追加的财政支出又给财政平衡带来困难；从银行融资来看，物价的上涨使银行存款实际利率下降，存款者便减少存款，增加现金的持有。同时企业为保证生产又不断增加对银行贷款的需求，这就使银行信贷资金供需矛盾加剧，严重时甚至可能出现信用危机。

（四）通货膨胀对消费的影响

（1）通货膨胀条件下，物价上涨、货币贬值，人们通过分配所获得的货币投入不能购买到与原来同等的生活消费资料，实际上是减少了居民收入，居民消费水平下降。

（2）物价上涨的不平衡性和市场上囤积居奇及投机活动的盛行使一般消费者受到的损失更大。

通过以上分析，我们知道通货膨胀对经济的促进作用是暂时的，而其对经济的危害性则是长期的，因此，必须坚决抑制通货膨胀。

四、抑制通货膨胀的对策

从长期来看，通货膨胀的消极作用十分明显，积极作用很小，因此，各国政府都把抑制通货膨胀作为首要的宏观经济目标。

（一）控制货币供应量

由于通货膨胀形成的直接原因是货币供应过多，因此，治理通货膨胀的一个最基本的对策就是中央银行运用各种货币政策工具灵活有效地控制货币供应量，实行适度从紧的货币政策，控制货币投放，使之与货币需求量相适应，稳定币值，进而稳定物价。

（二）调节和控制社会总需求

对于需求拉动的通货膨胀，调节和控制社会总需求是关键。各国对于社会总需求的调节和控制，主要是通过制定和实施正确的财政政策和货币政策来实现。在财政政策方面，主要是大力压缩财政支出，努力增加财政收入，坚持收支平衡，不搞赤字财政。在货币政策方面，主要采取紧缩信贷，控制货币投放，减少货币供应总量的措施。

（三）增加商品的有效供给，调整经济结构

治理通货膨胀必须从两个方面同时入手：一方面控制总需求；另一方面增加总供给。一般来说，增加有效供给的主要手段是降低成本，减少消耗，提高投入产出的比例进而提高经济效益，同时，调整产业和产品结构，支持短缺商品的生产。

（四）抑制通货膨胀的其他政策

除了控制需求，增加供给，调整结构之外，还有一些诸如限价、减税、指数化等其他的治理通货膨胀的政策。

总之，通货膨胀是一个十分复杂的经济现象，其产生的原因是多方面的，需要我们有针对性地根据原因采取不同的治理对策，对症下药。

第三节　失业和通货膨胀的关系

如前所述，失业与通货膨胀是宏观经济运行中的两个主要问题，那么，这两者之间有什么关系呢？在宏观经济中，失业和通货膨胀的关系主要是由菲利普斯曲线来说明的。

一、菲利普斯曲线

1958 年，在英国任教的新西兰籍经济学家菲利普斯在研究了 1861—1957 年的英国失业率和货币工资增长率的统计资料后，提出了表示失业率与货币工资率之间关系的菲利普斯曲线。其基本内容是：当失业率较低时，货币工资增长率较高；反之，当失业率较高时，货币工资增长率较低，甚至是负数。如图 8 - 4 所示。

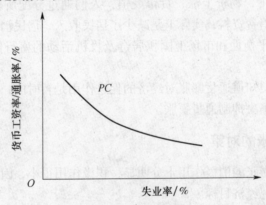

图 8 - 4　菲利普斯曲线

因为工资是成本的主要组成部分，从而也是产品价格的主要组成部分，所以从某种意义上说，工资的增长意味着物价的上涨，这就是成本推动的通货膨胀。于是，这里的货币工资增长率的变动就可以用来表示通货膨胀率的变动。因此，这一条曲线描述的现象可以用来表示失业率与通货膨胀率之间的交替关系，即失业率高，则通货膨胀率低；失业率低，则通货膨胀率高。即失业率与通货膨胀率之间存在反方向变动关系。这就是说，失业率高表明经济处于萧条阶段，这时工资与物价水平都较低，从而通货膨胀率也就低；反之，失业率低表明经济处于繁荣阶段，这时工资与物价水平都较高，从而通货膨胀率也较高。失业率与通货膨胀率之间存在反方向的变动关系，是因为通货膨胀使实际工资下降，从而能刺激生产，增加劳动的需求，减少失业。

菲利普斯曲线提出了这样几个重要的观点：

第一，通货膨胀是由于工资成本推动所引起的，这就是成本推动通货膨胀理论。

第二，承认了通货膨胀与失业的交替的关系，这就否定了凯恩斯关于失业与通货膨胀不会并存的观点。

第三，当失业率为自然失业率时，通货膨胀率为零。

二、菲利普斯曲线的新变化

由于 20 世纪 70 年代"滞胀"的出现，失业与通货膨胀不存在这种交替的关系了，于是对失业和通货膨胀间的关系又有了新的解释。

（一）货币主义学派的观点

20 世纪 70 年代，资本主义世界遭遇到新的经济问题——滞胀。滞胀是指一定时期持续的通货膨胀伴随着萧条或经济停滞发展。1969 年，新上任的尼克松政府为了治理通货膨胀的问题采取了紧缩的货币和财政政策，希望以失业为代价，降低通货膨胀。结果通货膨胀率没有沿菲利普斯曲线滑动，而是向右移动，失业急剧增加，通货膨胀仍维持在原来较高的水平。面对这一新的挑战，以后的经济学家对"滞胀"作了种种解释。认为菲利普斯曲线在短期内有效，而长期菲利普斯曲线则是一条垂直线。

货币主义学派代表人物米尔顿·弗里德曼和艾特蒙特·菲利普斯在解释菲利普斯曲线时引入了适应性预期，即人们根据过去的经验形成并调整对未来的预期。他们根据适应性预期，把菲利普斯曲线分为短期菲利普斯曲线和长期菲利普斯曲线。

在短期中，工人来不及调整通货膨胀预期，使预期的通货膨胀率可能会低于实际发生的通货膨胀率。这样，工人所得到的实际工资可能小于先前预期的实际工资，从而使实际利润增加，刺激了投资，就业增加，失业率下降。在此前提下，通货膨胀率与失业率之间存在交替关系。短期菲利普斯曲线正是表明在预期的通货膨胀率低于实际发生的通货膨胀率的短期中，失业率与通货膨胀率之间存在交替关系的曲线。所以，向右下方倾斜的菲利普斯曲线在短期内是可以成立的，也被称为短期菲利普斯曲线。这说明，在短期中引起通货膨胀率上升的扩张性财政和货币政策可以起到减少失业的作用。这就是宏观经济政策的短期有效性。

但是，长期中，工人将根据实际发生的情况不断调整自己的预期。工人预期的通货膨胀率与实际发生的通货膨胀率迟早会一致。这时，工人会要求增加名义工资，使实际工资不变，从而通货膨胀就不会起到减少失业的作用，这时菲利普斯曲线是一条与横轴垂直的线，即长期菲利普斯曲线，表明失业率与通货膨胀率之间不存在交替关系。因为在长期中经济可以实现充分就业，失业率是自然失业率。因此，垂直的菲利普斯曲线表明了，无论通货膨胀率如何变动，失业率总是固定在自然失业率的水平上，说明以引起通货膨胀为代价的扩张性的财政政策和货币政策并不能减少失业，宏观经济政策长期无效。如图 8-5 所示。

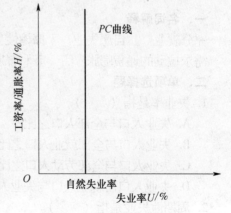

图 8-5 长期菲利普斯曲线

（二）理性预期学派的观点

理性预期学派采用的预期概念不是适应性预期，而是理性预期。理性预期是合乎理性的预期，其特征是预期值与实际发生的值总是一致的。在这种预期的假设下，无论是短期，还是长期，预期的通货膨胀率与实际发生的通货膨胀率总是一致的，从而也就无法以通货膨胀为代价来降低失业率，所以无论在短期还是长期中，菲利普斯曲线都是一条从自然失业率出发与横轴垂直的线，即失业与通货膨胀始终不存在交替关系，也就是说，无论在短期还是在长期中，宏观经济政策始终无效。

（三）新凯恩斯主义对菲利普斯曲线的解释

新凯恩斯主义者用市场调节的信息不对称和不完全性来解释菲利普斯曲线。

在短期中，由于信息的不对称性，市场调节并不是完全有效的，宏观经济会出现小于充分就业均衡或大于充分就业均衡。具体来说，在劳动市场上，由于信息不对称引起的工资黏性，使劳动市场不能实现供求平衡。在产品市场上，由于价格黏性，产品市场也不能实现供求平衡。在信贷市场上，由于信息不对称引起利率并不能起到完全的调节作用，银行采用配给制，供求也不一定平衡。这样，短期中，市场机制的调节作用就受到限制。因此，在短期中，通货膨胀和失业之间就存在交替关系，这时就需要政府用政策进行调节。

在长期中，市场机制的调节作用是有效的，因此，市场可以实现充分就业均衡。这时，失业与通货膨胀也就没有交替关系。失业率为自然失业率，由制度、资源、技术进步等因素决定，通货膨胀率由货币供给增长率决定，两者之间决定机制不同，当然也就没有交替关系，政府就没必要进行调节。

本章知识小结

本章主要介绍了失业与通货膨胀理论。在失业理论部分介绍了失业的类型、产生原因及影响。通货膨胀理论主要介绍了反映通货膨胀的消费者物价指数、生产者物价指数及国内生产总值价格折算指数；通货膨胀的成因、影响、抑制对策。在失业和通货膨胀的关系中主要介绍了菲利普斯曲线及其新变化。

习 题

一、名词解释

充分就业　　自愿失业　　摩擦性失业　　消费者物价指数　　奥肯定律　　通货膨胀
需求拉动的通货膨胀　　菲利普斯曲线

二、单项选择题

1. 失业率是指（　　）。

　　A. 失业人口与全部人口之比

　　B. 失业人口与全部就业人口之比

　　C. 失业人口与全部劳动人口之比

　　D. 失业人口占就业人口与失业人口之和的百分比

2. 周期性失业是指（　　）。

　　A. 经济中由于正常的劳动力流动而引起的失业

   B. 由于劳动力总需求不足而引起的短期失业

   C. 由于经济中一些难以克服的原因所引起的失业

   D. 由于经济中一些制度上的原因引起的失业

3. 由于经济衰退而形成的失业属于（　　）。

   A. 摩擦性失业　　　B. 结构性失业　　　C. 周期性失业　　　D. 自然失业

4. 奥肯定理说明了（　　）。

   A. 失业率和实际国民生产总值之间高度负相关的关系

   B. 失业率和实际国民生产总值之间高度正相关的关系

   C. 失业率和物价水平之间高度负相关的关系

   D. 失业率和物价水平之间高度正相关的关系

5. 在以下四种情况，可称为通货膨胀的是（　　）。

   A. 物价总水平的上升持续了一个星期之后又下降了

   B. 价格总水平上升而且持续了一定时期

   C. 一种物品或几种物品的价格水平上升而且持续了一定时期

   D. 物价总水平下降而且持续一定时期

6. 已知充分就业的国民收入是 10 000 亿美元，实际国民收入是 9 800 亿美元，边际消费
   倾向为 80%，在增加 100 亿美元的投资后，经济将发生（　　）。

   A. 需求拉动的通货膨胀　　　　　　　B. 成本推动的通货膨胀

   C. 结构型通货膨胀　　　　　　　　　D. 需求不足的失业

7. 在通货膨胀不能完全预期的情况下，通货膨胀将有利于（　　）。

   A. 债务人　　　　　B. 债权人　　　　　C. 在职人员　　　　　D. 离退休人员

8. 经济中存在着通货膨胀的压力，由于政府实施了严格的价格管制而使物价并没有上
   升，这种情况属于（　　）。

   A. 不存在通货膨胀　　　　　　　　　B. 存在着温和的通货膨胀

   C. 存在着恶性通货膨胀　　　　　　　D. 存在着隐蔽的通货膨胀

9. 在下列原因中，哪一个最可能是成本推动通货膨胀的原因（　　）?

   A. 银行贷款的扩张　　　　　　　　　B. 预算赤字

   C. 进口商品价格的上涨　　　　　　　D. 投资率下降

10. 根据菲利普斯曲线的解释，降低通货膨胀率的办法只能是（　　）。

   A. 减少货币供给量　　　　　　　　　B. 降低失业率

   C. 提高失业率　　　　　　　　　　　D. 增加工资

三、判断题

1. 自然失业率是指摩擦性失业和结构性失业造成的失业率。　　　　　　　　（　　）

2. 结构性失业最大的特点是劳动力供求总量大体相当，但却存在着结构性的供求矛盾。

                                                 （　　）

3. 摩擦性失业与劳动力供求状态相关，与市场制度本身无关。　　　　　　　（　　）

4. 在市场经济条件下，政府实施工资价格指导或工资价格管制，能使通货膨胀率降低，
   因此这个政策是成功的。　　　　　　　　　　　　　　　　　　　　　　（　　）

5. 通货膨胀是日常用品的价格水平的持续上涨。　　　　　　　　　　　　　（　　）

6. 衡量通货膨胀的指标是物价指数。 （　　）

7. 通货膨胀发生时，退休金领取者和领取工资者都会受到损失。 （　　）

8. 20 世纪 70 年代石油危机期间，石油价格急剧上涨，而以进口石油为原料的西方国家的生产成本也大幅度上升，从而引起通货膨胀。 （　　）

9. 根据短期菲利普斯曲线，失业率和通货膨胀之间的关系呈正相关。 （　　）

10. 长期菲利普斯曲线向右下方倾斜。 （　　）

四、分析题

2010 年 10 月中国的居民消费价格指数（CPI）总水平比去年同期上涨 4.4%；工业品生产指数（PPI）同比上涨 5%；生活资料出厂价格同比上涨 3.5%。其中，食品类价格上涨 8.6%。除了大规模工业制品外，资源价格的上涨如黑色金属冶炼及压延加工业出厂价格同比上涨 10.5% 等对 PPI 的压力正在日益凸显。也就是说，不仅 PPI 作为一个先行指标开始传导到消费品价格上去了，而且 CPI 的上涨已经成为一种趋势。正如央行第三季度货币政策报告指出的那样，目前价格上行压力已经越来越大，管理层及市场不得不密切关注。然而，人们对 CPI 的理解仍然存在分歧。一种观点认为目前通货膨胀压力很大；而另一种观点认为，如果扣除食品价格的上涨，今年 CPI 上涨不必担心。

请你用所学通货膨胀理论分析 2011 年 CPI 的上涨会不会影响人们的正常生活？

五、简答题

1. 简述失业会给个人和社会带来的损失。

2. 试分析通货膨胀的成因及解决对策。

3. 你认为"物价稳中有降"是不是理想的经济状态？为什么？

经济周期和经济增长理论

* 掌握经济周期的含义及类型。
* 掌握经济增长的含义。
* 了解加速原理和乘数—加速数模型。
* 掌握哈罗德—多马经济增长模型、新古典经济增长模型的基本观点。

经济学家：张维迎

简介： 2002 年任北京大学校长助理，2006 年至 2010 年 12 月任北京大学光华管理学院院长，经济学教授，北京大学网络经济研究中心主任。1959 年出生于陕西省吴堡县，1982 年西北大学经济学本科毕业，1994 年获牛津大学经济学博士学位，1984—1990 年曾在国家体改委工作。在牛津大学读书期间，师从诺贝尔奖得主 James Mirrlees 教授和产业组织理论专家 Donald Hay，主攻产业组织和企业理论。致力于推动中国大学体制的改革，特别是商学院教育体制的改革，是 2003 年北京大学教师体制改革方案的主要设计者。1999 年开始任学院副院长。2005 年任学院常务副院长。2006 年 9 月 8 日任北京大学光华管理学院院长。

主要贡献： 他以一个独立学者的立场，积极参与到中国改革实践的洪流中，是国内最早提出并系统论证双轨制价格改革思路的学者；他的企业理论及有关企业改革的理论成果在国内外学术界、政府有关部门和企业界有广泛影响。据《中国社会科学院引文索引》统计，他的论文被引用率连续多年名列第一。2000 年，他获得国家自然科学基金"杰出青年基金"。他发表的有关中国经济改革和社会发展的观点经常成为媒体关注的焦点。2002 年，他关于中国企业的核心竞争力、中国企业如何做大、如何重建社会信任和企业信誉的阐述，引起人们对这三大问题的空前关注和讨论，当选为"CCTV2002 年中国经济年度人物"。2006 年 3 月他发表了《理性思考中国改革》，将有关改革的争论推向了一个高潮。

导入案例

美国经济持续增长113个月

美国其中一轮的经济增长始于1991年3月，到2000年8月持续了113个月。这样，一举打破了60年代创造的106个月战后最长经济增长纪录。

克林顿政府执政之初曾预计，1993—1999年，美国国内生产总值的年增长率为2.7%，但实际达到了3.4%。同时，2000年美国失业率处于近30年来的最低点，通货膨胀率为10多年来的最低纪录，财政盈余也正不断增加。

美国经济学家从不同角度分析了这一时期美国经济持续增长的原因。

首先，他们认为，过去20年经济政策的变化刺激了美国经济。20世纪80年代初，美国联邦储备委员会采取措施遏制了通货膨胀上升的势头，并促使通货膨胀率下降。随后，美国政府对经济采取了放松管制的措施，先是放松对金融市场、运输、石油和天然气等部门的管制，目前又开始实施对电信和电力部门的松绑。这些措施有力地推动了美国公司改变经营方式，提高了它们的灵活性和竞争力。另外，美国政府推行的贸易自由化政策也促进了企业之间的竞争。1993年采取的增税和其他一些措施，则为联邦政府财政收支最终扭亏为盈奠定了基础。由于政府支出的增长得到控制，私人部门获得更多的资金。

其次，他们指出，美国经济结构负面发生的一些根本变化减弱了经济的周期性。在信息、网络技术高速发展的带动下，美国企业界普遍采取了即时库存管理方法。这一管理方式意味着企业可随时掌握市场对其产品和服务需求的变化情况，以便迅速对生产进行调整。历史上，美国经济衰退期间产值下降的一半归因于库存的调整，但现在这一因素的影响已越来越小。此外，美国经济比以往更加开放，这使得当美国国内的需求增加或下降时，美国企业不必承受全部的负担，对外贸易可及时充当美国内需波动的减震器。

此外，美国经济的持续发展受益于"天时"之利。90年代初冷战结束，使美国得以将大量的军费开支转投给私人部门。过去几年，墨西哥金融危机和东南亚金融危机发生，正好美国需要给经济降温的时候，而来自海外的冲击规模对美国经济来说也正合适。也就是说，这些冲击既足以使美国经济放慢增长速度，同时又不会把美国经济推入衰退期。

以上这些因素的综合作用使得美国经济的周期性减弱，由此带来了更多的投资。而投资增加使得美国的劳动生产率增长加快，这既帮助抑制了通货膨胀，同时又给政府带来了更多的税收，从而形成了良性循环。

经济周期与经济增长是经济学的重要理论，它涉及的主要问题有：经济周期的含义及原因，经济增长的内涵，实现经济持续发展等。一般认为经济周期在总需求的短期变动中起决定作用，而经济发展更强调长期的重要性，本章将对此作出相应的分析。

第一节　经济周期理论

一、经济周期的含义及阶段

（一）经济周期的含义

经济周期就是国民收入及经济活动的周期性波动。它是指经济运行中周期性出现的经济扩张与经济紧缩交替更迭、循环往复的一种现象。美国经济学家密契尔给经济周期下了这样的定义：经济周期是在主要按商业经济来组织活动的国家的总体经济活动中所看到的一种波动，一个周期由几乎同时在许多经济活动中所发生的扩张，随之而来的是同样普遍的衰退、收缩和下一周期的扩张阶段相连的复苏组成；这样变化的顺序反复出现。这个定义受到经济学界的普遍公认。经济周期的特征有：

（1）经济周期是现代经济社会中不可避免的经济活动。

（2）经济周期是总体经济活动的波动。它是以国民收入的波动为代表的失业率、物价水平、利率、对外贸易等方面的波动。

（3）经济周期中出现的波动是有规律性的，但每一周期又都有自己的特点，在表现形式、时间长短、波动大小上并不完全一样。

（4）一个完整的经济周期可以分为繁荣、萧条、衰退、复苏四个阶段。如图9－1所示。

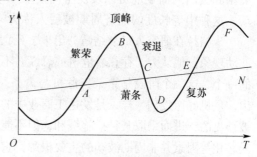

图9－1 一个完整的经济周期

（二）经济周期的阶段

经济周期可以分为两个大的阶段：扩张阶段与收缩阶段。收缩阶段常常短于扩张阶段，其振幅可能是收敛性的、发散性的或稳定性的。如果更细一些，则把经济周期分为四个阶段：繁荣、衰退、萧条、复苏。其中繁荣与萧条是两个主要阶段，衰退与复苏是两个过渡性阶段。在图9－1中，*AB* 为繁荣阶段、*BC* 为衰退阶段、*CD* 为萧条阶段、*DE* 为复苏阶段。

（1）繁荣阶段。在这一阶段，国民收入与经济活动高于正常水平。生产迅速增加，投资增加，信用扩张，价格水平上升，就业增加，公众对未来乐观。但当就业与产量水平达到最高时，经济就开始进入衰退阶段。

（2）衰退阶段。在这一阶段，生产急剧减少，投资减少，信用紧缩，价格水平下降，企业破产倒闭，失业急剧增加，公众对未来悲观。

（3）萧条阶段。在这一阶段，生产、投资、价格水平等不再继续下降，失业人数也不增加。国民收入与经济活动处于低于正常水平的一个阶段，即在低水平上徘徊向前。但这时由于存货减少，商品价格、股票价格开始回升，公众的情绪由悲观逐渐转为乐观。

（4）复苏阶段。在这一阶段，经济开始从低谷全面回升，投资不断增加，商品价格水平、股票价格、利息率等逐渐上升，信用逐渐活跃，就业人数逐渐增加，公众的情绪逐渐高涨。当产量或产值等相关经济指标恢复到衰退前的最高水平时，就进入了新一轮的繁荣高涨阶段。

二、经济周期的类型

在研究经济周期时，经济学家依据不同的统计资料，按每个经济周期的时间长短为标准划分为不同类型。这里介绍几种主要的类型。

1. 基钦周期

基钦周期又称"短波理论"。1923 年，美国经济学家约瑟夫·基钦从厂商生产过多就会形成存货、生产减少的现象出发，在《经济因素中的周期与倾向》中把这种 2～4 年的短期调整称之为"存货"周期，人们亦称之为"基钦周期"。

基钦认为经济周期有大、小两种，大周期 3 ~ 5 年，约包括 2 个或 3 个小周期，小周期平均长度约为 40 个月。基钦根据美国和英国 1890—1922 年的利率、物价、生产和就业等统计资料中发现了这种有规则的上下波动的中短周期。

2. 朱格拉周期

朱格拉周期又称为中周期。1862 年法国医生、经济学家克里门特·朱格拉在《论法国、英国和美国的商业危机以及发生周期》一书中首次提出了市场经济存在着 9 ~ 10 年的周期波动。这种中等长度的经济周期被后人称为"朱格拉周期"或"朱格拉中周期"。

朱格拉在研究人口、结婚、出生、死亡等统计资料时开始注意到经济活动存在着有规则的波动现象。他认为，存在着危机或恐慌并不是一种独立的现象，而是社会经济运动三个阶段中的一个，这三个阶段是繁荣、危机与萧条。三个阶段的反复出现就形成了周期现象。他又指出，危机好像疫病一样，是发达工商业中的一种社会现象，在某种程度内这种周期波动是可以被预见的，进而采取某种措施缓和，但不能完全抑制。他认为，政治、战争、农业歉收以及气候恶化等因素并非周期波动的主要根源，它们只能加重经济恶化的趋势。周期波动是经济自动发生的现象，与人民的行为、储蓄习惯以及他们利用资本与信用的方式有直接联系。

3. 康德拉季耶夫周期

1926 年俄国经济学家康德拉季耶夫提出经济活动存在一种为期 50 ~ 60 年的经济周期。该周期理论指出，从 18 世纪末期以后，经历了三个长周期。第一个长周期是 1789—1849 年，上升部分为 25 年，下降部分 35 年，共 60 年。第二个长周期是 1849—1896 年，上升部分为 24 年，下降部分为 23 年，共 47 年。第三个长周期从 1896 年起，上升部分为 24 年，1920 年以后进入下降期。

它将经济长波归因于主要固定资产的更新换代引起的经济平衡的破坏与恢复这一内在经济原因，而不是用外来的偶发因素解释长波起因。

4. 库兹涅茨周期

这也是一种长周期。它是一种从生产和价格的长期运动中揭示经济周期的理论，是 1930 年美国经济学家西蒙·库兹涅兹在《生产和价格的长期运动》一书中提出的。他认为经济中存在长度为 15 ~ 25 年不等的长期波动，平均长度为 20 年左右；周期与人口增长而引起的建筑业的增长与衰退相关，是由建筑业的周期性变动引起的；在周期变动过程中，工业国家中产量增长呈现出渐减的趋势。

5. 熊彼特周期

1936 年，奥地利经济学家熊彼特以他的"创新理论"为基础，对各种周期理论进行了综合分析。他认为，每一个长周期包括 6 个中周期，每一个中周期包括三个短周期。短周期约为 40 个月，中周期约为 9 ~ 10 年，长周期为 48 ~ 60 年。他以重大的创新为标志，划分了三个长周期。第一个长周期从 18 世纪 80 年代到 1842 年，是"产业革命时期"；第二个长周期从 1842—1897 年，是"蒸汽和钢铁时期"；第三个长周期从 1897 年以后，是"电气、化学和汽车时期"。在每个长周期中仍有中等创新所引起的波动，这就形成若干个中周期。在每个中周期中还有小创新所引起的波动，这就形成若干个短周期。

三、经济周期理论

根据经验事实描述经济周期的现象是容易的，但解释引起经济周期的原因就比较困难。

在这个问题上，不同时期、不同学派的经济学家提出了不同的理论，主要有以下几种。

（一）消费不足论

消费不足理论的出现较为久远。早期有西斯蒙第和马尔萨斯，近代则以霍布森为代表。该理论把经济的衰退归因于消费品的生产超过了人们对消费品的需求。这种消费不足又根源于国民收入分配不公所造成的过度储蓄。

19 世纪初，法国经济学家西斯蒙第最先用广大劳动人民的贫困化所引起的消费需求不足来论证资本主义制度下生产过剩的经济危机的必然性。他认为大规模机器生产使许多小生产者破产，随着机器生产的发展，劳动者的状况越来越坏，富人增加的消费比起破产和贫困化人群所减少的消费来说要少得多。生产与消费的矛盾导致不断出现生产过剩的经济危机。

马尔萨斯提出了过度危机论。他认为生产与有效消费需求之间应保持适度平衡，提出用增加不劳动者和非生产性劳动者的消费的对策来避免储蓄过度而引起的消费需求不足的普遍的生产过剩危机。

英国经济学家霍布森提出根源于资本主义分配引起的消费危机理论。生产过剩是由于社会对消费品的需求赶不上生产增长的消费不足所造成的。其中，国民收入分配不当而产生的过度储蓄所引起的消费不足是周期性经济衰退的重要原因。

（二）投资过度理论

投资过度理论把经济的周期性循环归因于投资过度。由于投资过多，与消费品生产相比，资本品生产发展过快。资本品生产的过度发展促使经济进入繁荣阶段，但资本品过度生产导致的过剩又会促进经济进入萧条阶段。投资过度理论又分为货币投资过度理论和非货币投资过度理论两种。

（1）货币投资过度理论。货币投资过度理论倡导者是奥地利学派的代表哈耶克等，哈耶克于1929 年出版了《货币理论与经济周期》一书，在书中系统阐述用均衡利率与实际利率之间的关系来解释经济周期，认为周期性波动起源于银行信用的扩张与紧缩，但周期本身并不是纯货币现象。因为繁荣时期表现为投资过度，而萧条时期则是投资不足，所以周期性波动本身是投资的波动及其所引起的两个生产部门的比例失调。因果关系可以表示为：

货币供给↑→利率↓→投资↑→对投资品需求↑→投资品价格↑→制造消费品的要素转移→消费品供给↓消费品价格↑→消费↓投资↑→危机

（2）非货币投资过度理论。非货币投资过度理则强调非货币因素在经济周期形成中的作用。这一理论的代表人物是瑞典经济学家卡塞尔、威克塞尔和德国经济学家斯皮托夫。该理论不否认货币因素对投资过度的作用，但认为这种影响是次要的，导致投资过度的主要因素是新发明、新发现、新市场的开辟以及农产品的丰收等外生因素，这些因素的变动导致了投资的波动，从而引起经济周期。

非货币投资理论与货币投资理论之间的最大差别就在于是什么原因引起了投资过度。非货币投资理论在理论上把货币放在从属、被动的地位，强调属于生产范围内的新发明、新发现、新市场开辟等因素的作用，也就是可以为新投资提供机会的那些环境。

（三）纯货币危机理论

纯货币危机理论认为社会经济周期性波动的原因在于银行体系周期性的扩张和紧缩信用。纯货币危机理论的主要倡导者是英国的霍特莱和货币主义的创始人弗里德曼。

英国学者霍特莱认为，由于银行体系的信用扩张能力是有限制的，在金本位制度下它受黄金准备的限制，在采用不兑现纸币条件下，为了稳定汇率或防止国际收支逆差的过度扩大，也不能无限扩张信用。这样，当信用扩张达到一定程度后，银行迟早要被迫停止信用扩张，而相反地采取紧缩信贷的政策，这就导致危机和继之而来的累积的衰退过程。

纯货币危机理论认为，在经济发达国家，货币只用于零星支付，流通的主要工具是银行的信用。由于银行体系有通过乘数作用创造信用的功能，因而作为主要流通工具的银行信贷具有很大的伸缩性。当银行体系采取降低利率、放松信贷以及收购有价证券等扩张性的信用政策时，由于商人资本大部分来自银行信用，所以银行利率的轻微变动，对商人最为敏感。利率降低，商人将增加向银行的贷款，以增加其对生产者的订货，于是引起生产的扩张和收入的增长，收入的增加引起对消费品需求的增加和物价上涨；物价上涨、市场繁荣和企业家的乐观情绪促使投资需求和消费需求的兴旺，由此引起货币流通速度的增加，造成累积的信用扩张和经济高涨。

（四）创新周期理论

美籍奥地利经济学家约瑟夫·阿罗斯·熊彼特在1912年发表的著作《经济发展理论》中，首次提出了影响深远的创新理论。熊彼特所说的"创新"是一种从内部改变经济循环流转过程的变革性力量，本质是"建立一种新的生产函数"，也就是实现生产要素和生产条件的一种新组合，创新包括以下5种情况：

（1）生产一种新的产品，或者开发一种产品的新属性；

（2）采用一种新的生产方法；

（3）开辟一个新的市场；

（4）控制原材料或配件的一种新的供应来源；

（5）实现任何一种产业的新的组织，如造成一种垄断地位，或者打破一种垄断地位。

该理论的内涵可以表示为：

创新→生产效率提高→创新者赢利→其他企业效仿→对资本品需求增加→繁荣→创新普及→赢利机会下降→对资本品需求下降→危机

在"创新理论"基础上，熊彼特又提出了他的"经济周期理论"。他认为：一种"创新"在扩散的过程中，能刺激大规模的投资，引起经济高涨；经济高涨导致价格下跌，一旦投资机会消失，经济便转入了衰退。由于"创新"的引进不是连续平稳的，而是时高时低的，这样就产生了经济波动或"经济周期"。熊彼特综合了前人的观点，建立了"三种周期"的体系，认为在经济发展过程中同时存在三种经济周期：第一种是长周期或称"康德拉季耶夫周期"，每一个周期历时50年左右；第二种是中周期或称"尤格拉周期"，每一个周期历时10年左右；第三种是短周期或称"基钦周期"，每一个周期历时40个月左右。当然，熊彼特承认其他周期的存在，但认为"三种周期"的理论在分析现实情况时已经够用了。

（五）心理周期理论

英国经济学家凯恩斯和庇古是这种理论的代表人物。该理论强调了心理预期对经济行为的影响，特别是企业家在作出未来投资的决策时，在很大程度上取决于对未来利润率的预期。因为预期是一种心理现象，所以具有不确定性。当任何一种原因刺激了投资活动，引起经济高涨之后，企业家对未来的乐观预期一般超过合理的程度，这种过度乐观引起投资高涨，形成繁荣。当这种过度乐观的情绪所造成的投资过度被觉察之后，又会变成不合理的过度悲观，由此引起过分的紧缩投资，从而导致萧条。在持续的萧条过程中，企业家的信心逐渐得以恢复，它可使经济进入复苏阶段，再由于过度乐观而使经济出现繁荣。

该理论的观点可以表示为：

某原因刺激了投资→繁荣→乐观→消费、投资增加→经济进一步繁荣→过度繁荣→错误被察觉→悲观→消费、投资过度减少→萧条

（六）太阳黑子周期理论

太阳黑子周期理论认为，太阳黑子活动等自然现象会影响农业收成，而农业收成又要影响工业生产，以至于影响整个经济活动。这是因为农业收成的好坏要影响以农产品为原料的加工工业，并通过农产品价格的波动来影响实际工资水平，影响不以农产品为原料的工业，影响农民的购买力以及投资，从而也就影响到整个经济活动。当气候正常、农业丰收时，农产品价格下跌，以农产品为原料的工业及不以农产品为原料的工业利润增加，工人的实际工资增加，农民的购买力也增加，这就使工业品价格上升，促进了投资增长，引致整个经济的繁荣。相反，太阳黑子活动异常对农业的不利影响则会使整个经济进入萧条状态。太阳黑子的活动是有周期性的，从而经济也就要经历周期性的波动。

（七）政治性周期理论

政治性周期理论把经济周期性循环的原因归于政府的周期性决策，即主要是为了循环解决通货膨胀和失业问题。政治性周期的产生有三个基本条件：

（1）凯恩斯国民收入决定理论为政策制定者提供了刺激经济的工具；

（2）选民喜欢高经济增长、低失业以及低通货膨胀的时期；

（3）政治家喜欢连选连任。

以下为两个经济学家对该理论的主要观点：

（1）卡莱斯基：萧条、失业→政府实施扩张性政策→充分就业、繁荣、通货膨胀→人为制造停滞和衰退→人民反抗→采取措施治理失业→下一个循环

（2）萨谬尔森的描述：选举刚结束，政府紧缩经济，提高失业率并关闭工厂，减轻通货膨胀压力，造成萧条（这时人们怒而无法）。到了大选之前，如果他想连任，就会扩张经济、减少失业，使经济繁荣。所以在美国，政治性的经济周期四年一次，前两年衰退、后两年增长。如果后两年经济未增长，那么总统要让位。

四、乘数—加速数模型

（一）乘数—加速数模型

乘数—加速数模型是把投资水平和国民收入变化率联系起来解释国民收入周期波动的一种理论，是最具影响的内生经济周期理论。美国经济学家萨谬尔森在 1939 年发表的一系列论著中建立了用乘数和加速数相互作用的过程来解释经济周期的模型。该理论认为引起经济周期的因素是总需求，在总需求中起决定作用的是投资。这种理论正是把乘数原理和加速数原理结合起来说明投资如何自发地引起周期性经济波动的。在国民经济中，投资与国民收入是相互影响的。

（1）乘数原理：说明投资变动对收入变动的影响，投资数量的增长会通过乘数作用使

收入增加，进而刺激消费，并进一步促进投资以更快的速度增长，从而产生循环放大效应。反之亦然。

（2）加速数原理：指收入变动或消费需求的变动引起投资变动的理论。其含义包括：一是投资并不是产量（或收入）的绝对量的函数，而是产量变动率的函数。即投资变动取决于产量的变动率；若产量的增加逐期保持不变（产量变动率为零），则投资总额也不变。二是投资率变动的幅度大于产量（或收入）的变动率，产量的微小变化会引起投资率较大幅度的变化。三是若要保持增长率不至于下降，产量必须持续按一定比率增长。因为一旦产量的增长率变缓，投资增长率就会停止或下降。即使产量绝对地下降，而只是相对地放缓了增长速度，也可能引起投资缩减。四是加速数与乘数一样都从两个方向发生作用。即当产量增加时，投资的增长是加速的，当产量停止增长或减少时，投资的减少也是加速的。五是要使加速原理发挥正常作用，只有在过剩生产能力全部消除时才能实现。

（3）经济周期波动的描述方程。乘数—加速数模型基于以下收入函数：现期收入等于现期消费、现期投资、自发支出之和，即

$$Y_t = C_t + I_t + G$$

式中，Y_t 为现期国民收入，C_t 为现期消费，I_t 为现期投资，G 为自发支出（如政府支出、自发投资、自发消费）。

假设现期消费是上期收入 Y_{t-1} 的函数，现期投资是本期消费增量（$C_t - C_{t-1}$）的函数，则有消费函数 $C_t = \beta Y_{t-1}$ 和投资函数 $I_t = \alpha(C_t - C_{t-1})$，式中，$\beta$ 为边际消费倾向，α 为加速系数，是指增加一定产量所需要增加的净投资，即净投资量与产量增加量之比。

将 $C_t = \beta Y_{t-1}$ 式、$I_t = \alpha(C_t - C_{t-1})$ 式代入 $Y_t = C_t + I_t + G$ 式中，可得：$Y_t = \beta Y_{t-1} + \alpha(C_t - C_{t-1}) + G$

根据 $C_t = \beta Y_{t-1}$ 式可知：$C_{t-1} = \beta Y_{t-2}$

将 $C_t = \beta Y_{t-1}$ 式、$C_{t-1} = \beta Y_{t-2}$ 式代入

$Y_t = \beta Y_{t-1} + \alpha(C_t - C_{t-1}) + G$ 式中，经整理可得：

$$Y_t = (1+\alpha)\beta Y_{t-1} - \alpha\beta Y_{t-2} + G$$

（二）经济波动的形式

在乘数—加速数模型中，由于加速系数（α）、边际消费倾向（β）的不同值，将会使经济波动呈现出以下五种形式：

第一，减幅振荡，指国民收入波动幅度逐渐缩小，最后趋于消失；

第二，增幅振荡，指国民收入波动的幅度越来越大；

第三，同幅振荡，指国民收入波动的幅度在一定范围内保持不变；

第四，在某种干扰下，国民收入波动的水平以递减的速度上升或下降，没有振荡地从初始的均衡达到新的均衡；

第五，在某种干扰下，国民收入波动的水平以递增的速度上升或下降。

（三）乘数与加速数原理要说明的问题

乘数—加速数模型说明的观点有：

1. 在经济中，投资、国内生产总值、消费相互影响，相互调节

如果政府支出为既定的（即政府不干预经济），只靠经济本身的力量自发调节，那么，就会形成经济周期。经济周期中各阶段的出现，正是乘数与加速数原理相互作用的结果。而

在这种自发调节中，投资是关键的，经济周期主要是由投资引起的。

2. 乘数—加速数原理相互作用引起经济周期的具体过程是

投资增加通过乘数效应引起国内生产总值的更大增加，国内生产总值的更大增加又通过加速数效应引起投资的更大增加，这样，经济就会出现繁荣。然而，国内生产总值达到一定水平后由于社会需求与资源的限制无法再增加，这时就会由于加速数原理的作用使投资减少，投资的减少又会由于乘数的作用使国内生产总值继续减少。这两者的共同作用又使经济进入衰退。衰退持续一定时期后由于固定资产更新，即大规模的机器设备更新又使投资增加，国内生产总值再增加，从而经济进入另一次繁荣。正是由于乘数与加速数原理的共同作用，经济中形成了由繁荣到衰退，又由衰退到繁荣的周期性运动。

3. 政府可以通过干预经济的政策来减轻，甚至消除经济周期的波动

乘数—加速数模型表明国内生产总值的变化会通过加速数对投资产生加速作用，而投资的变化又会通过投资乘数使国内生产总值成倍变化，加速数和投资乘数的这种交织作用便导致国内生产总值周而复始地上下波动。

第二节　经济增长理论

经济增长一直是经济学界非常关注的一个话题。早期，亚当·斯密和大卫·李嘉图等人都对人类财富的增长作出了探讨，真正意义上的现代经济增长理论是英国经济学家哈罗德和美国经济学家多马在凯恩斯宏观经济理论模型的基础上，对各国国民收入的增长进行了长期的研究的基础之上发展起来的。

一、经济增长的含义及特征

（一）经济增长的含义

经济增长，是指一个国家或者一个地区国内生产总值（GDP）的增加，它反映的是国民经济总量的变化。经济的增长程度可以用增长率来表述，即 $G = \Delta Y/Y$，其中 G 为经济增长率，Y 为总产量。

（1）表现为 GDP 总量或人均量的增加，不考虑社会福利以及个人幸福。

（2）经济增长的必要条件是技术进步。

（3）经济增长的充分条件是社会制度和意识形态的相应调整。

（二）经济增长的特征

按照经济学家库兹涅茨的分析，现代经济增长具有 6 个特征。

（1）人均产值和人口增长率高。这一点在经济增长的过程中是非常明显的，可以用统计资料得到证明。1750 年以来的 200 多年中，发达国家人均产量的增长速度平均每年大致为 2%，人口每年平均增长 1%，因此总产量大约年平均增长 3%。这意味着，人均产量每 35 年翻一番，人口每 70 年翻一番，实际国民生产总值每 24 年翻一番，增长速度远远快于 18 世纪末工业革命开始前的整个时期。

（2）生产率的增长速度很高。在经济增长的过程中，所有投入的生产要素产出效率的增长都很迅速。这是由于技术进步是实现经济增长的必要条件，而技术进步必然引起生产效率的提高。按库兹涅茨的估算，人均产量增长的 50% ~ 75% 来自于生产率的增长。也就是说，技术进步对于现代经济增长起了很大作用。

（3）经济结构的变化速度很快。在经济增长过程中，从农业转移到非农业，从工业转移到服务业；生产规模的变化；劳动力职业状况的变化；消费结构的变化等，所有这些变革的速度都很快。在美国，1870 年全部劳动力的 53% 在农业部门，到 1960 年降到不足 7%。在 100 年内，发达国家农业劳动力占全部劳动力的百分比减少了 30~40 个百分点。此外，生产单位的规模、企业组织形式、消费结构、国内国外供应的相对份额也都发生了变化。

（4）社会结构和意识形态迅速改变。例如，城市化以及职业科学教育的发展就是整个社会的重要组成部分，也是经济增长的必然结果。

（5）增长在世界范围内迅速扩大。发达国家凭借其技术力量，尤其是运输和通信方面的优势，通过和平的或战争的形式向世界其他地方伸展，使整个世界都卷入经济增长之中，成为一个经济增长的统一体。

（6）全世界的增长情况不平衡。目前世界上还有很多国家是经济欠发达的，经济发达地区和欠发达地区人口贫富差距悬殊。

上述 6 个特征是互相联系的。

（三）经济发展

经济发展，是指一国由不发达状态过渡到发达状态，表现为在经济增长基础上出现的社会经济的多方面变化。体现为以下 6 个方面：

（1）投入结构的变化。劳动密集、资本密集、技术密集之间的变化。

（2）产出结构的变化。农业、工业、服务业产出的比例变化。

（3）一般生活水平的变化。可以通过人均 GDP 的分配状况反映。

（4）卫生、健康状况的变化。可以通过预期寿命、婴儿死亡率等衡量。

（5）文化教育状况。可以通过适龄儿童入学率、辍学率、大学生比例等衡量。

（6）自然环境、生态平衡的变化。

（四）经济增长与经济发展的关系

在现实生活中，人们往往把经济增长与经济发展混为一谈，认为经济增长了，就是经济发展了；国内生产总值高速增长了，就是经济快速发展了。其实这种认识是不正确的。经济增长与经济发展并不是一回事。

（1）一个是数量，一个是质量。如果说经济增长是一个单纯的"量"的概念，那么经济发展就是比较复杂的"质"的概念。经济发展不仅包括经济增长的速度、增长的平稳程度和结果，而且还包括国民的平均生活质量，如教育水平、健康卫生标准、人均住房面积以及整个经济结构、社会结构等的总体进步。

（2）一个是基础，一个是结果。经济增长包含在经济发展之中。持续稳定的经济增长是促进经济发展的基本动力和必要的物质条件，经济发展是经济持续稳定增长的结果，国民生活水平的提高、经济结构和社会形态等的进步也都很大程度上依赖于经济增长。因此，没有经济增长便谈不上经济发展。

（3）一个是手段，一个是目的。经济增长过程中可能伴随经济结构的变化，但这种变化不是经济增长所追求的主要目标，它的主要目标是数量的增加而非质的变化，而经济发展不仅包括国民经济总量的增加，而且包括经济结构的基本变化，以及分配情况、社会福利、文教卫生、意识形态等一般条件的变化。

二、经济增长的衡量指标

经济增长通常用国内生产总值、国民收入等指标来衡量。世界上曾存在着两种国民经济核算方式：一是物质产品平衡体系（即 MPS 体系），是原社会主义国家采用的核算体系，其总量指标有社会总产值（TPS）、国民收入（NIM）等；二是国民账户体系（即 SNA 体系），是市场经济国家普遍采用的核算体系，其总量指标有国民生产总值（GNP），国内生产总值（GDP），国民生产净值（NNP），国民收入（NIS）等。

在 SNA 体系中，经济增长的衡量指标主要是国内生产总值（GDP）和国民收入（NI）。国内生产总值（GDP）是按照国土原则，以地理上的国境为统计标准，其人口包括居住在本国的本国公民，居住在本国的外国公民，不包括居住在外国的本国居民。GDP 仅包括国内生产最终产品的市场价值，它不涉及国外。GDP 反映的是国内经济活动的总量，因而，GDP 水平能更好地反映一个国家解决就业问题的能力。我国 1993 年与联合国 SNA 体系接轨后，最初采用 GNP 作为衡量经济增长的核心指标，十六大报告提出全面建设小康社会的目标后，开始采用国内生产总值（GDP）指标作为经济增长的重要指标。

三、经济增长的因素分析

影响经济增长的因素很多，对经济增长要素的分析也各不相同。由于在经济增长过程中必须投入各种生产要素，因此，生产要素投入量和生产要素生产率是经济增长的直接制约因素，经济体制是影响经济增长的核心因素。

1. 生产要素的投入量

生产要素包括劳动、资本、自然资源。生产要素的投入，将使经济增长，反之，生产要素的减少，使经济增长受到制约。生产要素的投入是经济增长的第一推动力。

（1）劳动力。劳动力是数量与质量的统一，因此，劳动这一概念中实际包括劳动力的人数与劳动力的知识、技能及身体素质。由于劳动力的质量难以估算，因而，经济增长中的劳动概念一般指劳动力的数量，或者指劳动时间。劳动在经济增长中的作用是不言而喻的。劳动与资本在一定范围内是替代关系，当资本不足时可以通过增加劳动来弥补，同样，在劳动不足时也可以通过增加资本来弥补。在经济增长的不同阶段中，劳动的重要程度是不同的。

（2）资本。资本可以分为物质资本和人力资本。物质资本又称为有形资本，指厂房、设备、存货等的存量。人力资本又称为无形资本，指体现在劳动者身上的投资，如劳动者的知识、技能、健康状况等。人力资本对经济增长的促进作用很重要，但由于不易结算，所以，在研究经济增长时所说的资本一般是指物质资本。资本增加是经济增长的重要条件。在经济增长的前期，资本的增加是十分重要的，许多经济学家都把资本的增加作为实现经济增长的首要任务。在经济增长的后期，资本的作用就会相对下降。

（3）自然资源。凡是自然物质经过人类的发现，被输入生产过程，或直接进入消耗过程，变成有用途的，或能给人以舒适感，从而产生有价值的东西，就是自然资源，主要包括土地、河流、森林和矿藏等。按照自然资源耗竭和更新的特点，又可分为两种形式，可再生的（森林、风力、太阳光能）与不可再生的（石油、煤炭）。一个国家的自然资源状况对经济增长具有重要的促进或制约作用，丰富的自然资源会有利于一个国家经济的持续增长，而缺乏所需的自然资源则会对经济活动造成限制，在一国经济发展的初期更是如此。

2. 生产要素的使用效率

生产要素的使用效率是指单位投入量的产出量。同样的要素投入，由于使用效率不同将产生极不相同的经济增长率。随着人类社会所面临的人口、资源、环境问题的加剧，通过提高生产要素的使用效率来促进经济增长具有更重要的意义。

（1）技术进步。技术进步是提高生产要素使用效率的最直接因素，从而也是促进经济增长的重要因素。技术进步促进要素生产率的提高，使在技术进步的条件下，同样的生产要素投入提供更多的产品。技术进步最终体现为要素生产率的提高，技术进步包括这样几方面的内容：一是知识的进展，即知识增加、新技术的发明与创造对增长的作用。二是资源配置的改善，即劳动力和资本从效率低的部门转移到效率高的部门。三是规模经济，也就是一般所说的大规模生产的经济效益。四是管理水平的提高，即企业组织改善与管理水平提高所带来的经济效益。

随着经济的发展，在经济发展的更高发展阶段上，技术进步将起着越来越重要的作用。

（2）经济结构的变动。产业结构变动是影响经济增长的重要因素。产业结构是指国民经济中各产业之间的比例关系和结合状况。由于生产要素在产业间配置的不均衡及不完全的市场对产业间要素流动的制约，宏观经济运行往往呈现出非均衡性。劳动力和资本等要素在不同产业的生产率和收益是有差别的。因此，推进产业结构调整和优化，促进要素从生产率较低的产业向较高的产业转移，能够提高产出水平、加速经济增长。随着人均收入水平的提高，人们的需求结构将会发生变化。如果产业结构不能随着需求结构的变化而调整，将会导致供求结构的失衡，大量资源滞留在供过于求的衰退行业中，必然引起经济增长率下降；反之，如果能适时调整产业结构，推动资源从衰退的产业向兴旺的产业转移，就能促进资源配置效率的提高，推动经济增长。第二次世界大战后迅速崛起的日本、韩国等国家和地区的经济增长过程表明，加快产业结构转换是推动经济增长的重要因素。

3. 经济体制

传统的经济增长理论一般不考虑经济制度因素，将经济制度因素作为"外生变量"被抽象掉。现实的经济运行总是在一定体制背景下进行的，经济体制不仅为经济增长提供制度框架和平台，而且是经济增长的重要动力来源和保障基础。经济体制是影响经济增长的核心因素。马克思主义认为，经济制度是生产关系的总和。一种社会形态经济制度的核心，是该社会的财产制度，以及由此决定的社会分配制度和交换制度。经济体制是经济制度的具体实现形式，它是经济活动中各种经济行为规则、政府的经济法规、经济的组织制度和监控制度的总和。

上述影响经济增长的因素是相互影响、相互作用的，但每个因素在经济增长中的作用不尽相同。

四、经济增长模型

经济增长模型是经济增长理论的概括表现，它说明经济增长和有关变量之间的关系。经济增长模型并不是具体考察一国经济发展的过程、分析制约该国经济增长的因素，而是运用传统的均衡分析方法，论证所谓的经济均衡增长问题。换言之，经济增长模型是探讨经济长期稳定、均衡增长的模型。

（一）哈罗德—多马经济增长模型

本模型是由英国经济学家哈罗德（R. Harrod）和美国经济学家多马（D. Domar）在20世纪三四十年代提出的。由于两个模型的内容基本相同，所以一般称为哈罗德—多马模型。

1. 模型的假设条件

（1）社会的全部产品只有一种（全社会所有产品不是用做消费品就是用做投资品，故称一部门的增长模型）；

（2）边际储蓄倾向不变；

（3）只有劳动和资本两种生产要素，且它们不能相互替代；

（4）资本—劳动比率固定不变，因而资本产量比率也不变；

（5）技术状态既定，不存在技术进步，且没有折旧；

（6）规模报酬不变，也就是说单位产品成本不随生产规模的变化而变化。

2. 模型

哈罗德认为一个社会的资本量和该社会的总产量之间存在着一定比例，称为资本产量比。即：

资本产量比（V）＝实际国民收入/社会资本存量＝K/Y

随着社会资本的不断增长，该社会的产量也将增长，两者的增长量依次为 ΔK 和 ΔY。二者之比被称为边际资本产量比。若技术条件不变，则资本产量比 V 等于边际资本产量比，则有：

$$V = \Delta K / \Delta Y$$

这里假设不存在折旧，资本增加 ΔK 全部用来进行新的投资，即 $\Delta K = I$

所以，$I = V\Delta Y$

另从假设（2）可知，$S = sY$

按照凯恩斯理论，当且仅当投资等于储蓄，经济活动才达到均衡状态，

即 $I = S$，也即 $sY = V\Delta Y$

模型的基本方程为：$\Delta Y/Y = s/V$

即国民收入增长率必须等于社会储蓄倾向与资本产量之比。

3. 哈罗德—多马模型的意义

哈罗德—多马模型的意义表现在以下几个方面：

（1）它将凯恩斯的理论动态化、长期化，并重点阐明了投资的双重作用，从而发展了凯恩斯的理论，并奠定了现代经济增长理论的基础。

（2）它说明了经济波动的原因和实现经济长期、稳定、均衡增长的条件，并将复杂的经济增长理论简单化、模型化，为人们研究经济增长问题提供了新的思路。

（3）它强调了资本积累（表现为储蓄率或投资率）在经济增长中的作用。

（4）它阐明了国家干预和实现调控在促进经济增长中的必然性，为政府制定宏观经济政策及经济计划提供了理论依据、方法和手段。

（二）新古典增长模型

新古典增长模型是由美国经济学家索洛等人提出来的。这一模型认为哈罗德—多马模型所指出的经济增长途径是很难实现的。新古典增长模型要通过改变资本—产量比率来解决这

一问题，并且充分考虑技术进步对经济增长的作用。

1. 模型的假设条件

新古典增长模型也假设，社会只生产一种产品，使用资本和劳动两种生产要素，以及规模收益不变，这一模型与哈罗德—多马模型的差别主要在以下三个假设上。

（1）资本与劳动在生产中的投入比例是可变的，即两种生产要素可以替代。而在哈罗德—多马模型的假定中，资本和劳动是按固定比例结合的。根据新古典增长模型的这一假定，既然资本和劳动可以按不同的比例进行组合，那么资本产量比率也是可变的，即可以采用较少的资本与较多的劳动力相结合的劳动密集型生产方法，也可以采用较多的资本和较少的劳动力相结合的资本密集型生产方法。而哈罗德—多马模型从资本和劳动的固定比例出发，假定资本产量比率既定不变，而在既定不变的资本产量比率下，经济增长率与储蓄率呈同方向变化。

（2）考虑到技术进步对经济增长率的影响。而哈罗德—多马模型把生产技术水平看成是既定的，它只强调投资增加对经济增长的作用。

（3）一切经济活动都在完全竞争条件下进行，要素总能得到充分利用，不存在资源闲置问题。而哈罗德—多马模型则不包含这一假定。

2. 新古典增长模型的基本公式

a——资本收益占总收入的比重；b——劳动收益占总收入的比重。

假定规模收益不变则：$a + b = 1$。

$$\frac{\Delta Y}{Y} = a\frac{\Delta K}{K} + b\frac{\Delta L}{L} \text{或：} \frac{\Delta Y}{Y} - \frac{\Delta L}{L} = a\left(\frac{\Delta K}{K} - \frac{\Delta L}{L}\right)$$

$\frac{\Delta Y}{Y} - \frac{\Delta L}{L} = $ 人均收入增长率；$\frac{\Delta K}{K} - \frac{\Delta L}{L} = $ 人均资本增长率。

因此，要保证人均收入增长率大于零，则必须使资本增长率大于劳动力增长率。显示出降低人口增长率对人均收入增长的意义。

若加入技术进步的因素 λ，则为：

$$\frac{\Delta Y}{Y} = \lambda + a\frac{\Delta K}{K} + b\frac{\Delta L}{L} \text{或：} \frac{\Delta Y}{Y} - \frac{\Delta L}{L} = \lambda + a\left(\frac{\Delta K}{K} - \frac{\Delta L}{L}\right)$$

可见，只要技术进步是正数，即使人均资本增长率为零，人均收入增长率仍可为正。

这一模型的含义是：

第一，决定经济增长的因素是资本和劳动的增加以及技术的进步；

第二，资本—劳动比率是可变的，从而资本产量比率也是可变的。这是对哈罗德—多马模型的重要修正；

第三，资本—劳动比率的改变是通过价格的调节来进行的。如果资本量大于劳动量，则资本的相对价格下降，劳动的相对价格上升，从而就使生产中更多地利用资本，更少地利用劳动，通过资本密集型技术来实现经济增长。反之就通过劳动密集型技术来实现经济增长。这样通过价格的调节使资本和劳动都得到充分利用，经济得以稳定增长。因为这一模型强调了价格对资本—劳动比率的调节作用，与新古典经济学的观点相似，故称新古典模型。

3. 经济长期稳定增长的条件

新古典增长模型认为，在长期中实现均衡的条件使储蓄全部转化为投资，即把凯恩斯储蓄等于投资这一短期均衡条件长期化。这种情况下如果储蓄倾向不变，劳动增长率不变，则长期稳定增长的条件就是经济增长率（$\Delta Y/Y$）与资本存量增长率（$\Delta K/K$）必须相等。即：

$$\Delta Y/Y = \Delta K/K$$

（三）新经济增长模型

20 世纪 80 年代后期，美国经济学家罗默等人提出了"新增长理论"。该理论是把技术进步作为经济内生变量的经济增长理论。新古典增长模型强调技术进步在经济增长中的作用是一个重大贡献，但是它把技术进步作为增长模型的外生变量，这使得新古典增长理论不适合技术进步快速发展的现代经济。在新经济增长理论中，技术进步被作为内生变量，从而揭示了劳动、资本、技术进步对增长的共同作用以及从不同角度分析了这三者之间的相互关系。这一理论中有影响的是罗默模型、卢卡斯模型和斯科特模型等。

新增长理论认为，作为内生变量的技术进步主要体现在资本和劳动质的变化上。也就是说，技术进步体现在资本上是运用了更为先进的设备，或使用了更新的原材料等，这些新设备、新原料包含着更为先进的技术；技术进步体现在劳动力身上是劳动者熟练程度的提高，可用人力资本的增加来表示。资本的增加不是原有设备的简单增加，而是技术更先进的设备代替了落后的设备。劳动的增加也不是劳动力数量的增加，而是劳动力素质的提高，或者说是人力资本的增加。资本增加和劳动增加是技术进步的结果，技术进步是经济增长的中心。新增长理论反映了现代经济增长的基本特征，指出了经济增长的必由之路是推动技术进步，这一结论已得到公认，并指导各国经济增长政策的制定。

五、其他经济增长理论

（一）丹尼森的经济增长因素分析

丹尼森对影响经济增长的因素作了更加具体的划分。丹尼森认为属于生产要素投入量方面的因素有：

（1）就业人数及年龄、性别的构成。

（2）包括非全日制工作的工人在内的工时数。

（3）就业人员受教育的年限。

（4）资本存量的大小。

属于生产要素生产率方面的因素有：

（1）资源配置的改善，主要是指低效率工作使用的劳动力比重的减少。

（2）规模经济。

（3）知识进展。

丹尼森根据美国 1929—1969 年的资料也对各种因素在经济增长的作用作了具体计算。

他计算的结果是：生产要素投入量增长率为 1.81%，占总增长率的 54.4%，生产要素生产率的增长率占总增长率的 45.6%，与肯德里克的研究结果相同。

此外，丹尼森还对经济增长因素的内容进行了具体分析。

（二）经济增长极限论

增长极限论是否定经济增长的可能性的一种观点，美国经济学家麦多斯于 1972 年在《增长的极限》一书中提出。

他认为，影响经济增长有五个因素：人口增长、粮食供应、资本投资、环境污染和能源消耗。这五个因素的共同特点是其增长都表现为指数增长，即按照一定的百分比递增。如用 P 代表某增长因素基期的数量，R 为该时期的增长率，A 为第 n 年的数量，则指数增长的计算方法为：

$$A = P(1 + R)^n$$

这种增长的特点是起初不引人注意，但经过一段时间之后却会变得非常惊人。麦多斯运用电子计算机计算了影响经济增长的上述五种因素的倍增时间；然后又把这五个因素综合起来考察，通过五个相互影响的反馈回路，经电子计算机处理，建立起他的模式，并由此提出经济增长极限理论。最基本的观点是：1970 年以后，人口和工业仍维持着指数增长，但迅速减少的资源将成为约束条件，使工业化不得不放慢速度。工业化达到最高点后，由于自然顺延，人口和环境污染还会继续增长。但由于食物和医药缺乏引起死亡率上升，最后人口停止增长，致使人类在 2100 年之前崩溃。

麦多斯提出的避免人类崩溃的主要措施是：

（1）在出生率和死亡率之间增加一个环路，使每年的出生婴儿数等于该年的预计死亡数，从而保持人口不变；

（2）在投资和折旧之间增加一个环路，使投资率等于折旧率，使工业资本保持不变，达到"全球均衡状态"。

麦多斯还指出，为了保持持续的均衡状态，还需要有控制增长的技术政策：

（1）每一单位工业品的物资消耗量降到 1970 年数值的 1/4，以避免不能再生的资源的短缺；

（2）经济重点应从生产物质商品转移到增加学校、医院等服务设施上；

（3）污染降低到 1970 年数值的 1/4；

（4）为了提高按人口平均的食物量，要将资本投放在粮食生产上；

（5）农业资本应优先使用于增加土地肥力和水土保持；

（6）由于工业资本用于服务设施、粮食生产、资源回收和污染控制，工业资本存量将处于低水平上。为了抵消这种影响，工业资本的平均寿命就要增加，为此就要改善设计，以便使工业生产中的机器设备耐用、易修理和减少报废。

这项政策也能降低资源的消耗和污染。西方国家许多经济学家都认为麦多斯的增长极限论是错误的，有人认为他是带着电子计算机的马尔萨斯，他们认为，麦多斯对基本经济关系与参数的估算是错误的，经济增长中出现的粮食、污染以及资源等问题是可以通过发展经济的办法得到解决的，相反，如果实行零经济增长，使技术停滞，人类只能自取灭亡。但是，也应该看到，麦多斯提出的人口增长、环境污染、生态平衡等问题是很重要的，他从量的角度分析资源、环境、人口与经济增长之间的关系也是很有意义的。

（三）经济增长怀疑论

增长价值怀疑论是从价值判断的角度对经济增长的必要性表示怀疑和否定的一种观点，由美国经济学家米香提出。他认为技术进步及其所带来的经济增长仅仅是物质产品的增加，并非一定是人们生活水平的提高，相反，人们为经济增长所付出的代价，尤其在社会与文化方面，却是高昂的、持续的。

（1）使人们失去了许多美好的享受和幸福，诸如无忧无虑的闲暇、田园式的感受、清新的空气等。

（2）经济增长所带来的仅仅是物质享受的增加，而物质享受却不是人们幸福的唯一源泉。特别是随着社会的发展，人们并不把物质享受作为自己追求的唯一目标，有些物质产品的增加甚至给人们带来负效用。

（3）由于人们对幸福的理解取决于他在社会上的相对地位，因此，经济增长虽然增加了个人收入的绝对量，却并不一定能够提高他在社会中的相对地位，从而也就不一定能够为他带来幸福。

米香由此认为，即使经济增长是可能的，也不是可取的；应当停止经济增长，恢复过去那种田园式的生活。美国经济学家贝克尔认为，米香的反经济增长观点代表了西方中产阶级的思想。由于这些人占有的商品满足了他们的大部分需要，才转而注意生活质量。他们反对经济增长的又一原因是经济增长使他们失去了许多特权，如其旅行由过去的舒适变为现在的拥挤等。西方著名经济学家托宾也反对增长价值怀疑论和零经济增长理论，主张用经济增长的办法解决出现的问题。增长价值怀疑论显然是一种悲观的论点，但米香等人提出的许多问题确实是当今世界各国经济发展中出现的重大问题。

经济增长理论告诉我们，一国要谋求较快的增长速度，必须重视研究影响其经济增长的诸多因素，并制定相应的政策和措施，努力改善和提高制约其经济增长的主要因素，以实现其经济的长期、稳定和快速的增长。

本章知识小结

经济周期是指国民收入及经济活动的周期性波动，经济增长过程中国民收入及总体经济活动水平有规律地呈现上升和下降的周而复始的运动过程。一般把经济周期分为繁荣、萧条、衰退、复苏四个基本阶段。经济周期是经济增长过程中的普遍现象，不同学派的经济学家对引起经济周期原因有不同的观点，主要的经济周期理论分为：消费不足理论、投资过度理论、纯货币危机理论、创新周期理论、心理周期理论、太阳黑子周期理论和政治性周期理论。

经济增长是整个社会发展的基础。经济增长，是指一个国家或者地区国内生产总值 *GDP* 的增加，它反映的是国民经济总量的变化。影响经济增长的因素有：生产要素和生产要素的使用效率，包括劳动、资本、自然资源、技术进步、经济结构的变动和经济体制。经济增长理论研究在制度为既定的条件下决定经济增长的资源与技术之间的相互关系；经济增长模型是寻求经济长期稳定增长的途径。现代经济增长理论的一个特点，就是把理论模型化，即通过建立增长模型来阐明国民收入的增长同有关的各经济因素之间的因果关系。其中，影响比较大的增长模型有哈罗德—多马模型和以美国经济学家索洛为代表的新古典派模型。

习 题

一、单项选择题

1. 经济周期的中心是（   ）。

    A. 价格的波动   B. 利率的波动   C. 国民收入的波动   D. 消费的波动

2. 经济周期的四个阶段依次是（   ）。

    A. 繁荣、萧条、衰退、复苏   B. 繁荣、衰退、萧条、复苏

    C. 繁荣、复苏、衰退、萧条   D. 衰退、复苏、萧条、繁荣

3. 朱格拉周期是一种（　　　）。

　　A. 中周期　　　　B. 短周期　　　　C. 长周期　　　　D. 不能确定

4. 康德拉季耶夫周期是（　　　）。

　　A 长周期　　　　　B 中周期　　　　C 长度约 50 年　　D 长度约 8～10 年

5. 乘数原理和加速数原理的联系在于（　　　）。

　　A. 前者说明投资的变化对国民收入的影响；后者说明国民收入变化对投资的影响

　　B. 两者都说明投资是怎样产生的

　　C. 前者解释了经济如何走向繁荣；后者说明经济怎样陷入萧条

　　D. 前者解释了经济如何陷入萧条；后者说明经济怎样走向繁荣

6. 经济增长在图形上表现为（　　　）。

　　A. 生产可能性曲线内的某一点向曲线上移动

　　B. 生产可能性曲线向外移动

　　C. 生产可能性曲线上的某一点向曲线上移动

　　D. 生产可能性曲线上的某一点沿曲线移动

7. 如果实现了哈罗德的自然增长率，将使（　　　）。

　　A. 社会资源得到充分利用　　　　B. 实现均衡增长

　　C. 实现充分就业下的均衡增长　　D. 经济持续高涨

8. 经济增长的原因包括（　　　）。

　　A. 资本的积累　　　　　　　　　B. 劳动力素质的提高

　　C. 资源更有效的配置　　　　　　D. 技术进步

　　E. 以上都是

9. 经济增长的标志是（　　　）。

　　A. 失业率的下降　　　　　　　　B. 先进技术的广泛应用

　　C. 社会生产能力的不断提高　　　D. 城市化速度加快

10. 人力资本指的是（　　　）。

　　A. 人们所拥有的资本品　　　　　B. 能提高生产率的教育和技能

　　C. 生育能力　　　　　　　　　　D. 工人工作时使用的资本品

二、名词解释

经济周期　加速系数　哈罗德—多马模型　均衡增长率　实际增长率　自然增长率

三、判断题

1. 经济周期一般是指总体经济活动的波动，而不是某一个具体经济变量的波动。（　　）

2. 在经济扩张期和衰退期，如果就业的工人数量不变，则劳动的利用程度也不变。（　　）

3. 政府的预算是通货膨胀和经济衰退的一个重要原因。（　　）

4. 资本产出比率下降意味着资本品更富有生产力。（　　）

5. 资本与劳动在生产上是可以相互代替的，是哈罗德—多马经济增长模型的假设条件。（　　）

6. 在哈罗德—多马的经济增长模型中，充分就业的均衡点是指实际增长率等于有保证的增长率。（　　）

7. 固定系数的生产函数是哈罗德—多马增长模型的假设条件之一。（　　）

四、论述题

乘数—加速原理是怎样解释经济周期原因的?

五、计算题

1. 已知某经济的消费倾向 $C/Y = 0.75$，资本产量比率为5，自然增长率 G_n 为8%。按新古典模型，如何才能实现充分就业的均衡增长?

2. 如果要使一国的经济增长率从6%提高到8%，在资本—产量比率为3的前提下，根据哈罗德—多马经济增长模型，储蓄率应有何变化?

六、案例分析题

自然资源会限制经济的增长吗?

自20世纪70年代以来，关于人口的增长和生活水平的提高是否有极限的问题始终存在着争论。一些评论学家认为，随着人口的增长，食物生产会受到资源的限制。自然资源是有限的，当水、石油、矿藏这类不可再生资源的供给耗尽之后，经济增长将会停止。人们的生活水平也将随之下降。尽管这些观点看来言之有理，但大多数经济学家并不担心自然资源会成为经济增长的限制。他们认为，技术进步会避免自然资源成为经济增长的限制。例如，人们可以开发出耗油更少的汽车，建造有更好隔热设备的新住房，使用在采油过程中浪费较少的新型石油钻机等，这些都有利于节约能源。此外，资源回收可使一些不可再生性资源得到重复利用。可替代燃料的开发，例如，用乙醇代替石油，使我们可以用可再生性资源代替不可再生性资源。更重要的是，技术进步可以使一些曾经至关重要的自然资源变得不太必要。例如，100多年前人们使用的容器都用铜和锡制造，曾有人担心铜和锡用完后怎么办。但是技术进步使人们今天可以用塑料取代铜和锡作为制造容器的材料，而电话通信则可使用沙子生产的光导纤维，现在没人这样担心了。因此，虽然人类的发展中会出现很多问题，但人们也能解决这些问题。技术进步使人们保存资源的能力的增长总是快于它们供给的减少。世界市场上大多数自然资源的价格依然是稳定甚至下降的。现实也表明，时至今日，世界并没有陷入自然资源的短缺。这使我们有理由相信，技术进步将使自然资源不会成为经济增长的限制。

（摘自张亚丽《经济学教程》中山大学出版社2005年版，第284~285页）

问题：科学技术是影响经济增长与经济发展的关键因素，对此你是如何理解的?

第十章

经济政策理论

学习目标

* 了解市场失灵的原因，以及政府采取的对策。
* 掌握微观经济政策的收入分配政策、价格管制政策、产业政策和消费政策。
* 掌握宏观经济政策的目标。
* 理解财政政策工具及其运用、货币政策工具及其运用。
* 了解财政与货币政策的相互配合。

经济学家：厉以宁

简介： 厉以宁教授，祖籍江苏仪征，1930 年 11 月出生于南京。1955 年毕业于北京大学经济系。毕业后留校工作，历任资料员、助教、讲师、副教授、教授、博士生导师、北京大学经济管理系系主任、北京大学光华管理学院院长。现任北京大学社会科学学部主任、北京大学光华管理学院名誉院长、北京大学管理科学中心主任、北京大学国家高新技术开发区发展战略研究院院长、北京大学民营经济研究院院长、北京大学贫困地区发展研究院院长。厉以宁教授是中国改革进程中不可忽视的经济学元老。他所经历的是一个大变革时代，他观察、思考、研究一波又一波的经济变革浪潮。他的股份制理论为国企改革、资本市场发展提供了理论参考。

厉以宁教授于 1988—2002 年任七届、八届、九届全国人大常委、全国人大财经委员会副主任、法律委员会副主任，2003—2007 年任十届全国政协常委、全国政协经济委员会副主任。2008 年起任十一届全国政协常委、全国政协经济委员会副主任。厉以宁教授目前还担任中国国际交流协会顾问、中国国际经济交流中心执行副理事长、中国企业投资协会副会长等职。

主要贡献： 厉以宁教授在经济学理论方面著书多部，并发表了大量文章，是我国最早提出股份制改革理论的学者之一。他提出了中国经济发展的非均衡理论，并对"转型"进行理论探讨，这些都对中国经济的改革与发展产生了深远影响。厉以宁教授还主持了《证券法》和《证券投资基金法》的起草工作。

厉以宁教授因为在经济学以及其他学术领域中的杰出贡献而多次获奖。其中包括"中国经济理论创新奖""孙冶方经济学奖""国家中青年突出贡献专家证书""金三角"奖，国家教委科研成果一等奖，环境与发展国际合作奖（个人最高奖）、第十五届福冈亚洲文化奖——学术研究奖（日本）等。1998年荣获香港理工大学授予的荣誉社会科学博士学位。他曾多次被邀请到国内外多所大学与科研机构进行演讲。

厉以宁教授的主要著作包括：《体制·目标·人——经济学面临的挑战》《中国经济改革的思路》《非均衡的中国经济》《中国经济改革与股份制》《股份制与现代市场经济》《经济学的伦理问题》《转型发展理论》《超越市场与超越政府——论道德力量在经济中的作用》《资本主义的起源——比较经济史研究》《罗马——拜占庭经济史》《论民营经济》等。

导入案例

20世纪90年代初期，美国、德国和日本这些发达的资本主义国家都跌落到经济低谷之中，就业增长停滞，收入减少。尽管大多数国家实现了价格水平的稳定，但人们不会忘记主要的西方国家在20世纪70年代和80年代初物价的飞涨。这些都意味着寻求各种政策以实现增长与通货膨胀之间的适度平衡是至关重要的。

从当前中国经济发展的形势来看，宏观调控的首要任务：防过热、防通胀，即防止经济增长由偏快转向过热，防止价格由结构性上涨演变为明显的通货膨胀。为此，中国政府指出，在继续实行稳健的财政政策的同时，实行从紧的货币政策。特别是要着力遏制高耗能、高排放行业的盲目扩张；加强重要商品的市场供求调节，防止物价水平过快上涨。我们如何去分析宏观经济现象，对以上的政策怎么理解？

第一节　政府与市场经济

一、市场失灵

（一）市场失灵的含义

市场失灵是指在市场机制充分运作下，不能预期地、圆满地实现经济效率，而且不能提高符合经济效率条件的商品或劳务的情况。由此可知，市场失灵是以能否实现经济效率为标准，不直接涉及经济公平。

（二）市场失灵原因分析

导致市场失灵的原因是多方面的，我们主要分析以下四个方面的原因。

1. 不完全竞争

竞争可以提升每一经济活动主体各自的生产经营效率，可以抑制权力过度的集中和对消费者的剥削。但经济学家们主张实行竞争，更主要的是因为竞争可以提高资源配置的效率。在理想的条件下，即当一个经济中所有市场都处于完全竞争的条件下时，在市场力量的作用下，达到资源最优配置的3个帕累托最优条件均可得到满足。

　　但是，现实中的市场很少能够达到完全竞争市场理论模型中的严格限定。在大多数市场中，其中的某个或者某些企业往往具备一定的市场力量。这个时候它们为了追逐利益的最大化，就将其产品价格提高到边际成本以上，而消费者对这种产品的购买就会比完全竞争市场条件下要少，满意程度也会随之下降。垄断就是一个典型的情况。

2. 不完全信息

　　在前面的分析中，我们的讨论都基于一个假定，即消费者和生产者拥有完全的信息，他们掌握了面临的各种经济变量的完全信息，并在此基础上作出消费决策和生产决策。

　　然而，完全信息的假定并不符合现实。一方面，在现实生活中，生产者和消费者掌握的信息往往是不完全的。比如，一个生产者根本无法准确了解并预测市场上各种产品需求和要素供给变动的情况；消费者也不可能完全了解所有商品市场上待售商品的质量和价格等情况；在劳动市场雇用工人时，雇主们只能靠工人的自我介绍或工作经历等来了解某个工人的一些状况，而无法做到对每个工人的技术和能力等都有充分了解。另一方面，由于信息的获取和分析本身是有成本的，这就使得即使假设可以通过耗费一定资源来获取完全的信息，理性的个体也不会试图去获取全部信息。

　　在有些情况下，信息的不完全也表现为信息不对称。所谓信息不对称是指在经济事件的参与者中，一部分人掌握着比其他人多的信息，这部分人能够利用信息上的优势获得经济上的更大利益。我们可以观察到生活中一些信息不对称的例子，如消费者对产品的质量、功能等情况往往不如企业和销售人员清楚；工人们对自己的技术、能力和工作表现等情况了解得比雇主更加真实；与卖主相比，二手车市场上的买者显然掌握着更少的关于车况的信息；购买健康保险的人对于自己的健康状况比出售保险的保险公司知道得更多。

　　市场经济不能保证信息的完全性，也不能保证对信息进行有效的配置。这是因为信息是一种有价值的经济资源，经济社会中拥有更多信息的人往往比其他人能够获得更多好处。信息的经济价值在于能够减少决策过程中的不确定性，从而减少决策者的决策风险。信息不对称的情况既可以是卖者比买者具有信息优势，也可以是买者比卖者具有信息优势。它突出地表现在以下两个方面。

　　（1）逆向选择（Adverse Selection）。简单地讲，逆向选择就是指在信息不对称的情况下，由于交易的一方无法观察到另一方重要的外生特征，交易市场上出现的"劣币驱逐良币"或"劣质品驱逐优质品"的现象。现实生活中有很多逆向选择的例子，如信贷市场上银行对所有借款人都制定统一的贷款利率，这样就会导致一些低质量的借款人排挤走一些高质量的借款人，由此引发利率的上升，又进一步驱逐了高质量的借款人。这时借款方处于信息优势的地位。

　　（2）道德风险（Moral Hazard）。所谓道德风险是当信息不对称时，交易的一方无法观察到另一方所采取的行动，由此所发生的具有私人信息或信息优势的一方故意不采取谨慎行动，而导致另一方利益受损的情况，道德风险是信息不对称的另一种情况。逆向选择是属于事前非对称信息下的情况。所谓事前非对称信息情况是指信息的不对称发生在市场交易双方签约之前，如就业市场上当工资为平均值时，那么在招聘实际完成之前就已经发生了逆向选择（能力低的工人留在招聘市场而能力高的人却不得不离开）。而道德风险问题是属于事后非对称信息下的情况，即当交易双方订立合约后拥有私人信息的一方（即信息优势方）的损人利己的行为。

3. 外部影响

所谓外部影响（Externality），又称外部性，指的是某一经济主体的活动对于其他经济主体所产生的一种未能由价格体系来反映的影响。换句话说，当经济中任一行为人的活动对其他行为人的利益产生了影响，而这种影响又未能正确地反映在市场价格体系运作与交换关系当中，这时便有外部性发生。外部性实际上所体现的不过是各经济当事人之间发生的一种未能通过市场价格机制来调节的相互关系和影响。这种关系或影响是经济主体在谋求自身利益最大化的过程中不知不觉地产生的。由于它对局外人造成了影响，并且这种影响又是外在于价格体系，即不能由价格来计量和调解，故称之为"外部性"。按照实际影响所造成的经济与福利后果，通常可以将外部性划分为两大类，即消极的或负的外部性和积极的或正的外部性。

所谓负的外部性，指的是某一经济主体对其他经济主体产生了负面经济影响，即对这些主体的利益与福利造成了损害而又未能通过价格机制运作提供补偿。在存在负外部性影响的情况下，产生外部负效应的经济主体从事经济活动所造成的全部社会成本将大于其实际支出的成本。换言之，社会为该主体的经济活动支付了部分成本。比如，某化工厂在生产化工产品时，向外排放大量的未经处理的工业废水，导致下游养殖场的鱼苗大量死亡。如果两者分居不同的实体，且没有相应的补偿，则化工厂生产产品的全部社会成本（包括造成的养殖场的损失）要大于化工厂本身生产的私人成本。

而所谓的正的外部性，指某一经济主体对其他经济主体产生了正面的经济影响，即对这些主体的利益与福利带来了增进而又未能通过价格机制运作得到报酬。显然，在有正的外部性存在的场合，其他主体从经济活动中免费得到了部分收益。

外部性的存在将会影响市场机制对于资源的最优配置，从而使实际经济效率偏离帕累托最优状态。之所以会如此，主要是因为在有外部性存在的场合，单个经济主体在从事一项经济活动时其私人成本（或收益）与社会成本（或收益）并不相一致，故而导致经济效率偏离最优状态。

4. 公共物品

公共物品是外部性的一种极端表现形式。外部性概念的引入使我们对社会上各种消费品的认识不再局限于理想的假设，而更具有现实性。从现实来看，正如外部性概念所揭示的那样，我们所面对的各种物品是有着本质性区别的。一般说来，我们从以下两个特性来区分不同的物品：其一是排他性，如果某人在使用某种物品时，其他人就不能再使用它，那么这种物品就具有排他性；其二是竞争性，如果一个人对某种物品的使用减少了其他人对该种物品享用的数量或程度，那么这种物品就具有竞争性。物品的这两个特性都与它的外部性程度有关，具有完全排他性和完全竞争性的物品就没有外部性，而随着物品的排他性和竞争性的逐渐减弱，它的外部性则会逐渐增强。

根据物品在这两个方面表现的不同，我们可以把物品分为三大类：一为私人物品，这类物品既具有排他性，又具有竞争性；二为公共物品，这类物品与私人物品正好相反，它们既不具有排他性，也不具有竞争性，国防便是其中的典型代表，而我们所定义的公共产品是指具有正外部性的物品，所以诸如战争、恐怖活动等就不是我们分析的对象；三为共有资源，它们没有排他性，却具有竞争性，绝大多数不具备私有产权的自然资源都属于这类物品，如公共补偿、公海里的鱼类资源等。

在这三类物品中，私人物品的外部性较小，而公共物品的外部性最大。从前面的分析已知，市场机制在配置具有外部性的物品方面是失灵的，即不存在可以交易这类物品的完全市场，原因在于存在所谓的"搭便车"或"免费搭车"行为。在有正外部性的不完全市场下，由于购买商品的消费者的个人收益小于社会收益，那么就必然会有其他消费者从他的消费中获得收益，但却可以不为此收益的获得付费。正是由于这种行为的存在，使得具有外部性的物品的市场供给规模要小于有效的规模水平。

二、政府的对策

（一）征税

征税可以使负外部性的企业的私人边际成本增加。当其成本达到社会边际成本水平时，企业决策生产的产量将会等于社会最适量。补贴会使带来正外部性的企业的私人边际成本下降。当其成本降低至社会边际成本水平时，企业决策生产的产量将会与社会最适量一致。例如，对产生污染的企业征税，征税额等于治理污染所需费用。即实行"污染者付费原则"，这是国际公认和倡导实行的原则。征收污染税是目前各国政府普遍采用的一种控制污染的方法，但也有人指责这是一种花钱买污染权利的原则。

（二）企业合并

企业合并能使存在外部性的经济单位消除外部影响。例如，养蜂人与果园主合并为一个经济单位，合并后决定或选择果树和蜜蜂的最适量；又如，产生污染的上游企业与下游受损企业合并为一个企业后，此时上游企业的外部影响就"消失"了，即被内部化了，合并后的企业将会根据其边际成本等于边际收益的原则来确定产量水平。由于不存在外部影响，合并后的企业成本与收益就等于社会的成本与收益。

（三）法律措施

外部性是普遍存在的，政府直接出面解决的，只能是一些重大的问题。一些人遇到的外部性问题，虽然从他个人来说可能很严重，但并没达到需要政府出面解决的程度，因此，可能就无法通过政府来解决。

这里隐含的一个前提是，只有问题达到一定规模，或严重到一定程度，政府出面解决才会有规模经济效益。因此，绝大多数各类细小的外部问题，需要运用法律来解决。法律措施的优点是其规则的普遍性，即它给每个人都提供了可伸张自己权利的手段，不必依赖政府出面解决。法律是更为普遍适用的公共产品，谁都可以运用。法律的这种普遍适用性的特点，正好与外部性无所不在的特点相吻合，是解决外部性的十分有效的手段。

运用法律手段的缺陷是成本可能较高，其中包括诉讼费成本，所耗费的时间成本、审批结果的不确定性等。

（四）科斯定理

美国经济学家科斯认为，在存在负外部效应的情况下，可以通过产权界定的方式把外部效应内在化，从而实现资源的有效配置。例如，假定一个牛场和一个农场相邻，牛场的牛跑到农场的地里吃农作物，给农场带来负的外部效应。在这种情况下，假定交易费用为零，如果能够明确地界定产权，纠纷双方就可以利用市场机制制订协议，以实现损失的最小化。假定界定牛场的牛没有权利吃农场的农作物，而解决纠纷的方式可以是养牛人给予农场主

3 000元赔偿，也可以是养牛人花费 3 500 元修筑栅栏，那么养牛人将选择赔偿 3 000 元；但如果修筑栅栏的费用不是 3 500 元而是 2 500 元，那么养牛人将选择修筑栅栏。相反，假定界定牛场的牛有权利吃农场的农作物，而解决纠纷的方式或者是农场主忍受 3 000 元的损失，或者是农场主花费 3 500 元修筑栅栏，那么农场主将愿意忍受 3 000 元的损失；但如果修筑栅栏的费用不是 3 000 元而是 2 500 元，农场主将愿意花费 2 500 美元修筑栅栏。

从上述分析可以看到，只要能够明确地界定产权，外部效应可以内在化，成为牛场或农场的成本。另外，从上述分析还可以看到，在完全竞争的条件下，只要能够明确地界定产权，市场调节就可以有效地发挥作用。假定讨价还价的成本为零，即交易费用为零，只要能增加的产品价值超过所花费的交易费用。但是，如果交易费用很高，将难以达成协议，从而不能产生效果。能够明确地界定产权而不论产权是如何界定的，最终的结果将是有效的。假定交易费用不为零，如果能够明确地界定产权，纠纷双方也可以通过协议找到交易费用最低的安排，以实现这种通过产权界定来解决外部负面效应的方法叫做科斯定理。它是指如果交易成本很小，只要产权能够明确地界定，就可以实现社会资源的有效配置。

（五）政府管制

政府通过规定或禁止某些行为来解决外部性问题。例如，禁止海洛因交易、禁止把有毒化学物倒入河流、规定把有害物品倒入供水塔为犯罪，等等。但是，在大多数污染的情况下，事情比较复杂。交通运输会产生废气和噪音，政府不可能禁止交通运输，而要消除污染又必须比较或评价成本与收益，以便决定允许哪种污染与允许污染多少。

经济学家使用边际分析方法提供了一个思路。

假定考察上游的一家企业与下游的城市，河水流经城市时全被污染，其质量为零。那么水质需要清洁到什么水平为好呢？如图 10 - 1 所示。

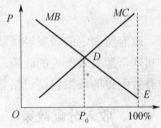

图 10 - 1 最佳污染控制水平

图 10 - 1 中，横坐标轴表示清洁程度的增加，用纯净水百分数表示。纵坐标轴是以元为单位表示费用和利益。图中，改进清洁度 1% 的边际利益随清洁度的增加而下降，即形成一条边际利益曲线，如图中的 MB，清洁度每增加一个单位的单位费用，随着清洁度的日益提高而上涨，即形成一条边际费用曲线，如图中的 MC，水净化程度增加一度，就会提高边际费用和降低边际利益。当边际成本等于边际收益时，决定了污染控制最佳水平，即图中 P_0 点所示。它表示当控制污染的边际成本与其获得的社会边际利益一致时，污染控制达到最佳水平。

这一结论告诉我们，将任何程度的污染都看做绝对的坏，而把完全净化看做绝对的好，却不管其费用如何，这是没有道理的。水的清洁度是程度问题，清洁到什么程度合算呢？通常经济的回答是看边际情形，只要进一步改进水质的边际利益超过改进水质的边际费用，水质的水平就应提高。也就是说，它应该提高到图中的 P_0 而不是 100%。

案例分析 **"馒头办"与政府寻租**

某报披露，河南省郑州市政府设有一个叫"馒头办"的机构，且市区两级都有。其工作在名义上是规范馒头市场，保证人民吃到合格的馒头，实际上却是以权谋私。该"馒头办"规定，生产馒头的企业要办许可证，在市"馒头办"办证要交1 100元，在区"馒头办"办证交1 600元，而且办了证的馒头企业要到指定粮店买面，每袋面粉多交0.5元，每月最少要购600袋面。粮店根据卖出的面粉，每袋再加0.5元（共1元）交给"馒头办"。"馒头办"对不合格的馒头不闻不问，市场上的"黑馒头"横行，一心敛财，以至于市、区两级"馒头办"为收费经常发生争执。这件事是典型的以权谋私，利用人民赋予的权力获得私利，这被称为政府寻租。

政府具有两面性，一方面，政府可以弥补市场调节的不足，解决市场失灵问题；另一方面，如果政府的权力得不到有效制约，也会产生以权谋私的寻租行为。给经济带来不利作用。郑州"馒头办"就是后一种情况的例子。

这件事引起人们的广泛关注，尽管在一片指责声中，"馒头办"被撤销了，但类似这样的政府以权谋私的情况还没有绝迹。不久山西又出现了"墙体办"——以检查墙体是否危险为名敲诈学校与企业。

在市场经济中，政府的定位十分重要。政府应该做自己该做的事情，不做自己不该做的事情。这件事告诉我们，政府树立为市场经济服务的意识何等重要。要做到这一点，就必须对政府的权力有所制约。

第二节 微观经济政策

政府所制定的微观经济政策，根据其实现目标不同可以分为实现收入分配均等化的政策和实现资源有效配置的政策。具体来说，收入分配均等化的政策包括收入分配政策，实现资源有效配置的政策包括价格管制政策、产业政策和消费政策。

一、收入分配政策

收入分配政策是指国家为实现宏观调控总目标和总任务，针对居民收入水平的高低、收入差距的大小在分配方面制定的原则和方针。偏紧的收入分配政策会抑制当地投资需求等，造成相应的资产价格下跌；而偏松的收入政策则会刺激当地投资需求，支持资产价格上涨。收入分配政策除了影响总体收入水平之外，还会直接影响一个经济体的收入分配结构，例如，当不同社会群体之间的收入差距加大时，私人银行业务的发展空间凸显。

在市场经济中，按生产要素贡献分配收入，必然出现收入分配的不均等。西方经济学把收入的不平等分为两种：一是来源于机会不均等的收入不平等；二是在机会均等情况下出现的收入不平等。收入均等化的政策措施在两方面发挥作用：一是克服机会不均等，为每人提供均等机会；二是直接调节收入水平，调整收入分配差距，以实现微观经济政策目标之一的收入均等化。

（一）解决机会不均等

机会不均等带来收入不平等，这是社会的不公平、不合理的体现，也是难以令人接受和容忍的，因而必须努力克服。使人人机会均等，从而实现收入均等化。为实现这个目标，政府采取的措施有以下几个方面。

1. 政府为公民提供均等的就业机会

（1）创造和增加就业机会，实现充分就业。一是刺激经济增长；二是通过国有化兴办私人不愿意办的公共产业；三是通过提供资助和减免税刺激私人企业，鼓励企业扩大规模；四是限制移民，特别是国外移民。

（2）促进人力资源流动。人力难以流动，不但造成严重失业，还会扩大工资差距。为促进流动，一是使用财政手段对失业率高的地区给予就业征税；二是提供就业信息，重新培训，资助迁移；三是清除人力流动障碍。

（3）为实现平等就业，消除种族歧视和性别歧视。如美国有公正就业立法，在就业中防止就业者由于种族、肤色、信仰和性别原因而受到歧视。

2. 普及教育，促进教育机会均等

人们受教育与训练程度的差别，会造成收入差距，为促进教育机会均等，从而达到收入均等，政府制定和实施公共教育政策，提供义务初等教育、发展高等教育，实行专门培训计划。

3. 促进财产占有的机会均等

财产占有不均等，必然会带来收入的不均等，财产越多，收益越高。现在在西方国家，财产不平等等于收入不平等。缩小财产差距的措施之一是征收遗产税，这是促进机会均等最简明的武器之一；对非劳动收入即财产收入（如股利、利息等）按较高的税率征税，对劳动收入实行低税率。

（二）缩小收入差距

实现收入均等化目标，除机会均等政策之外，还有直接调节收入水平的政策。其手段有以下几种。

1. 税收政策

运用税收政策降低高收入者的收入水平，帮助低收入者提高收入水平，缩小收入差距。一是累进所得税，收入越多，交税越多。在美国个人所得税最低为14%，最高为70%。二是对奢侈品征收消费税。

2. 转移支付政策

转移支付是通过一整套社会保障制度实现的。转移支付主要流向低收入家庭。比如，对由于失业、残废、患病、年老等不能得到收入者，政府通过社会保险提供津贴和补偿；为保证全国公民的最低生活水平，政府实行公共救济计划，如提供免费食品、食品券等；通过医疗保健的社会福利计划，为穷人、老人提供医疗照顾等。

3. 价格政策

这里的价格指广义的价格，除商品价格之外，还包括工资利息率。价格政策有三方面的内容：一是商品价格政策，即通过控制商品价格促进收入均等，对购买商品，实行低收入者付低价，高收入者付高价的政策。二是规定最低工资，使分配有利于低收入者。最低工资虽由劳资双方议定，必要时政府要干预和调节。三是利息率政策。政府通过优惠贷款方式促进收入均等化，比如，向低收入阶层提供低息住宅贷款，改善其居住条件；向农业部门提供低息贷款，促进农业发展，提高农民收入，缩小城乡差别。

对价格政策的各种措施，有的经济学家持反对态度，认为这是破坏市场机制，在运用价格政策上的分歧，从根本上看，是要不要市场机制在更大范围内发挥作用的问题。由于西方经济活动主要或基本调节依靠的是市场机制，这就决定了他们必然把价格政策的运用限制在较小的范围内。

4. 负所得税政策

对政府的转移支付政策，许多学者提出了批评，他们认为：一是这样做不公平，富人收

入转给穷人是不公平的;二是这样做有损于效率。为此提出了负所得税政策,按规定,如果某家庭收入低于贫困线,就应得到负所得税,即得到一笔津贴。还规定参加工作的人的总收入(负所得税 + 工资)要高于不工作人的收入。

(三) 收入分配不均等的衡量

收入分配不均等的程度通常用洛伦兹曲线和基尼系数来衡量。虽然我们人为地把政府的微观经济政策划分为价格政策、产业政策、消费政策和收入分配政策,但在实际的政策制定和运行中,通常是采取这些政策或方法的有效结合。如收入分配中所采取的措施,有关价格的限制也属于价格政策部分,而对于奢侈品多征税的政策也属于消费政策部分。所以,我们对微观经济政策的划分只是建立在一种合理的基础上,而并不是绝对化的划分。

二、价格管制政策

政府根据形势需要和既定政策,运用行政权力直接规定某些产品的价格,并强制执行的政策称为价格管制政策。这种管制价格不仅不受市场的影响,反而可以影响市场,从而调节供求关系,以满足国民的需要。

(一) 管制价格的种类

1. 最高价格

政府规定某些产品的上限,以便把价格压到市场均衡水平以下,抑制涨价之风。在战争期间,需求扩大而供给不足,发生通货膨胀,政府往往限定最高价格。平时,对房租、利息等也有这种规定。

2. 最低价格

政府规定某些产品的下限,以便把价格保持在市场均衡水平以上,挽救跌势。如工资、农产品等就有最低限价的规定。

3. 双面管制

政府对某些产品,既规定上限又规定下限,只准在这个范围内上下浮动,目的是防止物价暴涨暴跌。

4. 绝对管制

政府对某些产品直接规定一种价格,买卖双方都必须按照这种价格交易,没有任何伸缩的余地。如政府希望增加某种商品的供应,就可以直接规定较高的价格。为了保证人民一般生活必需品,就可以直接规定最低的价格。

(二) 管制价格与市场机制

在完全竞争市场上,产品的供求和价格随时都在自动调整。政府对价格实行管制,往往使管制价格与市场价格不一致,破坏市场机制的功能。

(三) 管制价格的影响

管制价格虽然对任何国家都是必要的,但在经济上也存在以下不良影响。

(1) 资源使用不当。由于管制价格,所以会造成不平衡数量。当需求增加,供给不变,政府不准涨价时,生产者由于缺乏积极性而会少生产一部分,消费者出于价格便宜而又多消费一部分,两者之和是管制价格造成的数量短缺。当供给增加,需求不变,政府不准降价时,生产者由于获得超额利润而会多生产一部分,消费者由于价格过高而会少消费一部分,两者之和是管制价格造成的数量剩余。这两种管制价格都造成资源的使用不当。

（2）产品分配不公。以不准涨价为例，当需求增加，供给不变时，价格本应提高，这时真正需要的人会以高的价格购买一定的数量，不太需要的人就不会购买，产品的分配比较公平合理。然而由于不准涨价，使需求量不必要的扩大，造成产品短缺，导致排队或配给。这就使得本来真正需要的人不一定能够买得到，而不太需要的人反而能够买得到。

（3）产品质量变异。管制价格的结果，往往会影响到产品的质量。例如，由于不准涨价，产品短缺，会使原来的质量标准下降，粗制滥造，缺斤短两，称为变相涨价；原来实行一系列售后服务的，如送货上门、包换、保修等，也会取消。又如，由于不准降价，产品剩余，生产者会设法以各种方式提高产品的质量，以增加自己的销售量，成为变相降价。

（4）黑市交易盛行。由于不准涨价，产品短缺，真正需要的人出于急需，愿意以高价购买，而那些不太需要的人虽能买到，却不急需，愿以高价出售。由于不准降价，产品剩余，生产者会设法以各种方式变相降价，消费者也乐意以这种价格购买自己本来不太需要的产品。这都给不法商人以可乘之机，倒买倒卖，兴风作浪，黑市盛行。

由此可见，管制价格是政府为贯彻执行国家经济政策而不得不采取的一种权宜之计。由于人为地限定价格，往往会产生一些不良影响。为此，价格管制的实施，必须辅以相应的行政措施，才能保证供求平衡和国民经济生活的安定。

三、产业政策

微观经济学理论分析是假设消费者或生产者的行为是互不相关的、彼此独立的经济活动，这显然是脱离实际的，没有考虑到外部影响和外部经济效果。

外部性是个人（包括自然人和法人）经济活动对他人造成的影响而又未将这些影响计入市场交易的成本与价格之内。外部性分为：有利的外部性（正外部性）和有害的外部性（负外部性）。消费活动和生产活动都会产生外部性，我们在这里主要分析生产者产生的外部性。有利的外部性是某个经济行为主体的活动使他人或社会受益，而受益者无须花费代价。如养蜂场与苹果园并存的情况，二者相互提供外部经济效益，一方面养蜂场的蜜蜂为苹果园的苹果树传播花粉，提高苹果产量；另一方面苹果树的花为养蜂场提供了蜜源，会增加蜂蜜产量。有害的外部性是某个经济行为主体的活动使他人或社会受损，而造成负外部性的人却没有为此承担成本。如同一条河上游的钢铁厂和下游的养鱼厂，钢铁厂排放的污水会使养鱼厂的产量减少。

外部性在现实经济活动中普遍存在，这种理论和概念对微观经济理论和政策都是十分重要的。

理论方面，外部性可论证市场失灵的问题。在外部性中，某一商品的有益或有害影响，市场价格不能反映出来，这种定价制度的缺陷，会使经济资源配置不能达到最优状态。价格扭曲，信息传递失真，会造成经济损失。这样，具有正外部性的商品生产可能不足，而具有外部负效应的商品可能生产过多。这必然破坏市场经济中资源的有效配置。

政策方面，由于市场失灵、外部负经济效应的存在，为政府干预和调节经济活动提供了理论依据。西方经济学者主张必须通过环境保护政策对负外部性加以矫正，使价格机制在市场上发挥有效的调节作用，达到经济资源的有效合理配置。由于存在着外部性效应，所以政府必须对市场中的各种产业采取一定的措施来鼓励或者是限制。政府对各种产业采取的限制或保护措施称为政府的产业政策。

政府的产业政策具体包括以下几个方面。

1. 政府直接管制

政府制定规章制度和具体的科学指标或标准对行业或行业产品进行限制，如规定彩电的最高辐射标准。必要时通过立法来强制执行。

2. 加强对具有外部负效应产业的管制

主要政策有：一是利用税收和津贴手段。国家应该对这些企业进行征税，其数量应该等于该企业造成的损失，以便使私人成本和社会成本相等，从而达到最优效率状态。对于具有正外部性的产业，国家要给予津贴来发展生产。二是采取企业合并的方法，即将具有负外部性的企业和受其负影响的企业合并的办法，这样也可以使经济社会处于有效率的状态，这种办法也被称为"外部效应内部化"。三是使用规定财产权的办法。在规定财产权后，具有负外部性的企业必须对其造成的损失进行赔偿。

3. 制定与实行有利于正外部性的产业的结构政策和产业地区配置政策

对这些产业进行保护和重点扶持、优先发展。限制公害性产业的发展，防止与控制人口和各种企事业单位过分集中于城市。

4. 扩大政府产业保护经费的支出，开展技术研究与开发

政府通过财政支出来扶持需要保护和支持的行业的发展，并通过提供技术研发为企业提供先进的技术，促进企业的发展。政府所采取的政府规制其实也属于产业政策的范畴。我们在前面所提到的政府的反垄断的经济规制和限制污染的社会规制也都是政府所采取的产业政策。从这一点上来说，产业政策反映了政府规制的目标。

四、消费政策

在消费市场上，由于存在市场失灵，各种攀比效应、虚荣效应以及消费者的偏好问题，所以政府要在某些产品或服务的消费上予以限制或鼓励，以矫正消费者的消费行为。政府对消费市场的干预，大体可以分为消费限制和消费引导。

（一）政府对商品或服务采取限制消费的政策

1. 限量供应

政府对生产者进入受限制商品或服务的生产行业规定各种限制条件，以减少生产厂商的数量；或者是直接对商品的生产数量进行限制，从生产上来限制商品的供给数量。

2. 征收消费税

这主要是针对奢侈品的消费，在这种情况下消费税通常最终是由消费者来承担，实际上就是提高了商品的价格，使得需求减少，从而抑制了消费。

3. 非价格的配给制

政府可以通过实行按票配给的制度以限制某些商品的消费，这种情况通常发生在商品短缺的时候。政府通过票证将需求曲线压制在它所希望的需求水平，从而限制商品的消费。

（二）政府对商品或服务采取消费引导的政策

1. 实行优惠政策

对生产该种商品的行业实行优惠政策，鼓励该行业的优先发展，如对该行业实行优惠的贷款政策或税收政策。

2. 实行价格补助政策

对该种商品实行价格补助的政策，政府通过对商品提供消费的价格补贴来刺激和鼓励对商品的购买和消费。

第三节　宏观经济政策

宏观经济学基本原理不仅分析了均衡国民收入量的决定，而且为政府干预经济活动提供了理论基础。宏观经济学不仅要说明政府为什么要干预经济活动，而且要说明政府应该如何干预经济。本节将着重讨论政府将如何干预经济，即政府的宏观经济政策。

宏观经济政策是指国家运用其所掌握和控制的各种宏观经济变量，为实现其总体经济目标而制定的指导原则和政策措施。

一、宏观经济政策的目标

任何一项经济政策的制定都是根据一定的经济目标而进行的，宏观经济政策也不例外。西方经济学家认为，政府的宏观经济政策的目标主要包括四个方面，即充分就业、物价稳定、经济增长和国际收支平衡。

（一）充分就业

充分就业是指一切生产要素（包括劳动）都有机会以自己愿意的报酬参加生产的状态，即全社会的经济资源被充分利用的经济状态。经济学家常用失业率的高低作为衡量充分就业与否的尺度。西方经济学家一般把失业分为三类：摩擦性失业、自愿失业和非自愿失业。摩擦性失业是指在生产过程中，由于难以避免的摩擦造成的短期、局部性失业，如劳动力流动性不足、工种转换困难引起的失业。自愿失业是指工人不愿接受现行工资水平而形成的失业。非自愿失业是指工人愿意接受现行工资水平，但仍然找不到工作的失业。凯恩斯认为，如果非自愿失业已经消除，失业仅限于摩擦性失业和自愿失业的话，就实现了充分就业。也就是说，充分就业并不等于所有的劳动者都能就业，在充分就业的状态下，有可能存在失业。政府关心的是非自愿失业，关注的是自然性失业率。大多数西方经济学家认为，经济社会的自然性失业率一般为4%～6%，失业率控制在6%以内都是正常的。各个国家在经济发展的不同时期都会根据经济形势确定自然失业率的水平，只有自然失业率保持在一定的水平之下，社会才可以接受。例如，美国的自然失业率在20世纪五六十年代为3.5%～4.5%，70年代为4.5%～5.5%，80年代为5.5%～6.5%。

失业会影响经济发展和人们生活水平的提高，给社会和家庭带来损失。在社会生活中，人们都希望在较短的时间内得到一份收入丰厚的工作。因此，降低失业率，实现充分就业，常常被认为是政府宏观经济政策的首要目标。

（二）物价稳定

物价稳定是指一般价格水平的稳定。物价稳定不是指一般价格水平固定不变，即不是指通货膨胀率为零。因为通货膨胀率为零要付出较高的失业代价，也是不现实的。物价稳定是指维持一个低而稳定的通货膨胀率，这种通货膨胀率能为社会所接受，对经济也不会产生不利的影响。

稳定物价作为宏观经济政策的目标，主要是控制通货膨胀对经济的不良影响。实践表明，第二次世界大战后西方国家的通货膨胀已经无法完全消除。因此，当经济中只存在温和的通货膨胀时就认为已经实现了物价稳定。

示例 10-1　　　　　　　　**维持物价稳定就是政府直接定价吗?**

维持物价稳定并不是政府直接定价,而是要维持价格由市场供求关系决定的秩序,以免降低了市场配置资源的效率;维持物价稳定,并不是要使市场价格固定不变,通常情况下,温和的通货膨胀常常成为刺激经济增长的有效途径。

(三) 经济增长

经济增长是指一个时期内经济持续均衡增长,即一定时期内经济社会所产生的人均产量或者人均收入的增长,维持一个适度的增长率,培育出经济持续增长的能力。经济增长率超出社会各方面的承受能力,将会扭曲经济结构,破坏经济平衡,带来适得其反的效果。同样,经济增长率过低,也会影响经济社会的整体发展。西方经济学家普遍认为,经济活动的最终目的是满足人们各种各样的消费行为,而消费的效用最大化是以经济增长为前提的。因此,适度的经济增长率是政府宏观经济政策的重要目标。

经济增长方式一般分为粗放型和集约型两种。粗放型经济增长方式是指主要依靠生产要素的数量的扩张而实现的经济增长,表现为高投入、高消耗、低产出、低效率;集约型经济增长方式是指依靠生产要素的科学合理配置、科技进步和提高劳动者素质,通过提高生产效率而实现的经济增长。

20 世纪 90 年代以来,我国关于从粗放型经济增长方式转变为集约型经济增长方式的要求是:经济增长从主要依靠增加投入、追求数量,转到主要依靠科技进步和提高劳动者素质上来,转到注重质量和以提高经济效益为中心的轨道上来。

(四) 国际收支平衡

在开放经济中,国际收支平衡对于各国有着非常重要的作用。国际收支平衡主要是要求一国能够保持汇率稳定,同时其进出口达到基本平衡,达到既无大量的国际收支赤字又无过度的国际收支盈余。从长期来看,无论是国际收支赤字还是盈余,都会对一国的经济政策和政策目标产生重要影响。长期的国际收支赤字需要以外汇储备或者国债来偿还,而外汇储备和国债的数量又是有限的,这样将不可避免地导致国内通货膨胀;反之,长期的国际收支盈余将削弱私人部门对消费和投资的积极性,使国内消费和投资减少,从而对充分就业和经济增长产生不利的影响。

西方经济学家认为,一国的国际收支状况不仅反映了这个国家的对外经济交往情况,而且反映了一国经济的稳定程度。随着交通和通信成本的下降,国际经济交往日益密切,如何平衡国际收支成为一国宏观经济政策的重要目标之一。

虽然宏观经济政策有以上四种主要目标,但这四种目标却不可能同时达到,而且相互之间既存在联系,又存在矛盾。其中,经济增长与充分就业是基本统一的,存在高度的正相关关系。除此之外,其余目标之间都存在矛盾。

1. 物价稳定与充分就业之间存在矛盾

两者之间存在反向变动关系:失业率低,物价上涨率高;失业率高,物价上涨率低。因为要减少失业或者实现充分就业,需要创造更多的就业机会,这就要求增加投资,刺激社会需求的增加,即增加货币供应量,而货币供应量的增加容易导致物价上涨;如果降低物价上涨率,就需要减少货币供应量以抑制投资和社会需求的增加,这意味着减少了就业机会,提高失业率。物价稳定与充分就业,两者通常不能兼顾,可能的选择是:失业率较高的物价稳定，通货膨胀较高的就业充分，在物价上涨率和失业率之间权衡，相机抉择。物价稳定与充分就业作为宏观经济政策的重要目标，只能根据当时的社会经济条件，寻求物价上涨率与失业率之间的某种适当组合。

2. 物价稳定与经济增长之间存在矛盾

现代市场经济的实践表明，经济往往伴随物价的上涨而增长。与分析物价上涨和充分就业的关系的道理一样，经济的快速增长要求投资需求、消费需求快速增长，进而要求扩张货币供给量，从而带动物价上涨。于是，经济增长常常伴随着物价上涨。当然，从根本上来说，只有经济增长了，商品丰富了，稳定物价才能有物质基础。正因为二者之间的矛盾，中央银行的货币政策也只能根据当时的社会经济条件，寻求物价上涨和经济增长之间的某种适当组合。

3. 经济增长和充分就业与国际收支平衡之间的矛盾

经济增长和充分就业要求放松银根，增加货币供给量，刺激进口增加，促使国际收支出现逆差；反之，如果紧缩银根，减少货币供应量，虽然会减少进口，有利于国际收支平衡，但又会增加失业和出现经济衰退。

4. 宏观经济政策目标之间存在矛盾

这要求政策制定者确定重点政策目标，或者对这些政策目标进行协调。政策制定者在确定宏观经济政策目标时，既要受自己对各项政策目标重要程度理解的限制，又要受社会可接受程度的制约。如何对这些目标作出最适当的抉择和取舍，是当代各国政府与经济学者所面临的难题。不同的国家，在不同时期，对宏观经济政策目标的选择和侧重点会有所不同。同时，不同流派的经济学家对政策目标也有不同的理解。

二、财政政策

政府的钱从哪里来，又到哪里去？如何才能保证政府资金的高效使用？这些就是我们需要探讨的财政政策。为了更好地发挥政府在经济发展过程中的积极作用，保证政府资金来得合理、用得恰当，政府就必须制定适当的财政政策。

（一）财政政策的含义

财政政策是指国家根据所确定的宏观经济目标，通过财政收入和财政支出的变动调节社会需求，进而影响宏观经济运行过程与结果的基本准则和措施的总和。财政政策的基本手段是通过对收入和支出的调节，按照"逆经济风向行事"的基本原则，在经济萧条时，实行扩张性的财政政策，增加总需求；在经济繁荣时，采取紧缩性的财政政策，减少总需求，以缓解通货膨胀的压力。

（二）财政政策的内容

财政政策的主要内容包括政府支出与税收。政府支出包括政府公共工程支出（如政府投资兴建青藏铁路、西气东输、南水北调等基础设施）、政府购买（政府对各种产品与劳务的购买）以及转移支付（政府不以取得产品与劳务为目的的支出，如各种福利、补偿、补贴支出等）。政府税收主要是财产税、所得税和货物税。

在凯恩斯主义之前，财政政策的目的是为政府的各项开支筹集资金，以实现财政收支平衡。在凯恩斯主义之后，财政政策是作为国家职能部门进行需求管理的重要工具，以实现既定的财政目标。财政政策的内容与措施在不断地丰富和发展。纵观西方经济学的发展，财政政策主要包括三方面内容：财政收入政策、财政支出政策和财政赤字政策。

1. 财政收入政策

在政府的收入构成中，税收是最重要的组成部分。西方国家财政收入的增长，在很大程度上来源于税收收入的增长。税收是一个政府赖以生存的经济基础，没有税收收入，政府难以维持运转，所以纳税是每一个公民的义务。在美国流行着这样一种形象的说法"每个人有两件事情不可避免，一件是死亡，另一件就是纳税"，这充分说明税收对于政府的重要作用。税收作为国家财政收入的主要来源，是国家凭借其政治权力参与社会分配的重要形式，是政府组织财政收入的基本手段，具有强制性、无偿性、固定性三个基本特征。

前面提到税收收入大体可分为三类，即财产税、所得税和货物税。财产税是对不动产、房地产即土地和土地上的建筑物等所征收的税。所得税是对个人和公司的收入征收的税。例如，个人的工薪收入和股票债券存款等资产的收入。公司的利润税、财产税和所得税又称直接税，是由纳税人负担不能转嫁给别人的税。这两种税收一般为累进税，即财产和收入越多，边际税率累进越高。货物税又称为间接税，是对生产流通和消费等各个环节的货物征收的一种税，如营业税、消费税。这种税通常按固定不变的税率征收。

除税收之外，公债也是政府财政收入的一个组成部分。当政府税收不足以弥补政府支出时，就会发行公债。公债是国家举借的内外债的总称。政府公债的发行，一方面能增加财政收入，影响财政支出；另一方面可以影响金融市场的扩张或紧缩，进而影响货币供求和社会总需求水平，所以公债也是重要的财政政策工具。

2. 财政支出政策

有收入就要进行支出。财政支出是指整个国家中各级政府支出的总和，由许多具体的支出项目构成，主要包括政府购买、政府转移支付和政府投资。

政府购买是指政府对商品和劳务的购买。政府购买是一种实质性的支出，有着商品和劳务的实际交易，主要包括购买军需品、警察装备用品、机关办公用品、支付政府公务员报酬以及维护治安支出等。它直接形成社会需求和购买力，构成国民收入的一个重要组成部分，计入 GDP 的四大需求项目（消费、投资、政府购买和净出口）之一，其规模直接关系到社会总需求的增减，对整个社会的总支出具有十分重要的调节作用。在总支出不足、失业增加时，政府可以通过扩大对商品和劳务的需求，提高购买水平，以此来抑制经济的衰退；相反，在总支出过多、价格水平不断上升时，政府可以通过缩小对商品和劳务的需求，降低购买水平，抑制通货膨胀的发生。

政府转移支付是指政府在社会福利、社会保险、农业补贴、贫困救济和补助等方面的支出。相对于政府购买而言，单纯的转移支付本身并没有形成对社会产品的需求，即政府转移支付不一定形成对市场的购买力。转移支付实际上是社会收入的再分配，就是将收入在不同社会成员之间进行转移和重新分配，所以在按支出法计算国民收入时，它不构成国民收入的组成部分，但却影响社会需求，是财政支出政策的工具之一。在总支出不足、失业增加时，政府要增加社会福利费用，提高转移支付水平；相反，在总支出过多、价格水平持续上升时，政府要减少社会福利费用，降低转移支付水平。

政府投资是指政府对于公共项目工程和国家特殊重大项目的固定资产投资和存货投资。在西方，因为绝大部分投资都是私人投资，所以有时此项也包括在政府购买支出中。我国实行社会主义市场经济制度，投资是政府支出的重要项目，主要用于发挥政府作用，筹集资金进行关系国计民生的重大项目建设。

3. 财政赤字政策

在经济萧条时期，政府必须增加支出，减少收入，这样就有可能出现财政赤字，即政府收入小于支出。财政赤字又称预算赤字，是指一国政府财政年度预算支出超过年度收入的差额。在国际上，衡量财政赤字有两条警戒线。第一条警戒线是：财政赤字占 GDP 的比重不能超过3%。一旦超过，就会出现财政风险。第二条警戒线是：政府的财政赤字不能超出财政总支出的15%。

政府实行财政赤字政策主要是通过发行债券来进行的，通常有两种方式：一种方式是把债券卖给中央银行，称为货币筹资。因为中央银行可以把政府债务作为准备金发行货币。这种方式的优点是政府不必还本付息，从而减轻了政府的债务负担，但缺点是会增加货币供应量而引起通货膨胀；另一种方式是把债券卖给中央银行以外的其他人，如个人、企业、商业银行等，称为债务筹资。政府债券相当于政府向公众借钱的依据。这种筹资方式就是政府向公众借钱，优点是不会增加货币供应量，也不会直接引发通货膨胀，但缺点是政府必须还本付息，这使政府背上了沉重的债务负担。公债政策是财政赤字政策不可分割的重要组成部分，由于它在现代经济中的地位日益重要，又被称为现代财政政策。

在实际经济活动中，政府不能仅用一种方法筹资，因为货币筹资过多，会增加通货膨胀压力；债务筹资过多，不仅财政负担加剧，而且公众有可能会拒绝购买。因此，政府往往交替使用两种方法进行筹资。

凯恩斯主义经济学家认为，赤字政策不仅是必要的，而且是可能的。这是因为：

（1）国家发行一定的公债，债务人是国家，债权人是公众，国家与公众的根本利益是一致的。政府的财政赤字是国家欠公众的债务，也就是自己欠自己的债务。

（2）只要政府的政权是稳定的，这就说明债务的偿还是有保证的，不会引起信用危机。

（3）债务用于发展经济，创造有实用价值的社会资本，政府因经济发展而有能力偿还债务，弥补赤字。

这三条就是人们常说的"公债哲学"。

（三）财政政策的运用

财政政策的运用就是通过政府支出与税收的变动来影响总需求，进而影响国民收入水平来调节经济活动，以达到既定的目标。

具体来说，在经济萧条时期，由于总需求小于总供给，国民经济中存在失业，政府就要通过采用扩张性的财政政策来刺激总需求，以达到实现充分就业的目标。扩张性财政政策就是通过增加政府支出和减少税收来刺激经济的政策。政府公共工程支出与政府采购的增加有利于刺激私人投资，转移支付的增加可以增加个人消费，这样就会刺激总需求。减少个人所得税（主要是降低税率）可以使个人可支配收入增加，从而增加个人消费；减少公司所得税可以使公司可支配收入增加，从而增加私人投资，这样也会刺激总需求。

在经济繁荣时期，由于总需求大于总供给，国民经济中存在通货膨胀，政府则需要通过紧缩性的财政政策来抑制总需求，以达到实现物价稳定的目标。紧缩性财政政策就是通过减少政府支出与增加税收来抑制经济的政策。政府公共工程支出与政府采购的减少有利于抑制投资，转移支付的减少可以减少个人消费，这样就抑制了总需求。增加个人所得税（主要是提高税率）可以使个人可支配收入减少，从而减少个人消费；增加公司所得税可以使公司可支配收入减少，从而减少私人投资，这样也会抑制总需求。

上述财政政策工具的运用反映了凯恩斯主义斟酌使用的财政政策的观点。凯恩斯主义经济学家的斟酌使用的财政政策是指政府要审时度势灵活使用一些积极的财政政策，要针对经济风向行事。当总支出不足，失业持续增加时，政府要实行扩张性财政政策，增加政府支出、减税或双管齐下，以刺激总需求，解决衰退和失业问题；反之，当总支出过高，价格水平持续上涨时，政府要实行紧缩性财政政策，减少政府支出，增税或双管齐下，以抑制总需求，解决通货膨胀问题。这种交替使用的扩张性和紧缩性财政政策，称为补偿性财政政策。

（四）财政政策的自动稳定器

自动稳定器是指经济系统本身存在的一种会减少各种干扰对国民收入冲击的机制，能在经济繁荣时期自动抑制膨胀，在经济衰退时期自动减轻萧条，无须政府采取任何行动。经济学者认为，现代财政制度本身就具有自动稳定经济的功能。当经济发生波动时，财政制度的内在稳定器就会自动发挥作用，调节社会总需求水平，减轻以至消除经济波动。财政制度的这种内在稳定经济的功能主要通过以下三个方面得到发挥。

1. 政府税收的自动变化

当经济衰退时，国民产出水平下降，个人收入减少；在税率不变的情况下，政府税收会自动减少，留给人们的可支配收入也会自动地减少一些，从而使消费需求也自动地下降一些。在实行累进税的情况下，经济衰退使纳税人的收入自动进入较低的纳税档次，政府税收下降的幅度会超过收入下降的幅度，从而可起到抑制衰退的作用。反之，当经济繁荣时，失业率下降，人们收入自动增加，税收会随个人收入增加而自动增加，可支配收入也就会自动地增加一些，从而使消费和总需求也自动地增加一些。在实行累进税的情况下，繁荣使纳税人的收入自动进入较高的纳税档次，政府税收上升的幅度会超过收入上升的幅度，从而起到抑制通货膨胀的作用。由此，西方学者认为，税收这种因经济变动而自动发生变化的内在机动性和伸缩性，是一种有助于减轻经济波动的自动稳定因素。

2. 政府支出的自动变化

这里主要是指政府的转移支付，包括政府的失业救济和其他社会福利支出。当经济出现衰退与萧条时，失业增加，符合救济条件的人数增多，失业救济和其他社会福利开支就会相应增加，这样就可以抑制人们收入特别是可支配收入的下降，进而抑制消费需求的下降。当经济繁荣时，失业人数减少，失业救济和其他福利支出也会自然减少，从而抑制可支配收入和消费的增长。

3. 农产品价格支持制度

政府通常对农产品价格实行补贴或支持。当经济繁荣时，农产品价格上涨，政府将减少对农产品的价格补贴，这样既抑制了农产品价格的进一步上涨，又减少了财政支出，抑制了总需求；反之，当经济萧条时，农产品价格下跌，政府将增加对农产品的价格补贴，以防止农产品价格进一步下降，并增加了政府支出，刺激了总需求。

从理论上讲，财政政策的自动稳定机制是存在的。但是，这种自动稳定器调节经济的作用是十分有限的。它只能减轻经济萧条或通货膨胀的程度，并不能改变萧条或通货膨胀的总趋势；它只能对财政政策起到自动配合的作用，并不能代替财政政策。因此，尽管某些财政政策具有自动稳定器的作用，但仍然需要政府有意识地运用财政政策来调节经济。

三、货币政策

（一）货币政策的含义和特征

1. 货币政策的含义

货币政策是指政府根据宏观经济调控目标，通过中央银行对货币供给和信用规模进行管理来调节信贷供给和利息率水平，以影响和调节宏观经济运行状况的方针、政策和措施的总称。

2. 货币政策的特点

（1）货币政策着眼于控制社会总需求的目标。货币政策通过其传导机制调节社会总需求，并间接地影响社会总需求与总供给的互动，使二者保持平衡。

（2）货币政策是一种间接的控制措施，即主要采用经济手段和法律手段，对市场行为主体的经济活动实施间接调控。只有在特定情况下，才采用必要的直接控制和管理措施。

（3）货币政策是一种较长期的经济政策，而非短期的经济政策，即货币政策的最终目标是一种长期性的政策目标，如稳定物价、实现充分就业、促进经济增长和保障国际收支平衡等。

（二）货币政策工具

中央银行调控货币主要使用以下三大货币政策工具。

1. 存款准备金率

存款准备金指各商业银行吸收的存款中，按一定比例缴存中央银行的那部分资金；准备金与全部存款的比率就是存款准备金率。由于这一比率是法定的，又称法定存款准备金率。中央银行改变准备金率则可以通过对准备金的影响来调节货币供给量，从而可以改变银行创造货币的数量。假定商业银行的准备金率正好达到法定的要求，这时，中央银行降低准备金率就会使商业银行产生超额准备金，这部分超额准备金可以作为贷款放出，从而又通过银行创造货币的机制增加货币供给量，降低利息率。相反，则反。即银行创造货币的多少与法定存款准备金率成反比。法定存款准备金率高，货币供应量小，法定存款准备金率低，货币供应量大。

从理论上说，变动法定存款准备金率是中央银行调整货币供给最简便的办法。然而，现实中，中央银行一般不愿轻易使用这一手段。其原因在于，变动法定存款准备金率的作用十分猛烈。一旦准备金率变动，所有银行的信用都必须扩张或收缩。再者，如果准备金率变动频繁，会使商业银行和所有金融机构的正常信贷业务受到干扰而无所适从。我国自改革开放以来，已初步建立了存款准备金率制度，中央银行也多次使用这一政策工具。

2. 再贴现率

再贴现率是指商业银行向中央银行借款时的利息率。中央银行改变再贴现率，可以改变商业银行向中央银行借款的数量，从而改变货币供应量。中央银行降低再贴现率，可以使商业银行得到更多的资金，这样可以增加贷款，贷款的增加又可以通过创造货币机制增加流通中的货币供给量，降低利息率。反之，则反。即再贴现率与货币供应量成反比。再贴现率高，货币供应量少，再贴现率低，货币供应量多。

再贴现率政策在西方国家得到了相当广泛的运用，收到了良好的效果。我国的中央银行

（中国人民银行）也曾多次通过调整存贷款利率以调节经济的运行。

3. 公开市场业务

这是目前中央银行控制货币供给最重要也是最常用的工具。公开市场业务是指中央银行在金融市场上买进或卖出政府债券，以调节货币供应量。这里，公开市场业务所指的债券主要有：国库券、公债和其他政府债券等。公开市场业务的操作，可以调节货币供应量。买进政府债券，货币投放市场，从而，增加了货币供给量。卖出政府债券，收回货币，从而减少货币供给量。公开市场业务是一种灵活而有效地调节货币量的工具。买卖政府债券与货币供应量成正比。公开市场业务在西方国家得到了广泛的运用，对平抑经济的周期性波动起到了良好的作用。我国从 1996 年开始进行主要以国债为操作对象的公开市场业务操作，但尚未取得明显的效果。

（三）货币政策的运用

在不同的经济形势下，中央银行要运用不同的货币政策来调节经济活动。在萧条时期，由于总需求小于总供给，为了刺激总需求，就要运用扩张性货币政策，即通过增加货币供给量，降低利率，刺激总需求的货币政策。其中包括在公开市场上买进有价证券，降低贴现率并放宽贴现条件，降低存款准备金率等。这些政策可以增加货币供给量，降低利率，刺激总需求。

在繁荣时期，由于总需求大于总供给，为了抑制总需求，就要运用紧缩性货币政策，即通过减少货币供给量，提高利率，抑制总需求的货币政策。其中包括在公开市场上卖出有价证券，提高贴现率并严格贴现条件，提高存款准备金率等。这些政策可以减少货币供给量，提高利率，抑制总需求。

上述货币政策工具的运用也反映了凯恩斯主义斟酌使用的货币政策的观点。凯恩斯主义经济学家认为，就像斟酌使用的财政政策一样，斟酌使用的货币政策也要"逆对经济风向"行事。当总支出不足、失业持续增加时，中央银行就要增加货币供给，刺激总支出，以解决衰退和失业问题；反之，当总支出过多、价格水平持续上涨时，中央银行就要减少货币供给，抑制总支出，以解决通货膨胀问题。简言之，存在大量失业时要实行扩张性货币政策，通货膨胀时则实行紧缩性货币政策。这种交替使用的扩张性和紧缩性货币政策，被称为补偿性货币政策。

四、财政政策和货币政策的配合

在宏观经济调控中，财政政策和货币政策是两种基本的调控手段。但是，如前文所述，无论是财政政策还是货币政策，在对宏观经济运行调控的过程中都有其局限性。因此，要实现宏观经济政策的目标，促进经济协调发展，必须要将财政政策和货币政策协调运用。

（一）财政政策与货币政策相互配合的必要性

财政政策和货币政策作为一国政府调节总需求的宏观政策，由于进行调节的方法和手段不同，对国民收入和利率的作用不同，各自具有的特点和优缺点不同，这些不同决定了两种政策相互配合运用的必要性。

1. 两种政策的侧重点不同

财政政策的核心是通过变动或调整财政收支规模来调节社会总需求，侧重点是进行国民经济结构性调整，其优势在于解决经济衰退和就业问题。而货币政策的核心是通过变动货币供给量，使货币供给量与需求量之间形成一定的对比关系，进而调节社会的总需求与总供给，侧重点是进行国民经济总量调控，优势在于解决通货膨胀问题。

2. 两种政策的调整机制不同

财政政策和货币政策虽然都是利用经济杠杆的间接调节手段调节企业和居民的经济行为，但是财政政策可以利用法律、行政手段等强制付诸实施，因而可控性强，收效快；而货币政策只能采取货币政策工具进行间接调控，其效果取决于微观经济主体自愿地作出反应后才能逐步见效，因而可控性弱，收效慢。

3. 两种政策的时滞性不同

时滞性是指从政策的制定和实施到收到效果之间有一个时间滞后效应。广义的时滞包括三个方面，即认识时滞、决策时滞和收效时滞。其中，认识时滞是指从经济现象发生变化到决策者对这种需要调整的变化有所认识所经过的时间，这段时间的长短，主要取决于行政部门掌握经济信息和准确预测的能力。决策时滞是指政府当局将分析结果提交立法机构审议通过所占用的时间。收效时滞是指政策正式实施到已经对经济产生影响所需要的时间。一般来说，从认识时滞看，由于只涉及经济问题的发现与对策研究，财政政策和货币政策认识时滞大体一致。从决策时滞看，由于财政政策措施要通过立法机构，经过立法程序，比较费时，因此时滞较长；相比之下，货币政策可由中央银行的公开市场业务直接影响货币数量，时滞较短。从收效时滞看，由于财政政策工具直接影响社会的有效需求，从而使经济活动发生有利的反应；而货币政策主要是影响利率水平的变化，通过利率水平变化引导经济活动的改变，不会直接影响社会的有效需求，因此，财政政策的收效时滞比货币政策短。

4. 两种政策在膨胀和紧缩需求方面的作用不同

在经济生活中，有时会出现需求不足、供给过剩，有时会出现需求过旺、供给短缺。这种需求与供给失衡的原因很复杂，但从宏观经济看，主要是由财政和信贷分配引起的，而财政与信贷在膨胀和紧缩需求方面的作用又是有区别的。财政赤字可以扩张需求，财政盈余可以紧缩需求，但财政本身并不具有直接创造需求即创造货币的能力，唯一能创造需求、创造货币的是银行存款。因此，财政的扩张和紧缩效应一定要通过信贷机制的传导才能发生。从这个意义上说，银行信贷是扩张或紧缩需求的总闸门。

正是由于财政政策和货币政策对宏观经济的调节作用不同，这就要求财政政策和货币政策必须配合使用。如果财政政策和货币政策各行其是，就必然会产生碰撞与摩擦，彼此抵消力量，从而减弱宏观调控的效应和力度，也难以实现预期的调控目标。

（二）财政政策与货币政策的相机抉择

相机抉择是指一国政府根据经济的实际运行情况而采取相应的宏观经济政策。按照调节经济总量的要求，财政政策和货币政策一般分为扩张性、紧缩性和中性三种。目前，西方国家根据经济运行的实际情况，进行财政政策与货币政策的相机抉择，其典型的配合形式主要有四种：扩张性财政政策与紧缩性货币政策、紧缩性财政政策与扩张性货币政策、扩张性财政政策与扩张性货币政策、紧缩性财政政策与紧缩性货币政策。人们通常以松紧搭配来概括财政政策与货币政策的配合，即"双松""双紧""一松一紧"。政府在进行调节时，根据国民经济中可能出现的总需求与总供给的态势，兼顾当前利益与长远利益，进行不同的政策组合和搭配。比较常见的有以下三种情况。

1. 扩张性财政政策与扩张性货币政策

如果经济处于严重萧条状况，则减少失业、增加收入就成为政府的当务之急。此时可以运用扩张性财政政策与扩张性货币政策的相互配合，一方面增加政府支出、减少税收；另一方面增加货币供给量，降低利率。

2. 紧缩性财政政策与紧缩性货币政策

如果经济中发生了严重的通货膨胀，则抑制通货膨胀成为政府的首要目标。此时政府可以运用紧缩性财政政策与紧缩性货币政策的相互配合，在减少政府支出与增加税收的同时减少货币供给量。这样，一方面会减少总需求；另一方面又在很大程度上避免了因此而引起的利率下降，从而达到尽快消除通货膨胀的目的。

3. 松紧搭配的财政政策与货币政策

上述两种政策的配合在短时间内可以取得一定的效果，但长期实行会对经济平稳发展产生不利影响。因为，扩张性财政政策的实施会使生产能力进一步扩大，从而加深经济萧条中更为严重的生产能力过剩，加剧供求之间的矛盾。此外，扩张性货币政策带来的货币供给量的增加常常会造成通货膨胀，这对经济长期、持续的增长极为不利。而在经济过度繁荣时，中央银行通过出售国债、回笼货币，虽然有助于降低通货膨胀，但却增加了财政的利息负担，从而引发了中央银行与财政部的矛盾，中央银行的政策措施往往会因为照顾财政的"利益"而受到一定的影响。针对上述情况，各国在政策实施过程中，将扩张性财政政策与紧缩性货币政策相配合或者将扩张性货币政策与紧缩性财政政策相配合，一方面有助于刺激总需求；另一方面有助于抑制通货膨胀。在选择具体的政策措施时，首先要对经济运行状况进行测定，再根据萧条与通货膨胀的不同程度，对各项具体措施进行适当的搭配。

相机抉择的实质是灵活地运用各种政策，它包括的范围相当广泛。在运用不同的政策措施时，要根据国民经济发展的不同情况采取不同的政策工具，要对不同政策措施的时延、经济因素或非经济因素的影响进行全面的综合分析，以提高政策运用的技巧和效应。在实行相机抉择的财政政策与货币政策相配合的宏观调控方法时，政府可以根据国民经济发展的实际情况采用不同的搭配类型。具体的搭配类型及应用情况如表 10 - 1 所示。

表 10 - 1　财政政策与货币政策的搭配类型及其适用的宏观经济环境

政策类型		财政政策		
		松（扩张性）	中性	紧（紧缩性）
货币政策	松（扩张性）	社会总需求严重不足，商品价值实现普遍困难，生产能力和资源得不到充分利用，严重失业	社会总需求不足，供给过剩，企业投资不足，主要的经济比例结构没有大问题	社会总需求与总供给大体平衡，但公共消费偏旺而投资不足，生产能力和资源方面有增产潜力
	中性	社会总需求略显不足，供给过剩，经济结构有问题，主要是公共消费不足，公共事业及基础设施落后	社会总供给与总需求基本平衡，社会经济比例结构也基本合理，社会经济发展健康，速度适中	社会总需求大于社会总供给，经济的比例结构无大问题，财政支出规模过大，非生产性积累与消费偏高
	紧（紧缩性）	社会总供给与总需求大体平衡，公共事业、基础设施落后，生产力布局不合理	社会总需求过大，有效供给不足，经济效益较差，已出现通货膨胀，但财政在保障社会公共需求上正常	社会总需求大大超过社会总供给，发生了严重的通货膨胀

本章知识小结

市场失灵是指在市场机制充分运作下，不能预期地、圆满地实现经济效率，而且不能提高符合经济效率条件的商品或劳务的情况。导致市场失灵的原因是多方面的，主要有四个方面的原因，即不完全竞争、不完全信息、外部影响和公共物品。

收入分配政策是指国家为实现宏观调控总目标和总任务，针对居民收入水平的高低、收入差距的大小在分配方面制定的原则和方针。

宏观经济政策是指国家运用其所掌握和控制的各种宏观经济变量，为实现其总体经济目标而制定的指导原则和政策措施。

财政政策是指国家根据所确定的宏观经济目标，通过财政收入和财政支出的变动调节社会需求，进而影响宏观经济运行过程与结果的基本准则和措施的总和。

货币政策是指政府根据宏观经济调控目标，通过中央银行对货币供给和信用规模进行管理来调节信贷供给和利息率水平，以影响和调节宏观经济运行状况的方针、政策和措施的总称。

习　题

一、名词解释

宏观经济政策　财政政策　货币政策　相机抉择

二、单项选择题

1. 当经济中存在失业时，政府应采取的财政政策工具是（　　　）。
   A. 增加政府支出　　　　　　　　　B. 提高个人所得税
   C. 提高公司所得税　　　　　　　　D. 增加货币发行量

2. 当经济中存在通货膨胀时，政府应采取的财政政策工具是（　　　）。
   A. 增加政府支出和减少税收　　　　B. 减少政府支出和减少税收
   C. 减少政府支出和增加税收　　　　D. 增加政府支出和增加税收

3. 政府把个人所得税从20%降到15%，这是（　　　）。
   A. 内在稳定器的作用　　　　　　　B. 一项财政收入政策
   C. 一项财政支出政策　　　　　　　D. 一项公共政策

4. 要实施扩张性财政政策，可采取的措施是（　　　）。
   A. 提高税率　　　　　　　　　　　B. 减少政府购买
   C. 增加政府转移支付　　　　　　　D. 降低再贴现率

5. 要实施扩张性货币政策，中央银行可采取的措施是（　　　）。
   A. 卖出国债　　　B. 提高准备金率　　　C. 降低再贴现率　　　D. 减少货币供应

三、判断题

1. 内在稳定器是政府酌情使用的一种财政政策。　　　　　　　　　　　　　（　　　）
2. 作为财政政策手段的政府购买支出和税收，它们对国民收入的调节作用是数量上的增减变化。　　　　　　　　　　　　　　　　　　　　　　　　　　　　（　　　）
3. 提高存款准备金率是为了增加银行的贷款量。　　　　　　　　　　　　　（　　　）
4. 货币政策和财政政策都是由政府制定，用以调节经济的。　　　　　　　　（　　　）

四、问答题

1. 如何理解市场失灵？
2. 微观经济政策的内容有哪些？
3. 宏观经济政策的目标主要有哪些？
4. 财政政策的主要内容是什么？
5. 货币政策的主要工具是什么？
6. 在经济萧条时期和经济繁荣时期如何运用不同的财政政策与不同的货币政策？

阅读资料

审时度势果断决策——2008年中国宏观经济政策重大调整

2008年，对于中国经济社会发展而言是一个极不寻常的年份。不同寻常之处在于，这一年里中国遭遇了太多的困难：从年初雨雪冰冻灾害到"5·12"汶川大地震，再到国际金融危机越演越烈，挑战巨大又密集。

面对错综复杂的国内外形势，一年来，中国宏观调控政策经历了迅速而大幅度的调整：从"防过热、防通胀"转向"保增长、控物价"再进一步转向"保增长、扩内需"。

一、年初"双防"政策：确保经济可持续发展

2008年年初，中国经济已连续5年以高于10%的速度增长，并在2006年突破11%，2007年达到11.9%，经济增长有由偏快转为过热的风险。

为消除经济运行面临的风险和存在的不健康、不稳定因素，2007年12月初召开的中央经济工作会议确定了2008年的宏观调控任务：防止经济增长由偏快转为过热、防止价格由结构性上涨演变为明显通货膨胀。

正是着眼于"双防"的目标，中国实施了稳健的财政政策和从紧的货币政策，财政支出重点用于加强经济社会发展的薄弱环节，着力促进结构调整和协调发展。

由于采取了上述宏观调控措施，中国物价水平从2008年5月份开始呈现出涨幅走低的趋势，保证了经济的可持续发展和大局的稳定。

二、年中"一保一控"：保增长、抑通胀

2008年年初，南方地区出现严重的雨雪冰冻灾害，给中国经济发展带来了不利影响。5月12日，四川汶川发生特大地震，造成人员重大伤亡，基础设施大面积损毁，工农业生产遭受重大损失。

与此同时，大洋彼岸的次贷危机不断加深，对中国出口、金融领域的影响逐步显现，国内许多外向型出口企业经营出现困难，出口持续出现下滑势头。

2008年上半年中国经济增长开始放缓，GDP同比增长10.4%，比2007年同期回落1.8个百分点；居民消费价格水平上涨7.9%。这表明"防过热"已见效，但物价涨幅较高仍未得到有效控制。

7月25日召开的中央政治局会议明确了2008年下半年经济工作的任务：把保持经济平稳较快发展、控制物价过快上涨作为宏观调控的首要任务，即"一保一控"。

同时，为缓解纺织企业的困难、稳定出口、保障就业，7月31日，财政部等部门宣布自2008年8月1日起将部分纺织品、服装的出口退税率由11%提高到13%。

8 月初，央行调增了全国商业银行信贷规模，以缓解中小企业融资难和担保难的问题。随后，央行又决定从 9 月 16 日起下调人民币贷款基准利率和中小金融机构人民币存款准备金率，以解决中小企业流动资金短缺的问题。

以上政策的运用，促使中国经济 2008 年前三季度同比增长 9.9%，保持了平稳较快发展。对此，国家统计局总经济师姚景源认为，改革开放以来，中国经济年平均增速为 9.8%，如果考虑到今年中国经济遇到的前所未有的困难和挑战，这一成绩的取得是来之不易的。

三、"保增长"成为宏观调控的首要任务

随着美国次贷危机升级为世界金融危机，西方主要经济体陷入衰退的风险不断加大，中国国内房地产、钢铁、汽车等重要支柱产业产销大幅度下滑。保证中国经济保持平稳较快增长成为宏观调控的首要任务。

10 月 17 日，国务院常务会议指出，采取灵活审慎的宏观经济政策，尽快出台有针对性的财税、信贷、外贸等政策措施，继续保持经济平稳较快增长。

此后，国家出台了一揽子保持经济稳定增长的措施：

——为稳定粮食生产，增加农民收入，刺激农村消费，扩大内需，国家发改委 10 月 20 日宣布，继续加大强农惠农政策力度，其中包括全力组织开展主要农产品收购，较大幅度提高 2009 年生产的粮食最低收购价格，较大幅度增加对种粮农民的补贴。

——为增加投资，扩大内需，10 月 21 日，国务院常务会议研究加强基础设施建设，核准了公路、机场、核电站、抽水蓄能电站等一批建设项目，决定加快南水北调中、东线一期工程建设进度。

——为稳定房地产市场，财政部、国家税务总局宣布对个人住房交易环节的税收政策作出调整，降低住房交易税费；中国人民银行宣布下调个人住房公积金贷款利率和扩大商业性个人住房贷款利率的下限。

10 月 25 日，温家宝总理表示，中国已经调整了宏观经济政策，把保持经济稳定增长放在了首要位置，同时兼顾抑制通货膨胀和保持国际收支平衡。

四、财政货币政策大转向，力保经济平稳增长

随着美欧等主要经济体和中国主要出口市场经济出现衰退，外需不足的问题更加突出，进一步扩大内需就成为中国保持经济平稳较快增长的主要动力所在。11 月 9 日，国务院常务会议宣布对宏观经济政策进行重大调整，财政政策从"稳健"转为"积极"，货币政策从"从紧"转为"适度宽松"，同时公布了今后两年总额达 4 万亿元的庞大投资计划，明确要求"出手要快、出拳要重、措施要准、工作要实"。

11 月 12 日，国务院常务会议又决定出台扩大内需、促进增长的四项实施措施。

11 月 19 日，国务院常务会议研究确定了促进轻纺工业健康发展的六项政策措施，进一步加大扶持力度，帮助轻纺企业克服困难，渡过难关。

11 月 26 日，中国人民银行宣布大幅度降息，下调金融机构一年期人民币存贷款基准利率各 1.08 个百分点，调整幅度创 11 年之最，其他期限档次存贷款基准利率作相应调整。同时，下调中央银行再贷款、再贴现等利率。

11 月 28 日，中共中央政治局召开会议，提出要把保持经济平稳较快发展作为 2009 年经济工作的首要任务。

12 月 3 日，国务院常务会议又部署了金融促进经济发展的九项政策措施。

此外，地方政府扩大内需的投资计划相继出台。

2008 年，中国政府根据经济发展的具体情况，灵活地配合运用财政政策和货币政策，以应对经济运行过程中出现的新问题，实现经济平稳较快发展。对此，国务院发展研究中心研究员张立群认为："针对经济增长明显放缓的趋势，中国政府采取了很多调控政策。虽然效果还需要一定时间才能充分显现，但只要政策调整不断保持下去，2009 年中国经济仍有望保持较快增长速度。"

发改委投资研究所研究员张汉亚表示，中国政府大手笔、高效率的举措不但是对面临的国内外经济挑战所作出的回应，也是加强国际合作、促进世界经济增长的具体行动。

张立群等专家认为，当前中国经济仍处于城镇化、工业化加速发展时期，经济增长有着巨大的动力和市场空间，只要迅速贯彻落实上述政策措施，保持经济平稳较快增长的目标是能够实现的。